登樓雜記

（外一種）

〔清〕錢泳 著
張鴻鳴 點校

浙江古籍出版社

圖書在版編目(CIP)數據

登樓雜記：外一種 /（清）錢泳著；張鴻鳴點校
．—杭州：浙江古籍出版社，2022.9
ISBN 978-7-5540-2350-1

Ⅰ.①登… Ⅱ.①錢… ②張… Ⅲ.①雜著—中國—
清代 Ⅳ.①Z429.49

中國版本圖書館 CIP 數據核字(2022)第 149807 號

登樓雜記(外一種)

〔清〕錢　泳　著　張鴻鳴　點校

出版發行　浙江古籍出版社
　　　　　(杭州市體育場路 347 號　郵編:310006)
網　　址　https://zjgj.zjcbcm.com
責任編輯　徐　立
文字編輯　祖胤蛟
封面設計　吴思璐
責任校對　吴穎胤
責任印務　樓浩凱
照　　排　浙江時代出版服務有限公司
印　　刷　浙江海虹彩色印務有限公司
開　　本　880mm×1230mm　1/32
印　　張　12.875
彩　　插　4
字　　數　255 千
版　　次　2022 年 9 月第 1 版
印　　次　2022 年 9 月第 1 次印刷
書　　號　ISBN 978-7-5540-2350-1
定　　價　68.00 圓

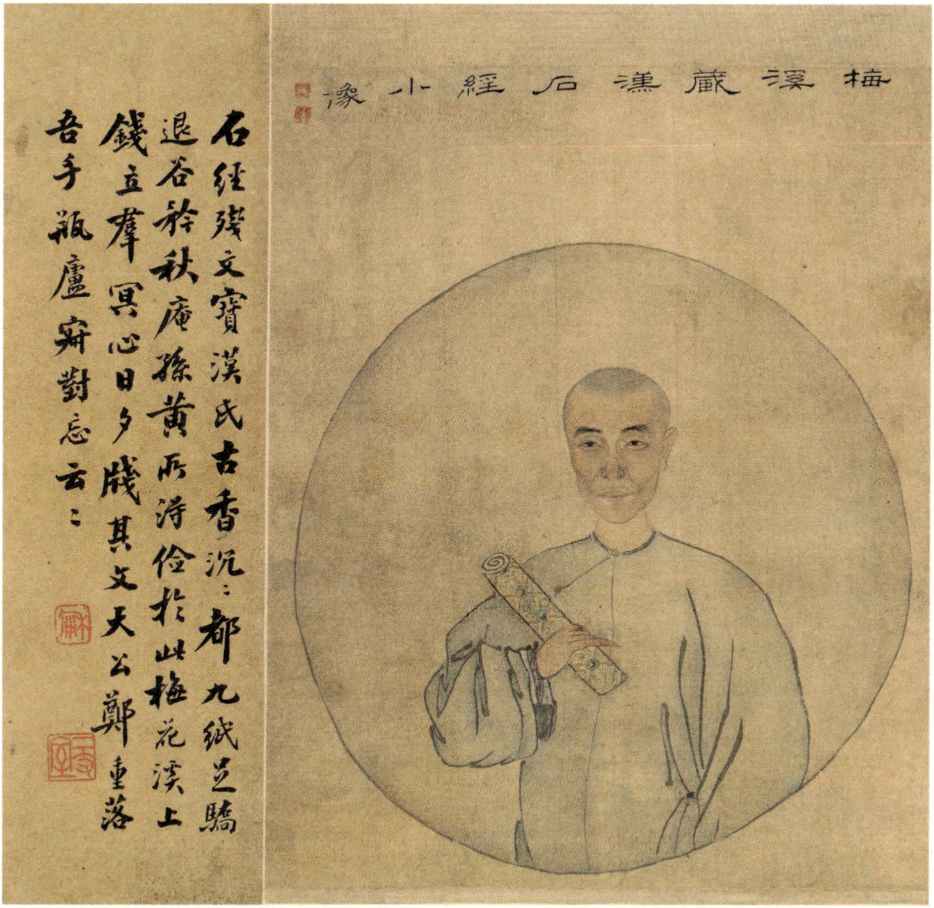

宋拓漢石經殘字　錢泳小像

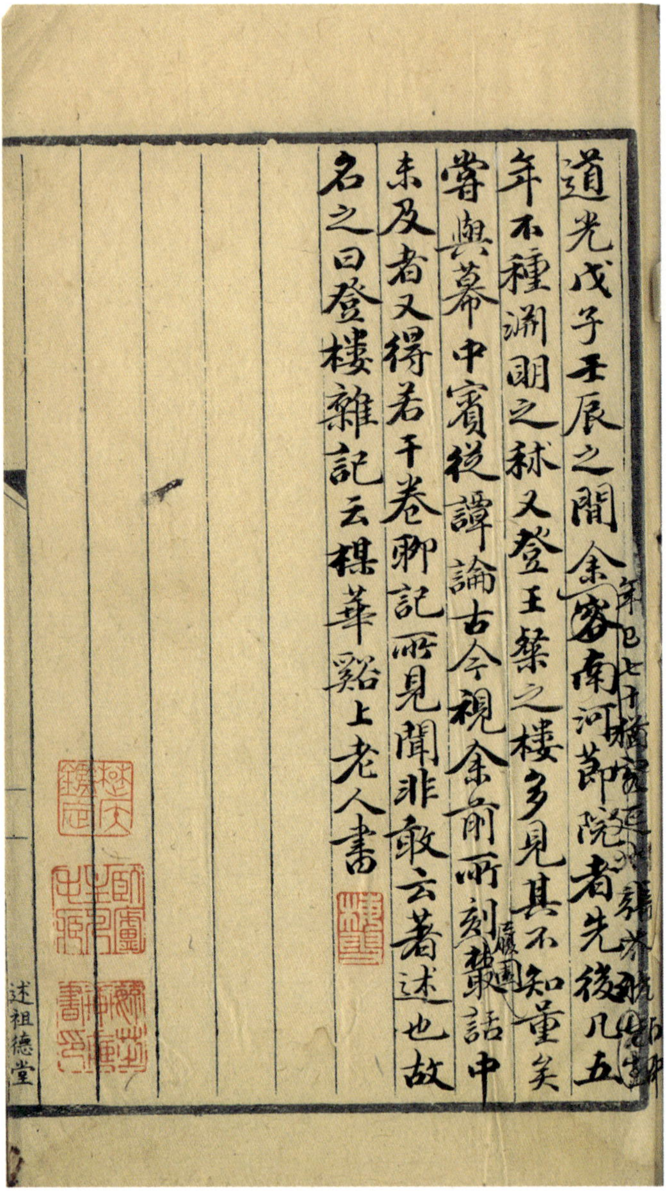

道光戊子壬辰之間余客南河節院者先後凡五
年不種淵明之秫又登王粲之樓多見其不知量矣
嘗與幕中賓從譚論古今覗余前所刻叢話中
未及者又得若干卷聊記所見聞非敢云著述也故
名之曰登樓雜記云棣華谿上老人書

述祖德堂

中國國家圖書館藏稿本登樓雜記（一）

廷名曰若秀王之宗族戴紅錦巾按司紫錦巾法司及紫金大夫紫綾巾三品以下黄綾巾七品至秀才紅綾巾庶人以青絹帕首而已設官分職表陳章奏著作篇什有華風焉丹徒王夢樓太守未遇時曾隨天使全公魁親至其國為余備述甚詳

嘉慶十三年有 旨冊封琉球國王正使為齊太史鯤副使為費侍御錫章吳門有沈三白者為太史司筆硯亦同行二月十八日出京至閏五月二日始從福建省城啓行登舟船形如梭用鐵栗木凡三層濶二丈二尺長十八丈高二丈三尺大桅高十八丈裹以鐵葉船尾設戰臺舖以石列砲位船

身飾以黄色上列旗幟甚多次曰兩冊使奉 節詔至護送者為福州左營副將吳公安邦也帶兵弁二百二十名分撥兩舟各帶炮位冊使與從舟共一舟名曰頭船上下柁工兵役共計四百五十餘人各有腰牌為照每日乘潮行一二十里至十一日始出五虎門向東一望蒼茫無際海水作葱綠色漸遠漸藍十一日過淡水十三日辰刻見釣魚臺形如筆架遂祭黑水溝遂叩禱于天后忽見白燕大如鷗繞檣而飛是日即轉風十四日早隱隱見姑米山入琉球界矣十五日午刻遥見遠山一帶如虬形古名流虬以形似也相距約三四十里舟中升炮三聲俄見小艇如蟻約數百號隨風逐浪

中國國家圖書館藏稿本登樓雜記（二）

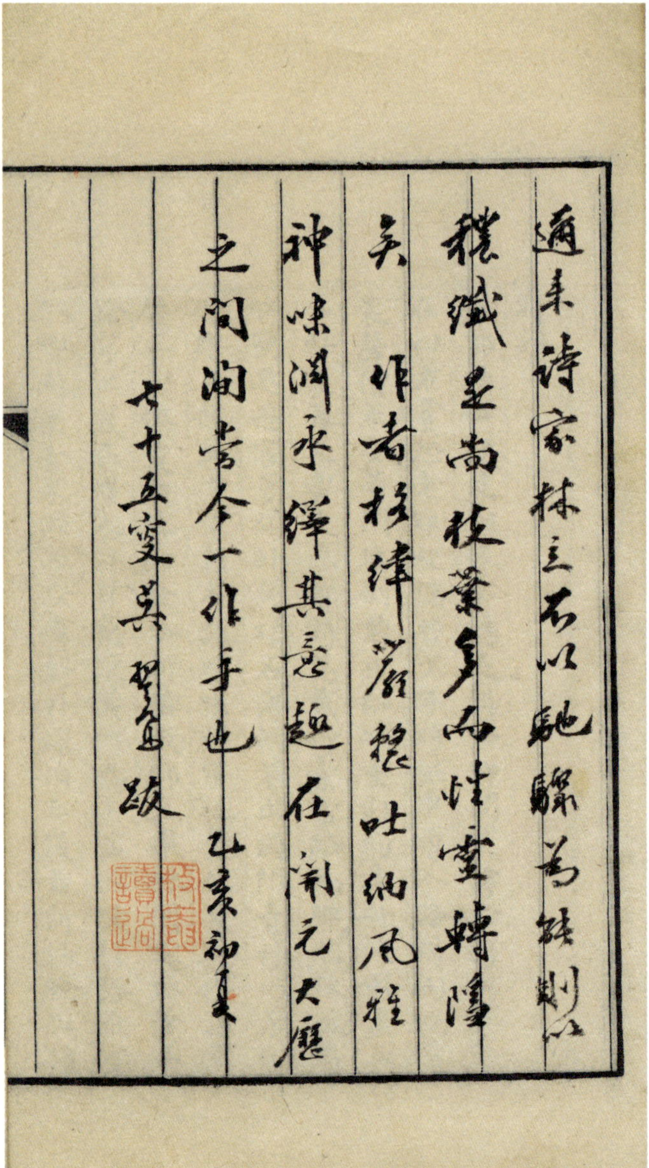

適來詩家林立，不以馳騁爲能，則以穠纖是尚，複葉多而性靈轉隱矣。作者援律嚴聲，吐納風雅，神味淵永，繹其意趣，在開元大歷之間，洵當今一作手也。乙亥初夏

七十五叟吳[illegible]盦跋

蘇州圖書館藏稿本遊歷日記（一）

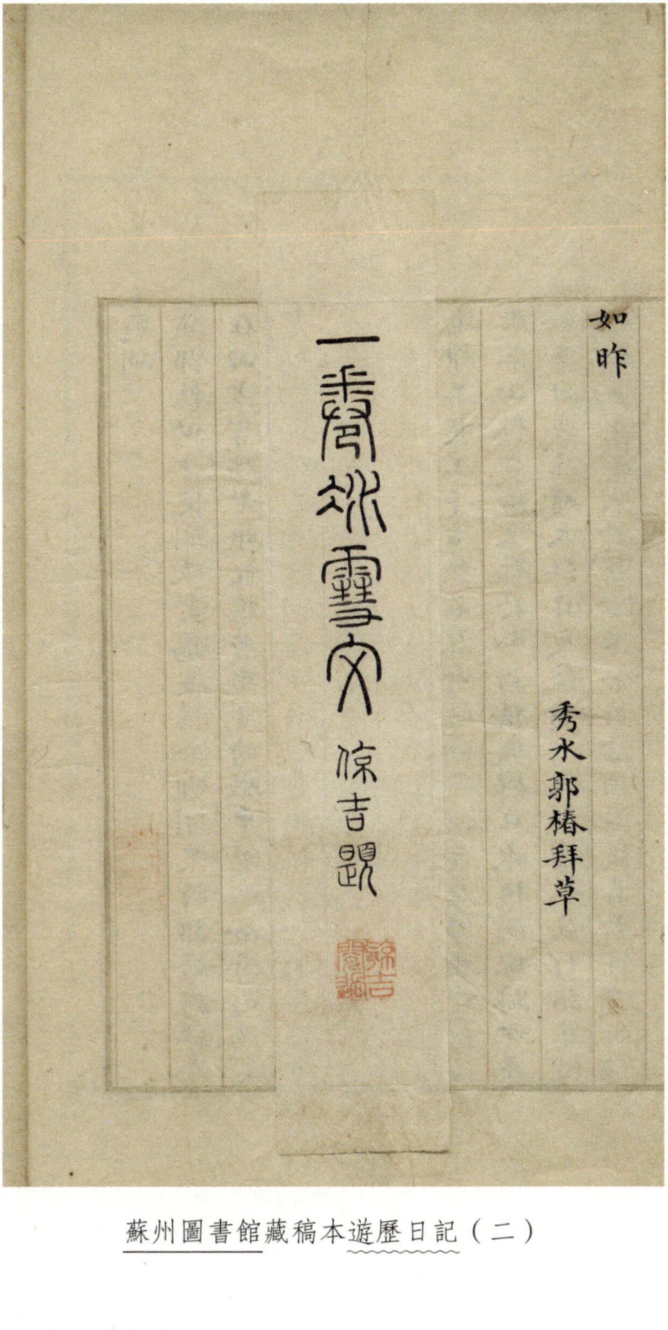

蘇州圖書館藏稿本遊歷日記（二）

遊汴日記

乾隆五十二年九月余有汴梁之遊適山陰陳二雪樵来吴因與偕行十三日薄暮束装武陵蕭蘭堦在座

十四日辰刻過滸墅關雪樵出書畫類帖展玩竟日抵暮泊十里亭登岸步月露凉而返

十五日曉起獨坐船頭慧山在望煙樹孤城歷歷如畫因招二子出觀欲烹第二泉不得飯罷作書試方于魯墨摩宋宣和硯舟至横林忽驚落日矣因口占一律云閙訊毘陵道孤帆颺夕曛雲山悲去國鴻雁幸同群載酒隨時樂鳴琴静夜分秋風起天末木落不堪聞雪樵亦有一曲洞

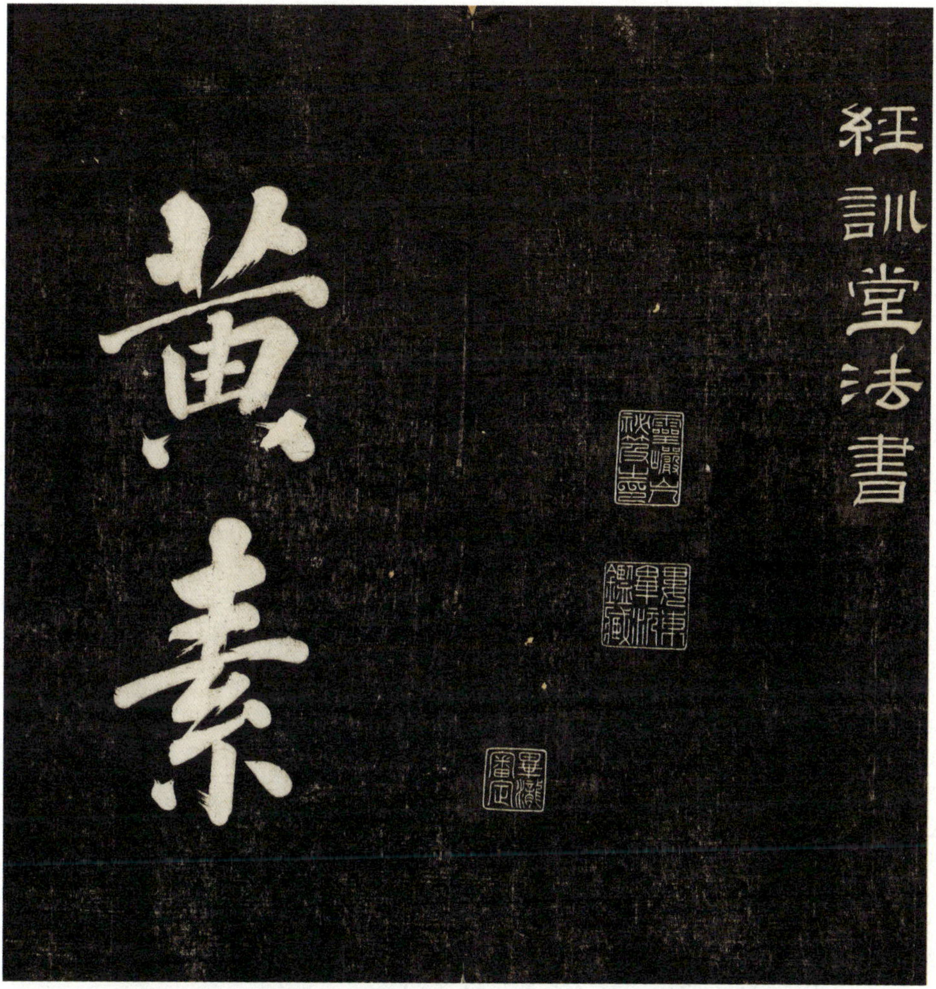

美國哈佛大學哈佛燕京圖書館藏錢泳、孔千秋鐫刻經訓堂法書

舊聞　　　　叢話一

勾吳　錢泳　梅溪　輯

有福

皇朝定鼎大難悉平顧有明諸藩僭號自立江南則有福
王浙西則有潞王浙東則有魯王江西則有益王福建則
有唐王兩廣則有桂王旋竄入楚入黔入滇是時滇黔大
亂始而土司普吾沙繼而張獻忠養子孫可望李定國日
尋干戈摧殘粵楚而海寇鄭成功乘機竊發肆擾江南其
他揭竿持梃者所在多有　王師征討歷十有八年翦除

清道光刻同治九年錢曰壽補刻本履園叢話

目録

登樓雜記

錢泳遊歷日記

登樓雜記

整理説明

一

錢泳（一七五九—一八四四），初名鶴，字立群，號梅溪、梅叟、梅花溪上老人，江蘇金匱人。錢泳是清代重要的書法家、金石學家，不樂仕進，以金石書畫自娱，一生在遊幕中度過。錢泳著作頗多，較爲重要的有筆記履園叢話二十四卷、熙朝新語十六卷（與徐錫麟同輯）。錢泳頗嫻於水利之學，履園叢話中有水學一門，還著有水學贅言一卷。至於遊藝，錢泳精於金石，深於八法，『鎸碑、刻帖、雙鈎、響搨、臨摹諸事，一見了然』。他所摹刻的法帖中較爲重要的有劉墉書清愛堂石刻、永瑆書詒晉齋法書、師亮采輯秦郵帖等。其門人胡源、褚逢春編有梅溪先生年譜，今人李國强以舊譜爲基礎編有錢泳年譜，記事較詳。

乾隆、嘉慶之間，社會穩定，文化事業繁榮，因而對書畫的品評鑒賞與對碑刻的訪求考訂成爲了一時風氣。在這樣的社會環境下，錢泳憑藉自身在藝術方面的品味和技能，不斷遊幕、擴展交遊，先後入畢沅、李亨特、秦振鈞、張井等人幕中，與成親王永瑆、畢沅、翁方綱、阮元、黄易等人交契甚密。在錢泳的交往中，達官顯宦、學者宿儒、藝林耆宿、畸人奇士，均不乏其人。

由於交遊的廣泛，不同來源的各種信息，上至軍國大事的細節，下至蒔花弄草的手段，均於錢泳處交匯。而錢泳本人特别善於將一時見聞形諸筆端，再分類纂輯爲著作。如蘇州圖書館收藏有一册錢泳行旅日記的清稿本，旅途中行經名山大川、祠廟古跡時的見聞感想，有不少就被編在了履園叢話中。而繼履園叢話付梓之後，登樓雜記是錢泳另一部較爲重要的筆記著作。

二

登樓雜記僅有錢泳清稿本存世，藏於中國國家圖書館，裝成六册，不分卷，半頁十行，每行大率二十三字。此書的主要内容，大致可分爲以下幾類：

一、記邊疆及外國之歷史與風土人情。如開卷之滿洲、寧古塔、西藏至朝鮮、琉球諸篇，有些内容出自作者親見親歷，具有一定的史料價值，如琉球篇記錢泳本人與琉球使臣酬唱、安南國篇記其親見安南使臣等。需要注意的是，關於邊疆與海外諸國的内容，有些是錢泳轉鈔而來的。有些原始出處尚可稽考，如滿洲、寧古塔諸篇，主要材料來源爲張玉書張文貞公集中記載邊事的部分，西藏紀程一篇，則本於杜昌丁所撰藏行紀程。有些内容出於錢泳親歷親見，如所記乾隆五十八年英國使船過浙江象山事，時錢泳正在象山，親見其事，且爲地方官代作通禀，記英國使臣人數甚詳，具有重要的史料價值。

二、記金石碑帖、書畫、器物。錢泳深於碑帖鑒賞，書名爲一時所重，又精於摹刻，故而此類内容記載頗詳。有書中所記還存世者，如裴岑紀功碑、朱子注經草稿、清明上河圖等，藉此書記載可補正這些文物發現、遞藏的歷史。如其中提到仇英募驢圖曾藏歙縣吴子華家。按：子華字文桂，似是餘清齋吴國廷後人。募驢圖今傳，但因畫上並無吴子華跋文或印章，研究者也就無從得知這段收藏史。書中記載的有些文物，原物已經不知下落，僅靠書中記載可窺見其情況。如宋代游似舊藏的蘭亭序百本，今日原拓本只存二十本左右，而此書中所記陸恭松下清齋所藏十種，並開列其目，可作爲研究蘭亭序版本與收藏史的資料。再如書中所記元代朱碧山所作銀槎杯，款識與現在所知的六件均不合，當是第七件，此條記載對於考察元代工藝美術家朱碧山的作品與遞藏具有一定價值。

三、記異事與異聞。這部分内容的寫作大抵都帶有勸人行善的目的。錢泳在此書中提到閲微草堂筆記，認爲其雖然『所談者皆仙狐，借爲莊生寓言，以作灌夫罵座，以此勸懲，以此醒世……實有功于學問文章』。登樓雜記的這部分内容，實與閲微草堂筆記頗爲相似，或勸誡，或諷刺，文筆生動，具有較强的藝術性和思想性。

四、記作者見聞之人。書中所記，或爲錢泳親交，或爲錢泳聞其事而爲之立傳。其中既有著名的學者，如戴震、東吴三惠、章學誠、張澍等人，也有一些聲名不著但各有性情的地方人物，如貧而好學的補履翁，守城保民的會寧令李堡。其中不少内容可補史傳之缺，如全書最末列女一門中所記女性詩人，其别集大半不傳，生平也無從稽考，賴錢泳所記，我們尚可窺知其一鱗半爪。同樣關乎女性的還有書末節、孝、貞、烈四門。其中女姓的故事與遭遇令人嘆惋。雖然錢泳爲之立傳時顯然帶有褒揚提倡的態度，但以今天的視角看，其中血淚正是傳統社會觀念壓迫、剥削女性的最好注脚。讀者若仔細品味這一部分内容，相信會有同樣的感受。

五、作者的雜記、雜考。這些大抵是作者的隨手所記，内容豐富，有與作者遊歷有關者，有與對聯、詩文創作掌故有關者，還有一些與當時風俗、制度有關。如遊蘭亭一篇記乾隆五十八年蘭亭之會，納糧一條載吴中税法之弊，御、衙門等條對詞語的來源和意義做了考證。這些雜記、雜考内容雖不見得都能燭幽發覆，亦頗可見作者讀書處事之用心。

六、作者的詩文。書中還收録了錢泳的一些詩文，如石詩十六詠、擬古、清故詩僧鐵舟塔銘等。其中清故詩僧鐵舟塔銘可以證明今人對鐵舟生平考證的一些錯誤。

作爲筆記，登樓雜記的信息豐富，涉及面廣，以上六個方面僅爲概括，自不能完全涵蓋其内容。

三

登樓雜記稿本前有錢泳自序云：『道光戊子、壬辰之間，余年已七十，猶客延州張芥航河帥南河節院……嘗與幕中賓從譚論古今，視余前所刻履園叢話中未及者又得若干卷，聊記所見聞，非敢云著述也。』按錢泳自序所説，此書作於道光八年（一八二八）至道光十二（一八三二)年間，其時錢泳正在河東河道總督張井的幕府中。但核檢書中所記，頗有晚於道光十二年之事，如『鯽魚吽』條中紀年爲道光癸巳(即道光十三年)，題黄石齋先生手書洞霄宫記遊卷後、題杭州洞霄宫提舉題名記後兩篇跋文作於道光十四年。且此书自序中提到『前所刻履園叢話』，但履園叢話是道光十八年七月刻成的(履園叢話自序)。頗疑此書之撰作完成時間晚於自序中所説的道光十二年。蓋此書大部分内容撰於錢泳在張井幕中的四年，之後又陸續有所增補。至於書前的序，則可能晚於道光十八年，即作於履園叢話刻成之後。

登樓雜記一書，僅存此部清稿本。此本書寫工整，小楷精絶，當是錢泳手蹟。書中有鄭世芬跋，云此書『尚未排比分卷』，恐非確論。書中除了朱筆點定、修訂詞句外，個別頁面版心書『舊聞』『雜記』等字，頁面頗有割補痕跡，當是編次成書時調整順序所致。又此本空格頗爲嚴謹，格式統一，當是預備刊刻之清稿本。今觀其目，排比頗有與履園叢話相似者，如記唐宋元之古墓之條目前後相連，而履園叢話有陵墓一門；考據詞意者前後相連，而履園叢話有攷索一門。唯其詮次不如叢話清晰精嚴，蓋書成時錢泳年已在八十上下，又此書條目少於叢話，故編次未能眉目清楚。

另外，此部登樓雜記與錢泳另一部有名的作品記事珠頗有關係。記事珠爲錢泳稿本，因其中有關於浮生六記作者沈復的記載，有學者認爲其中保存了沈復浮生六記中已經散佚的海國記而享有大名。值得注意的是，記事珠中琉球國記略與琉求國演戲兩篇的内容，亦見於登樓雜記中琉球條，文字僅略有出入。這可説明，記事珠的部分内容應是登樓雜記的草稿，記事珠是登樓雜記文本的來源之一。以登樓雜記校記事珠，除微有詳略外，登樓雜記還可訂正記事珠的一些文字訛誤，如記事珠中的『紫巾大夫』，皆應依登樓雜記作『紫金大夫』爲是。

登樓雜記見於共讀樓鈔本梅溪先生年譜，著録爲十二卷，未刻。（同治）蘇州府志卷一三九藝文四亦著録爲十二卷，蓋鈔自梅溪先生年譜。今考其書，實不分卷。

此部稿本登樓雜記中除了錢泳『梅叟』『梅花亭長』諸印外，序言頁還鈐有『毓芷軒藏書記』『卧廬主人毛藏』『楚侯鑒定』等印。書中有鄭世芬己丑年（一九四九）跋，云從何楚侯處借得此書，閲讀一過。鄭世芬（一八九三—一九七六），名誦先，四川人，民國間書法家，一九五六年曾與張伯駒一起創辦中國書法研究社。何楚侯即何寶善，淮安人，民國間曾任淮安私立集一圖書館館長，精於書畫碑帖收藏，晚年寓居北京，開設書畫商店真賞齋。

四

此次整理，以鳳凰出版社國家圖書館藏未刊稿本叢書影印清稿本登樓雜記爲底本，施加全式標點。錢泳抄録自他書的内容，力求以原書覆核，確爲誤字的出校改正，文意兩通者不再出校。避諱字及明顯的鈔寫誤字則徑爲改正。書中涉及清代邊疆史事，均用清實録校核。書中提到的人物、著作，就整理者查考所及，略爲表出，以便觀覽。原稿中部分頁面版心有墨書『舊聞』『雜記』等字樣，當是錢泳本人之定名。但因大部分頁面無此分類定名，因此整理時一按原稿中標題與順序，不再體現版心所書的分類。需要説明的是，書中琉球一段，與稿本記事珠重合者，用二〇一二年保利拍賣記事珠時所留書影校核，異文、增删一一出校。但拍賣時所留圖片，文意不甚聯屬，不知是否是記事珠全部的内容。時過境遷，記事珠原本與複印件均無從尋覓，只得留此遺憾，以待將來。

在此書整理過程當中，河北大學黄超群同學幫助録入文字，北京大學孟鑫禹同學允爲題簽，友人顧弋堂君審讀全書，責任編輯祖胤蛟君幫助搜集材料、商定體例，均無任任感荷，謹致謝忱。由於整理者學識淺薄，書中錯訛定多，請讀者不吝賜教。

張鴻鳴

二〇二一年國慶節於暢春園

登樓雜記

道光戊子、壬辰之間，余年已七十，猶客延州張芥航河帥南河節院者先後凡五年。不種淵明之秫，又登王粲之樓，多見其不知量矣。嘗與幕中賓從譚論古今，視余前所刻履園叢話中未及者又得若干卷。聊記所見聞，非敢云著述也，故名之曰登樓雜記云。楳華谿上老人書。

滿洲

國朝發蹟東陲，誕膺天眷。太祖高皇帝以神武懾服群雄，太宗文皇帝以寬仁柔遠萬國，在有明萬曆末年，來賓來王、擁衆部居、廬帳相望者，已不啻數十計。及世祖章皇帝定鼎燕京，版圖益廓，莫不畏威戴德，稽首向順，大則刑牲約誓，小則納款貢珍，皆不煩鞭箠，遣使而至闕下。又有聖祖、世宗、高宗、仁宗四代之深仁厚德，歲加宴會，廣示推恩，親親之誼，柔遠之仁，二百二十餘年來，有如一日。今上皇帝纘統鴻謨，尤化洽中外，稽古同天。邇者回部既平，聲教四訖，上告于宗廟社稷，下頒于百寮文武，而皆以德服，不以威取，亘古以來所未有也。今略紀諸藩部落名目，間據以見聞所及，共爲一卷，俾學者省覽焉。

滿洲諸部落

本朝所屬諸部，有虎什喀里等八姓：一曰薩哈連部落，二曰卦爾察部落，三曰薩哈爾察部落，四曰索倫部落，五曰東方格克里部落，六曰東方巴牙喇部落，七曰東果瓦爾喀部落，八曰虎爾哈部落。此八姓皆天命間歸附者，俱滿洲屬部。

科爾沁國

此國自天命以來，與本朝世爲婚姻。其最著者，爲土謝圖親王、卓禮克圖親王。順治八年八月，册封卓禮克圖親王吴克善女爲皇后。十一年四月〔一〕，册贈皇太后父寨桑爲和碩忠親王，母爲賢妃。五月，册封鎮國公綽爾濟女爲皇后。十六年五月，册封皇太后親兄滿珠習禮爲和碩達爾漢巴圖魯親王。土謝圖、卓里克圖，俱王號也。又有郭爾羅斯部落、鄂爾多斯部落、杜爾伯特部落、扎賴忒部落、吴喇忒部落、烏珠穆秦部落，此七姓，亦天命間歸附。

校勘記

〔一〕『一』字原脱，據世祖章皇帝實録卷八十三、張玉書張文貞公集卷八補。又實録此事在五月。

察哈爾國

此國即元之後，所謂察罕也，天聰間歸附。其王曰阿布鼐，曾尚主，爲和碩額駙，後得罪，禁錮盛京，命其子布爾尼嗣爵。康熙十四年，布爾尼謀反，舉兵入犯。命大將軍、副將軍率兵討之，布爾尼遁走，爲科爾沁國所執，獻于京師。上念爲公主所生，詔免懸首。又有土默特部落者，爲察哈爾屬部，明時曾封爲順寧王。順治八年，以法古穆隨其父舉國來歸，屢立戰功，授鎮國公。在張家口外，又有歸化城，别爲一部。又有扎爾忒部落、翁牛忒部落、阿蘇忒部落，此三者，皆爲土默特所屬。又有喀爾喀部落，在中華之極北，其族有五部，歲時貢獻，不絶於道。惟其人桀驁，不時闌入邊境，掠我巴林，屢次降諭嚴飭，令贖罪通好。順治十年，命安郡王岳樂爲宣威將軍〔一〕，駐防庫墨城，亦以禦喀爾喀也。十二年七月，命安郡王同喀爾喀使臣，於宗人府約示修睦。十七年，定例每歲入貢一次，白馬八匹，白駝一隻，管固山汗、貝勒及爲首台吉、大臣、喇嘛等許入京師〔二〕，餘皆停止。又有柰曼部落，按元史，太祖與柰曼凡數十戰是也〔三〕。又有敖漢部落。又有克西克騰部落。又有四子部落，順治三年追剿蘇尼忒有功，其地與土默特喀喇沁相接，在張家口外。又有蘇爾尼部落。又有喀喇徹里克部落，此柰曼所屬。又有喀喇沁部落。又有伊蘇忒部落，爲喀喇沁屬部。又有阿霸垓部落，曾尚固倫公主。又有蒿齊特部落，順治七年，有台吉噶爾篤撒望楚虎爾率所部千餘人來歸者也〔四〕。又有哈達部落。又有兀喇部落。又有輝發部落。又有使鹿部落，又有使犬部落，兩部落俱在極東。又有兀魯得部落，其主爲顧實汗，崇奉達賴喇嘛。順治九年九月〔五〕，詔遣承澤親王賫書迎達賴喇嘛來都，十二月達賴至〔六〕，十年歸國，詔封顧實汗爲遵行文義敏慧顧實汗，達賴爲西天大善自在佛〔七〕，掌天下佛教，與達賴喇嘛俱賜册印。又有湯古忒部落，即所謂『小西天』者是也。其俗遵奉喇嘛，有四種，以帽爲别：達賴戴黄帽，大寶法王戴紅帽，二寶法王戴花帽，三寶法王戴黑帽。後不遵達賴之教，因逐大寶、二寶、三寶，於是諸法王奔雲南，來歸于朝。今大寶法王復從達賴之教，二寶法王仍在雲南。又有厄内忒黑部落，此謂『大西天』。又有圖白忒部落。此三部落，俱厄魯得所屬也。以上俱天聰間所附。又有蘇尼忒部落者，其主曰騰機思。順治三年，騰機思叛，命和碩豫親王多鐸爲揚威大將軍，同承澤郡王碩塞等征之，斬首千級，俘獲八百餘人，騰機思兄弟俱就擒。八月班師，出師未及三月，凡略地四千餘里。此一國與朝鮮國俱崇德間歸附者也。

校勘記

〔一〕『安郡王』下原有『同』字，據世祖章皇帝實録卷七七、張玉書張文貞公集卷八删。按岳樂爲多羅安郡王。

〔二〕爲首台吉、大臣，世祖章皇帝實録卷一四三作『台吉、爲首大臣』。

〔三〕奈曼，元史卷一太祖紀、張玉書張文貞公集卷八作『乃蠻』。

〔四〕『篤』字原脱，據張玉書張文貞公集卷八補。又世祖章皇帝實録卷五二，順治八年正月一日：『蒿齊忒部落台吉噶爾馬撒望、儲護爾，率所部一千三百五十人來歸。』

〔五〕按世祖章皇帝實録卷六九，順治九年十月十二日：『命和碩承澤親王碩塞等，往迎達賴喇嘛。』

〔六〕月，原作『年』，據世祖章皇帝實録卷七十改。

〔七〕『顧實汗達賴爲』六字原脱，據張玉書張文貞公集卷八補。下『尚以聞同』。

赤斤蒙古

此國在周爲西戎，戰國時爲月支，西漢武帝時取爲酒泉、燉煌兩郡，晉屬高昌郡，唐屬瓜州，後没于吐蕃，宋入西夏，元仍屬瓜州，明永樂間設衛。及土魯番陷哈密，侵掠其地，部人散走，塞下衛遂虚。國朝順治四年，赤斤都督永柱與畏兀都督帖木耳卜喇等，詣撫臣張尚，言入貢於明，不知中國定鼎之事，遂寄居肅州，願效忠納貢。尚以聞，自後未聞有貢獻者。又有費牙喀部落，順治十六年始來貢，自是定例有貢物，有旨秖送寧古塔，命官宴賚而遣之，不必來京。又有傅爾都嘉利雅等處，其國王曰阿豐肅，係西國極遠之地。康熙九年，遣彼國大臣嗎訥撒爾達聶具本貢獻方物，本内稱『巍巍至能大清國皇帝』。

寧古塔

寧古塔在奉天府東北一千三百五十里，在周爲肅慎國，漢晉爲挹婁國，南北朝爲勿吉地，唐置黑水府，金爲呼里改路〔一〕，元置合蘭府。國朝康熙元年，設將軍。其地七月有霜，八月雪，地即凍，至來年三月方釋。所産惟鈴鐺麥、大麥、撇蘭、松、榛、酸梨〔二〕、遮鱸〔三〕、刺菇之屬。

校勘記

〔一〕里，原作『黑』，據金史卷二四地理志改。又，金史作『胡里改』。
〔二〕『酸』下原有『棗』字，據方拱乾絶域紀略删。
〔三〕鱸，原作『梨』，據方拱乾絶域紀略、陸鳳藻小知録卷三改。

黑龍江

黑龍江在墨爾根東北。國朝康熙二十三年，俄羅斯平，於黑龍江築城，設將軍鎮守。三十八年，移駐齊齊哈爾。

鄂爾坤河

其地向設立臺站，自殺虎口至哈拉烏蘇，計四十七臺〔一〕。乾隆元年撤減，改由張家口抵杭靄山下鄂爾坤河，計二十九臺。自十五臺至二十一臺爲郭卑，即瀚海也。臺中管驛站者爲查爾。

校勘記

〔一〕按清史列傳卷十七，自殺虎口至察罕廋爾計四十七臺。又按范昭逵從西紀略，哈拉烏蘇爲第十三臺，第四十七臺名插漢叟兒哈拉烏蘇。

朝鮮

朝鮮國在中華之東北。本朝天命中，已通貢獻。明毛文龍入國時，竊據海島，招納亡命。至天聰元年正月丙子，即明之天啓七年也，命大貝勒阿敏等往征之。壬午，克義州，殺其府尹李莞，是夜分兵取鐵山。鐵山，毛文龍所居地也。文龍聞師至，遁入海島。癸未，克定州，執牧使金搢。乙酉，克郭山之漢山城，執郡守朴由健等。丙戌，渡嘉山江。丁亥，克安州，殺郡守張燉、副使金尚毅、縣令宋圖南。癸巳，趨平壤，爲朝鮮王舊居，其巡撫、總兵等官及軍民皆自潰，棄城遁走。是日，渡大同江。甲午，師次中和，朝鮮王遣使致書，請退師議和，不聽。二月壬午，至黄州。甲辰，到平山。朝鮮王李倧携妻子遁江華島，長子溰奔泉州。其臣進昌君來謁，致詞引罪。是日，遣副將劉興祚入海説倧，令其遣子入質。倧曰：『城下之盟，春秋恥之。』遂遣其族弟原昌君並侍郎一員來平山城議和，誓天地。己酉，班師至平壤。夏四月辛亥，師還。五月，遣原昌君歸國〔二〕，厚賚之，并賜其王李倧書，結爲兄弟之好。仍約兩國之民，有越境私逃者，察送毋隱。是年秋，撤兵。

校勘記

〔一〕原，原作「元」，據上文及太宗文皇帝實録卷二、張玉書張文貞公集卷八改。

安南國

安南爲古南交之地，秦屬象郡，漢初爲南越所有，武帝平南越，置交趾、九真、日南三郡。其國王姓黎，與其臣莫氏爲世仇。莫氏嘗據高平，負固不服，招集逃亡，侵略内地。本朝順治十六年，粵西既下，莫敬耀懼禍來歸，賫繳印册。雲貴總督以聞，奉朝命授爲安南都統使。敬耀未敢受職，旋率其子元清嗣，仍守高平。十七年，安南國王黎維禔來歸，亦未受封而卒，弟維禧立。康熙三年，上遣翰林編修吴光、禮部司務朱志遠諭祭維禔〔一〕。五年，又遣侍讀學士程芳朝、禮部郎中張易賁册封維禧〔二〕。六年秋，維禧復尋舊郄，以兵奪高平地，元清竄入雲南。七年春，督撫奏其事，廷議争請出師，討黎氏擅奪之罪。上不忍遽加兵旅，特遣内院侍讀李仙根、兵部主事楊兆傑以一品服敕封，諭維禧令還高平故土。維禧奉詔，還高平一府四州，元清爲都統使如故。其國在富良江西，後爲三峯山，左爲安子山，所屬十三道，五十二府，二百十九州縣，亦南方一大都會也。乾隆五十三年，阮光平既滅黎氏，黎氏告急于朝。時兩廣總督爲孫公士毅，遂出師，爲阮氏所拒。不得已，仍奏聞立阮氏，黎氏自此國除。阮光平因遣其弟光顯來朝貢獻。余時在兩湖總督畢公幕中，見兩貢使冠紫金冠，著紅錦袍、玉帶，從官十人，皆紗帽袍笏，侍于兩貢使之後，而不敢坐也。兩貢使者黧黑深目，廣顙高鼻，見人輒退縮，似不能言者。蓋藩國之人皆如此。

校勘記

〔一〕志，原作『致』，據聖祖仁皇帝實録卷十一、張玉書張文貞公集卷八改。

〔二〕朝，原作『禮』，據聖祖仁皇帝實録卷十九、張玉書張文貞公集卷八改。

暹羅國

暹之與羅斛本二國也。暹是漢赤眉遺種，其國土瘠，不宜耕種。羅斛土田平曠而多稼，暹人歲仰給之。元貞元初，暹人常遣使入貢。至正間，暹始降于羅斛而合爲一國。明洪武初，暹羅已朝中國矣。本朝順治間，始來貢獻。其表文用真金葉鑿成，其字皆鳥跡蟲書，不能識也。其貢使謂之握坤，即華言使人也。握坤冠金盔，盔上皆鑿花，形如牛角，上尖下圓，身著紫織錦袍，束大，帶甚闊，若中華皂隸所用者。其人貌黧黑，大眼，狀甚魁梧。余以嘉慶三年十二月廿三日，在京師乾清門外見之，從臣皆蓬髮不冠，其狀殊惡。通事者言其國有水、火兩刑：

火刑令罪人過火坑，命僧持咒于旁，理直者輒得渡，肢體無恙，否則以鐵叉納置坑中；水刑令罪人没深水中，以罪輕重爲時久暫，亦令僧咒于其上，理直者亦得不死。語頗近誕。康熙七年，來貢孔雀、象、龜各一，象高六尺六寸，龜重三十斤，力能負人。復有帳幔一，其上繪男女交媾狀，詔却之。十二年，復來貢，請封典。上以該國來中華，風濤險阻，令察例以敕給其使，賫還。禮部議以照前明封古里例，付敕貢使宴賚而遣之。其國王名森烈拍臘。按大清會典載貢物六十件，自康熙七年來貢，止三十九件，疏言國小而貧，貨物多産于别國，難與會典相符耳。下部議，令其將來補貢云。〔一〕

校勘記

〔一〕按：聖祖仁皇帝實録卷二七：『禮部題：暹羅國進貢方物，與會典不符，應責其後次補貢。得旨：暹羅小國。貢物有産自他國者，與會典難以相符。所少貢物免其補進，以後但以伊國所有者進貢。』張玉書張文貞公集卷八：『部議令補貢，詔免之。』

俄羅斯國

俄羅斯國在中華之極北，其地最遠。順治十二年、十三年，兩有使至，俱以不知拜跪禮遣還。十七年，復遣使入貢。彼國向來不知中國正朔，有表文自稱一千一百六十三年，朝議仍逐其使，上寬貸之，命禮部諭以不遜之罪。後其部衆每從邊外渡黑龍江，來侵我老察地方。老察與寧古塔相近，中華所用貂皮等物多取給于此，因其來寇，曾欲加兵，不果。康熙八年秋，復來寇邊，廷議乘江凍時彼不能返，可襲擊之。又議以路遠勞民，仍復中止。九年四月，俄羅斯忽遣使奉表投誠，其文字畫不可識，字體自下而上，有類道家符篆者。因召其來使，譯文以進。十五年，來貢黑狐、紫貂皮、哆囉呢、玻璃鏡、魚牙等物。魚牙大於象牙，亦奇物也。其國人面白微紅，高準，狀類西洋人，頭戴紅氈帽，油靴，有髮有髭，無異中土。康熙二十七年歲在戊辰五月，上遣内大臣索額圖、佟國維、馬喇，兵部督捕理事官張鵬翮，兵科給事中陳世安等出關，往俄羅斯。上以遠使絶域，宜加擁衛，命選精騎萬餘人從之，而私從僕馬復逾萬計，隊伍嚴肅，列幟井然，霞旆霓旌，飛揚天際，連亘二十餘里，京師内外聚觀。凡四閲月，封其國而回。

回回國

回回國，向爲哈密屬部，語言嗜好相同。其國出嘉峪關，行七百里至陽關，又千里至玉門關，由嘉峪至哈密，約二十餘日可到。故明永樂初置七衛在嘉峪關西，今哈密又在六衛之西也。東至肅州，西至吐魯番，俱約千五百里。本朝順治二年，始入貢中華。道光八年正月，回疆張格爾就擒，四月中旬過汴梁，有畫其圖形者，是方面大耳，皙白有鬚，頭戴白布帽，身著藍布道袍，皮鞋赤脚。格爾性慈惠，且能詩，每日索地方官大錢三千，以賞路旁乞兒，索銀十兩，以賞供給伺候之役。謂解官曰：『我再不自殉，有累諸公也。』至五月十一日獻俘，十三日正法京師。

巴里坤

巴里坤出嘉峪關外五千里，在哈密之西北，準噶爾故地也。雍正間，以地爲南北緊要，設立重兵防守。地極寒，五六月猶雪。乾隆中，復設宜禾縣治，建城曰古城〔一〕，西即奇台廳，今改縣。其地野獸最多，可以佐食。

校勘記

〔一〕建，原作『連』，據七十一西域聞見録卷一改。

烏魯木齊

烏魯木齊爲准噶爾故地。伊犁平，額魯特種人勦滅殆盡，千里空虛。乃於紅小嘴之下，建築城垣，高宗皇帝賜名鞏固城，商賈雲集，優伶歌童技巧之人，無一不備，富庶甲于關外。乾隆十四年，改設迪化州，並阜康、昌吉二縣屬焉。其東南即博克搭班〔二〕，三峯入雲，冰雪瑩積，民情和協，比户豐盈，爲西陲一大都會也。

校勘記

〔一〕『其』字上原有『城』字，據陸鳳藻小知録卷三删。

伊犁

伊犁亦爲准噶爾巢穴。乾隆十九年，阿睦尔薩納與准噶爾汗達瓦齊不和，款關内附，上命將征討，擒達瓦齊，而有其地。廿九年，於伊犁川建城，賜名惠遠城，設將軍，建牙於此，亦西陲之大都會也。其土産有狼、獺、雉、兔及蘋果、桃、杏之屬。按西域本有三十六國，凡大國九，小國二十七，見荀悦漢紀。後分爲五十四國，皆在匈奴之西。

土魯番

吐魯番在中華之西北，晉屬高昌郡，唐爲交河縣，在火州西百里。元成吉思汗次子察哈台受封此地。明永樂初，封番僧爲國師，後復授其長爲都督、指揮使等官，朝貢不絶。成化初，吐魯番阿力始强大〔二〕，劫略哈密，遂據其城，並擾害赤斤蒙古諸衛，侵掠甘肅。嘉靖初，招撫之，復歸哈密。其地去哈密一千五百里，中經黑風川，水草俱乏，難以遠據。而在前明時，阿力以後，皆挾哈密以徼利。至隆慶以後，不朝貢者八十餘年。本朝順治三年，始來貢方物，十三年復來貢，自此定例五年一貢，西馬四匹，蒙古馬十匹。以其國中有亂，至康熙十二年，其國王遣使再貢，表稱一千八十三年。聞之河西人云：『土魯番添巴于西海彝，西海彝添巴于回回國。』其言添巴者，猶華言進貢也。

校勘記

〔一〕力，原作『立』，據張玉書張文貞公集卷八改。

天方國

天方國又在哈密之西北，與回回相近，而不屬于回部。其語言相類，而性情各别。本朝順治二年，來朝中國，貢物有玉石等物。

水　西

水西者，即古羅甸鬼國，在殷高宗時爲鬼方地，傳襲歲久。至漢、唐、宋、元以來，日益以蕃，遂雄長諸蠻，奄有數千里之地，與滇、黔、蜀三省接壤。其人皆猓蠻，强悍善鬥，歷代叛服無常。前明天啓間，蠻長安彦邦搆亂，用兵二十年，卒未能克。本朝順治十五年，王師既下貴州，水西宣慰使安坤讋服天威，俛首輸貢。初實無叛志，有大定總兵劉之福者，誅求未遂，心銜之。

會其國有喪，之福遣人責問，猓猓大忿，遂殺來使。之福因白平西王吴三桂，言猓猓有反狀。三桂具疏請征，以康熙元年秋進兵，會貴州十二寨苗夷同反，圍普安州之安籠守禦所，於是我師先抵安籠。冬月，安籠平。二年春，入水西。其主安坤年少，國公車噶喇專政。坤欲引罪出降，車噶喇不聽，遂偕坤走宜那噶。我師深入叢林深箐中，綿亘數百里，仰不見日月。所積僅一月糧，軍士食且盡。三桂大悔，然勢不能復出，乃令士卒分道擒生猓猓。不畏刀踞，用炮烙刑，逼取其糧糗。又不繼，則掘地大索，隨所獲以支軍食。如此相持者一年，始擒斬車噶喇于邁永底，安坤走烏蒙。烏蒙，坤妻家所居地也。三桂由烏撒率軍追擊之。至烏蒙，索坤不得。坤復走水西，行至深箐中，與援剿總兵官馬寧兵遇，遂就擒。其妻多智善變，聞坤擒，復走匿烏蒙。捷聞，磔安坤于軍，其族姓凡四十八支、兵四十八萬，俱分别收撫。水西平，乃以其地改平遠、大定、黔西三府州縣，又設威寧一府，俱領以流官，知府、通判、經歷各一員，隸貴州布政使。

奉正朔

本朝幅員之廣大，臣服之衆多，亘古以來所未有。奉正朔者，則有如雅克薩、黑龍江、三姓、伯都訥、吉林、朝鮮、琉球、安南以至各蒙古，回部之伊犁、巴里坤、庫爾喀、鄂爾坤、汗山、烏闌、烏魯木齊、吐魯番、哈密、敖漢、喀爾喀、阿克蘇、庫車、霍罕、烏什、歸化城、土默特、葉爾羌、和闐、三珠等處之一百二十二國，又大小金川各土司之三雜谷、綽斯甲、布瓦寺、巴旺、木坪等處之十三國，真所謂百蠻賓服、四夷來王者也。

琉球

按琉球國，古史不載，漢魏以來，不通中國。相傳在海島中，當建安郡東，水行五日而至，在外國爲最小而險。其國有大琉球、小琉球。隋大業中，令羽騎尉朱寬訪求異俗，始至其國，掠一人以返。後遣武賁中郎將陳稜率兵至其都，掠男女五千人而還〔一〕。唐宋時未嘗朝貢。元世祖至元廿八年，沿海副萬户楊詳使往諭，不從。成宗元貞三年，福建省平章政事高興遣都鎮府張浩等赴琉球，禽生口而還。其國王初姓歡斯氏，名渴剌兜。至元末，國分爲三，有三王，曰中山，曰山南，曰山北，皆以尚爲姓。明洪武初，中山王遣子姪及其陪臣子弟偕來，請肄業國學。帝優賚之，閔其往來之險，風波不測，特免之朝，而賜閩人三十六姓善操舟者，教其習中國語言文字，令往來朝貢。自此三王受封，皆請於朝。未幾，山南、山北爲中山所并，獨有其國。本朝順治六年，中山王遣使奉表納款。八年九月，始敕諭琉球。十年六月，中山王世子尚質來朝。十一年，王世子尚質又遣使進貢方物，奉詔册封尚質爲中山王，賜鍍金銀印，令二年一貢。康熙二十年，中山王世子尚貞奏請襲封。二十一年，遣官册封，并御書『中山世土』四字賜之。五十七年，其世曾孫尚敬奏稱：自四十八年王尚貞薨，世子尚純又早世，世孫尚益權署國事，未及請封，亦薨。今遣耳目官正議大夫等，奉表恭進方物，并請襲封王爵。奉旨：『琉球國世守臣節，忠誠可嘉，准該國王世曾孫尚敬所請，敕賜承襲琉球國中山王。』雍正二年，琉球國進貢，又御書『輯瑞球陽』四字賜之。至今天子，脩貢不絕。其風土氣候與嶺南相類，民多去鬚黥首，好剽掠。火耕水耨，無賦斂，有事則均税。用刑亦無常準，皆臨事科決。言語與中國不通，衣冠制度仿佛周禮。民呼其王曰『屋書加奴志』。王冠皮弁，垂衣裳，佩金珮。用人無科舉，世官世禄，亦舉賢良方正，由秀才至法司。其法甚嚴，不徇私情，即職官之父兄子弟，不少寬貸。道不拾遺，夜不閉户。其貴戚子弟，俱名秀才，擇其美者，習歌舞，供奉王廷，名曰『若秀』。王之宗族，戴紅錦巾，按司察錦巾，法司及紫金大夫紫綾巾，三品以下黄綾巾，七品至秀才紅綾巾，庶人以青絹帕首而已。設官分職，表陳章奏，著作篇什，有華風焉。丹徒王夢樓太守未遇時，曾隨天使全公魁親至其國，爲余備述甚詳。

嘉慶十三年，有旨册封琉球國王，正使爲齊太史鯤〔二〕，副使爲費侍御錫章。吴門有沈三白者〔三〕，爲太守司筆硯，亦同行。二月十八日出京，至閏五月二日，始從福建省城啓行登舟。船形如梭，用鐵栗木，凡三層，闊二丈二尺，長十八丈，高二丈三尺，大桅高十八丈，裹以鐵葉。船尾設戰臺，鋪以石，列炮位。〔四〕船身飾以黄色，上列旗幟甚多。次日，兩册使奉節詔至，護送者爲福州左營副將吴公安邦也。帶兵弁二百二十名，分撥兩舟，各帶炮位。册使與從客共一舟〔五〕，名曰頭船，上下柁工、兵役共計四百五十餘人，各有腰牌爲照。每日乘潮行一二十里，至十一日始出五虎門。向東一望，蒼茫無際，海水作葱緑色，漸遠漸藍。十一日，過淡水。十三日辰刻，見釣魚臺，形如筆架。遥祭黑水溝，遂叩禱于天后。忽見白燕大如鷗，繞檣而飛。是日，即轉風。十四日早，隱隱見姑米山，入琉球界矣。十五日午刻，遥見遠山一帶如虬形，古名流虬，以形似也。相距約三四十里，舟中升炮三聲，俄見小艇如蟻，約數百號，隨風逐浪而來。先有一船，投帖送禮，有旗，旗上書『接封』二字。其頭接官爲紫巾大夫。所引小艇皆獨木爲之，長不盈丈，寬二尺許，兩艇并一，如比目魚。人施短棹，分兩行，挽引大船，繂索如蝦鬚然。有紅帽者，執旗鳴鑼，爲領隊押幫之秀才官也。未幾，又有鳴鑼而來者，爲二接之法司官，投銜帖請安。三接官爲國舅，率通事官登舟參謁，册使命辭免。至其口曰那灞港，南山屏列，北築石隄如長虹，以禦潮汐。隄首有小山如伏虎，設炮臺于上。封舟將到，即聞大炮三響，旋聞金鼓銅角之聲，萬人齊列。及進口，始見樂人排班，分左右行。前列紅邊黄旗二面，大書『金鼓』二字。後列號筒二人，喇叭二人，鼓四人，鑼四人。但聞音韻悠揚，中雜以角角鼕而已。兩岸聚觀者以數萬計，男女莫辨。封舟身重，不能抵岸，乃横小船，架板作浮橋，以達封舟。岸上有屋三楹，額曰『却金亭』，國王迎候於此，自稱琉球國世孫尚某，亦用紅手版。王冠烏紗帽，兩翅灣曲向上，衣元青龍袍，金帶皂靴，容貌清癯，年僅二十二歲，跪迎于亭中。正使持節，副使捧詔。又聽升炮三聲，乃登岸，奉節詔于龍亭。天使二人，皆乘八座。至中途，有迎恩亭，國王設香案，率其衆官行三跪九叩首接詔禮。禮畢，王前導，至天使館。正廳曰敷命堂，迎詔敕，奉安正中。天使立左右，王率衆官行請聖安禮，然後與天使行賓主禮，就坐，三獻茶即辭去。

天使送庭下，王揖讓，亦乘八座回宫。十六日，迎天后，進天后宫。天使出館，各廟拈香，答拜國王，回館，于大堂升座，護送武弁率水師兵，披甲擺隊進參，示威遠也。天使館制悉倣中華，前列旗竿，二旗上書『册封』二字，旁設吹鼓亭。每日辰、午、酉三時，奏樂三通，排對中門而立，金鑼畫角，一如迎舟之樂，奏畢各散去。東西兩轅門外俱鋪白沙，瑩白如雪。儀門内即敷命堂，堂後有穿堂。至第四進後堂，堂之東有樓曰長風閣，爲正使起居之地，其西則居副使，登樓皆可遠眺。其兩廡東西二十間，隨從諸人居之。館之周圍墻垣甚厚，皆礪石，石多縐紋，有小孔，形如骷髏。墻頂植草，葉如蒿苣，不土而生，秋冬長茂。至七月朔日，將舉行追封御祭禮。儀從官四人，一爲捧詔官，一爲捧節官，一爲宣詔官，一爲捧帛官。先一日，通事官呈儀制，備轎馬，請從官至先王廟演禮。轎如鶴籠，編篾爲之，外施黑漆，内糊白紙，頂有大環，一木爲扛，離地僅五寸許。人由左入，盤膝而坐，亦設靠墊、痰盂、烟具于其中。馬如小駒，剪騣如驢，性甚劣，一馬須一人挽之，鞍韉踏蹬，與中國稍異，起步細碎，如小川馬。巳刻出東轅門，過聖廟，東南行三里許，至安里橋，皆平坦。過橋數武，即所謂先王廟者。山形環抱，廟居其中，蔭木森森，其葉如柹而色深緑，曰波羅蜜樹。東西有硃漆坊，中爲三圈門，平其頂而無匾額。拾級而上，有堂三楹，設天使與國王坐位于中。再入後堂，即爲先王殿。殿五楹，兩廡十餘間，殿中神主前設三御案，中爲奉節案，左爲奉詔案，右爲奉帛案。殿西簷下設開讀臺，東南向。至次日辰刻，天使出館，詣各廟拈香，返。三法司及衆夷官，備龍亭、綵亭、金鼓、儀仗集館門外，候啓門。奏樂，參謁畢，迎龍亭、綵亭入。正使捧節，副使捧詔，皆朝服，從官亦五品蟒服，趨向天使，恭接節詔。幣帛各安亭中，左右立堦下。樂作，引禮官唱排班，衆夷官皆跪行九叩禮。升炮，夷官前導，排全副儀仗，皆中國兵丁爲之，著號衣，騎馬者約百餘對。其後則鹵簿，綵亭先行，龍亭在後。從官佐使皆張紅蓋，乘馬隨于龍亭之後。兩天使皆八座。道旁男女聚觀者循高就下，疊砌如鱗，而聲息寂然，但聞馬蹄蹀躞而已。至安里橋，國王紫袍紗帽，率衆官迎伏道左，暫駐龍亭。王與衆官平身，兩使降輿趨前，分立龍亭左右，引禮官唱排班。國王及衆官行三跪九叩接詔禮。禮畢，國王衆官步行前導，至廟門，由東圈門進，立堂下。天使出轎，從官亦下馬，扶龍亭由中門入。至庭中，捧節官授節與正使，捧詔官授詔與副使，隨行至先王殿，各奉節詔于所設之御座上，退立東墀，西向。宣詔官立開讀臺下，東向。兩廡奏樂，引禮官引國王由東階詣香案前，北向。司香者跪進香于國王，王亦跪，三上香訖，復引至墀下。王與衆官各就拜位，行三跪九叩拜詔禮。禮畢，樂止，退立東廡世子神位前，西向。又起樂，天使捧節詔正中立，捧詔官由東墀趨接詔書，即由中門高舉下堦，黄繖蓋之，上開讀臺，宣詔官隨至臺中香案下。樂止，引禮唱跪，國王及衆官皆北向跪，俯伏于世子神位下。引禮官唱『開讀』，宣詔官就香案正中，朗聲宣詔。宣畢，仍捧詔下臺，張黄蓋，由中門入，授副使，仍安御座。引禮官引國王、衆官各就拜位，再行三跪九叩謝封禮。引禮官唱退班，國王入廟，請天使暫憩，更衣，獻茶。追封禮畢，國王易皂袍、角帶，出至先王神位前，天使復分立御案如前儀。法司官請詔書祭文，供奉廟中。天使乃詣先王神位前，行一跪三叩禮，國王及衆官俱俯伏位側。禮畢，引禮官唱『退班』。國王捧先王神主，由東堦入殿，供奉畢，向天使行謝封禮，一跪三叩，天使答拜。御祭禮畢，國王又易服，天使亦更衣，俱至前堂，行相見安坐禮。天使居中，南向，國王居西，東北向。不設樂，茶酒皆親獻，天使辭謝，紫金大夫代獻〔六〕。天使酬獻，國王亦起辭謝，各就宴。從官則宴于西廡，酒饌皆秀才官跪而獻之，法司官旁席爲陪宴。宴既畢，國王前導，仍至御案前。正使奉節授捧節官，安置龍亭內。天使行至堦下，與王揖別。從官亦與法司官揖別。出廟門，國王、衆官已先行，至安里橋下，候龍亭至，俱跪送。天使降輿揖，回館。是晚，國王遣官叩謝。其明日，天使亦遣巡捕官入王府答謝。至七月二十六日，始行册封大典。前一日，從官先往王府演禮。由先王祠內東度二小嶺，行于山脊，路尚平坦，民居嶺下，田園繡錯，竹樹陰森。行三四里，始見高牌坊一座，上大書『中山』二字。過此百步，又一牌坊，大書『守禮』二字。路之中心築方石臺，上植鐵樹一叢，以爲來龍。隨見萬木排空，墻垣密布，最高處宮殿巍峨，已至中山王府矣。府門西向，上有堞樓〔七〕。進門折南，漸高數級，有門北向，旁有一泉，鑿龍首，嵌石中，泉從龍吻噴激而出。此中山之瑞脉也，名曰瑞泉。上有門，即名曰瑞泉門，門上有滴漏臺。再折向東，進第三門，平坦廣闊，並列三門，南向，勢甚雄壯。進門即爲王殿，有一甬道，甚寬廣，鋪紫色大方石〔八〕。又進而爲正殿五間，臺堦寬丈餘，約高五尺許，以白石欄圍之，分坡級爲三道，而正中坡級兩旁，竪盤龍石柱一對。殿中無寶座，而有一臺，高僅尺許，曰臨政臺，圍以朱漆闌，亦鋪脚踏綿，與庶民居室相等。後設金圍屏一座，其上即御書樓，凡中國大皇帝歷次所賜匾額，盡懸于上。兩旁便殿廊房，東西各三統間，爲天使宴飲之所，亦將歷來册使所送之額懸掛兩旁。啓其後牕，可以觀海。彩梁朱柱，古樸而華。臺堦之中，另起御案三座。東首西向設開讀臺，高丈餘。甬道之中，設國王拜位，以草席爲之，四周鑲紅邊而已。至次日，天使隨文武官及從者至府，一如追封前儀。王九叩禮畢，宴天使于西便殿，從官賓客則宴于東便殿，獻茶進酒，亦如前儀。惟觀者之多更盛于前，蓋添有該國文武官眷屬，設蓬幕于路側，又有扶老携幼者，合數萬人，真大觀也。其明日，王又易冠服，如漢黄門官式樣，坐龍輦中，設朱漆描金座，用四槓，前後十六人。其輦高與簷齊。儀仗則用大方旗四對爲前導，繼則長桿刀六對，長桿槍六對，又有如月斧者、畫戟者，如狼牙槊者十餘對，皆柄長丈餘。又有三檐紅繖一頂，金鼓樂人二起間其中。近輦則有執長桿大鷄毛帚四對，大翎毛扇一對，月扇一對，大兜扇一把，提爐二對。扶輦者皆紫金大夫，與都通事官步行隨之。又有童子裝束如紅衣人者，各執拂塵、團扇之屬，十餘輩扶輦而行。王至使館，拜謝亦如前儀。途中各設段落點綴，或編短籬而列盆花，或叠假山而栽松柏，像生鹿鶴，紙紮群葩，目不暇給。舊例，國王逢五日遣官請安，十日王親謁，天使辭謝再三，乃逢十遣國相參謁。其儀制，天使設公座于堂，國相、三法司行禮，天使出位旁立，拱手，紫金大夫則正立，餘皆端坐，聽其叩首而退。從官與之相見，各長揖而已。

琉球境内皆山，而無高峰，亦無城郭。其國約寛數百里，中分三府：國王所居曰首里府，亦名守禮府，掌國大臣多居此。次曰久米府，自明時遷中華人至彼〔九〕，教以文學〔一〇〕，世居于此〔一一〕，猶中國之翰林院也。三曰那霸府，皆商賈所居。國中仕宦者皆世官世禄，雖從唐制以詩取士應考，其寔皆縉紳子弟也。其所用錢與日本同，亦曰『寛永』。彼國之銀一兩，可换錢一千六百文。刑罰無斬絞枷號，有犯則送三法司究治。輕則杖之，若罪重，給一獨木船，驅入大海，聽其所往，謂之充軍，再重，則刳其腹而投之海。〔一二〕其民皆食蕃薯，一歲三熟，每担價不過百文。亦種粟、麥、米、豆，土人食不當飽，備作宴客之需而已。人多布衣，不尚蠶桑。所屬有三十六島，或遠或近，均隔重洋。羽毛之族頗同中國，惟鱗介大半皆海物，有大蝦如升斗，大蟹如草笠〔一三〕，魚則或藍或紅，莫可名狀，其味甚鯹，亦莫别其美惡也。有燒酒，有甜酒，又有白酒如漿，係國中女子嚼米釀成，其味甜，微有酒氣耳。通國之人軀幹無長大者。民安物阜，從不聞有盗賊之事。市中無店鋪，亦無茶坊酒肆。其舍宇四面卸水者居多，不甚寛廣，亦無有通三間者。周繚以板，室内皆鋪地板，高地二尺許。地板上用席墊布鑲而鋪之，名曰脚踏綿〔一四〕。男女皆席地而坐。門窗上俱鑿雙槽，重叠推拽，以爲啓閉，故柱多方，其木質若黄楊，磨極光細。庭前亦有假山，多嵌空玲瓏。平地鋪以白沙，花光樹色，暎帶清幽。或編竹爲籬，屋藏于内，緑蔭欝然，行人稀少，終日寂静，亦不聞有口角争鬥之事〔一五〕，而間有弦歌之聲〔一六〕。使館之西，有女集場，一切器皿、食物、布匹、舊衣、新履，皆婦人首戴而來，坐地而賣。

其婦通稱曰愛姨。每男以肩挑，婦以首戴，無論米糧油酒、包裹箱籠，雖重百觔，皆頂頭上〔一七〕，從無有傾覆隕墜之虞。其俗有醫師，而無筮卜星相之人。有僧無道，亦無優尼。有寺曰樂善，在使館之後，竹籬矮屋，不施丹漆，曲廊環繞，緑陰蔽天。庭間鑿以小池，金魚游泳，鐘磬無聲，頗有幽趣。定海寺在那霸長虹堤之中，北臨大海，一望無際。亦有聖廟〔一八〕，在舘東半里許，規模如中國，而殿庭矮小，派秀才輪守之。其冠服之制，男子年十六歲，乃剃頭髮中心，留其四鬢，挽一髻，插梅花簪三寸許。王及國相、法司官用全金者，紫金大夫金頭銀脚〔一九〕，餘官皆用銀簪，庶民則用銅簪。冠式長圓平頂，如僧尼帽，而前後有折襞文。王之宗族戴紅錦巾，按司紫錦巾，法司及紫金大夫紫綾巾，三品以下黄綾巾，七品至秀才紅綾巾，庶人以青絹帕首而已〔二〇〕。衣如道袍，長領，袖寬一尺四五寸，色亦尚紅、青，便服則各隨其色。束大帶，約寬四寸許。國相以至庶民皆著草履，名曰撒霸，式如中國之草鞋，底中起梁，立一樞連之，高半寸，著則以脚背套其梁，大脚指夾其樞，以故左右襪頭俱開一叉，不能更易〔二一〕。襪甚短，及踝而止〔二二〕，以帶束之，男女皆然。女子不裹足，不剃面，不穿耳，髮無把，用油蠟塗，挽于頂心，形如牡丹，即所謂牡丹頭也，其光似漆。簪長七寸，粗如小指，作八角楞。簪之頭如調羹，向前倒插，金銀亦隨品而別，視其夫之品級，民婦則用角簪，或玳瑁。衣如男子，而長及地，不帶不扣，以裏衣襟納入褌腰，右手拽外襟而行。未嫁者則束汗巾于外以别之。袖有寬至二尺餘者。婦人年過三十，手背刺紋作黑點，年愈大，紋愈多，至老年則全黑。此不可解也〔二三〕。

其與人交際，客至，則脱撒覇于門外，入室坐地，主人出，各鞠躬點首以爲禮。小童挈茶壺如桃者，斟茶半杯，主人舉以敬客，客受之，高舉齊額而後飲，以此爲敬，他物亦然。亦吃烟，每人前各置一具，筒一、爐一、吐壺一〔二四〕，總謂之『打巴古棚』，蓋烟謂『打巴古』，盤謂『棚』也。烟筒長僅尺許，烟甚辣，相對坐後，或清談，或敲棋，倦則倒身而卧。每宴會，極省儉，肴不過四色，用黑漆盤分格盛之。酒僅一小盃，托以朱漆小盤，傳遞而飲，酒酣則坐卧歌呼以爲樂。飯曰『屋滿』，粥曰『渥該』，吃曰『三小里』，魚曰『游』，肉曰『糠』，鴨曰『鴨飛拉』，蛋曰『科甲』，猫曰『抹牙』，油曰『暗淡』，米曰『科』，去曰『一迴』，今日曰『初』，明日曰『阿爵』，遊玩曰『阿嬉脾』，拿來曰『莫給科』，好曰『秋喇沙』，不肯、不要、不好統曰『没巴歇』，不懂曰『悉各朗』，一曰『抵几』，二曰『打几』，三曰『米几』，四曰『又几』，五曰『一几几』，六曰『榮几』，七曰『捺捺几』，八曰『牙几』，九曰『谷谷奴几』，十曰『拖几』。惟茶曰茶，衣架曰衣架，衣曰衾，索麵曰索麵，而麵又曰『木吉利果』。此三物大約起自中國，故仍舊名。其花卉種類甚繁，不能殫述。其他名物稱謂，類皆有音無字者也。

琉球國亦唱戲。天使至，則于便殿前搭戲臺一座，高與堦齊，方廣三丈許。後場有大松樹一枝，枝飛簷外，有綵無燈。歌舞者非伶人，皆國中縉紳子弟爲之，年皆十六七，無有老年者。其開場無鑼鼓，但聞場後連打竹板聲，即見一老人，戴荷葉巾，披深黃色大襟衣，有似鶴氅，束藍帶，手執藤杖，白鬚飄然，率男子八人，頭梳高髻，身披白花紅地衫，腰束皂色帶，各執花枝，繞場而舞，如堆花狀。又有童子摇鼓穿繞其間，歌聲從後場而出，不吹笙笛，用弦索和之。場上啓做關目，説白而已。此爲彼國天孫氏開闢琉球、歌舞太平故事，名曰三祝舞。又聞竹板響，扮出四童女，髻插金鳳花，額束紫綃帕，披大紅衫，其長曳地，外罩板金鑲元青紗背搭，各持摺扇二柄，魚貫而出，歌舞而退。此謂扇舞。下開傳奇一段，名曰天緣奇遇兒女承慶。先有一生，著青衣皂袍，扮一樵人，名曰銘苅子。繼有一旦，甚美，頭梳高髻，後髮披肩，外披白紬五彩印花曳地長袄，内襯銀紅衫子，肩上蟠大紅風帶一條，扮一天女，從松樹上下臺心，即將風帶解下，掛于樹上，似作沐浴之狀。銘苅子竊帶藏之，天女失帶，惶懅不能飛昇，與銘苅子問答良久，隨爲夫婦。生一女，名真鶴，年九歲，又一男，名思龜，年五歲，皆七八歲小童扮之，唇紅齒白，粧束逼肖。是時，騙兒女眠于榻上，忽然尋出風帶，徐徐登松樹上，將昇天矣，下顧兒女作悲泣狀，兒女驚醒，追呼樹下，天女已至松頂。忽有白雲從上而下以迷去路，其雲皆棉花結成。銘苅子亦追尋樹下，與兒女對松樹大哭。忽出一大夫問銘苅子，因奏知國王，召其父子，賜以爵禄，并收其女入宫撫養。此其開國時之故事，其場後之松樹專爲此設也。此樹甚高，已百年物矣。又聞竹板再響，四小旦扮四女，裝如天女，而無風帶，頭頂五彩笠子，幔聲弦歌而上。舞有頃，各除笠，上下盤旋而進，謂之笠舞。又開傳奇一段，曰君爾忘身救難雪仇。一浄脚兩顴染脂，童顔鶴髮，帶黄緞金鑲風兜，身衣古銅色緞衫，外罩天青金雲龍背心，腰插寶刀，手執兜扇，自稱按司，名八重瀨。按司者，似乎彼國之諸侯也。路遇玉村按司夫人貌美，殺玉村而奪其妻，妻不從，殉節死，其子逃匿平安大主家。八重瀨欲搜緝除害。玉村有家人之子，名龜壽者，別其母，投平安大主家，見小主，願身假做小主，出獻以代死。小主不從，如一捧雪換監代戮之狀，既而允從。平安大主有家將名吉由假，縛龜壽爲玉村之子，投獻八重瀨，令下監，受盡諸苦而欲殺之，吉由假降帳下。又有玉村大臣名波平者起義，與平安大主合兵一處，奉玉村子小按司爲父報仇，斬關而進，殺八重瀨于帳下，救出龜壽，仍立玉村之子爲按司。此明季彼國分南北中三王時之故事也。小按司係十二三歲之俊童，其裝束如水門中之小青，不穿裙耳。凡逢殺戰，不在當場，皆入場後，作擂鼓叱咤聲而已。又聞竹板響，見男子四人，頭束紅帕，身著花袄，腰圍闊帶，腿纏青紬，手執羯鼓，其聲鼕鼕。又有四童，裝束亦如之，則手執短竹，擊聲角角，滿場躑躅，且擊且跳，謂之羯鼓舞。又開傳奇一段，曰淫女爲魔義士全身。走出一小生，年約十五六，扮一久米府之漢人後裔，名曰陶松瑞，頭戴細草笠子，式如中國涼帽胎，而大如小鐵鍋，衣月白紬衫，手執短拐，往守禮府探親〔二五〕。天晚迷路，見山下有燈火，投宿村莊。隨有一旦，扮村女出，留松瑞宿，自言母亡父出，一人獨守，欲薦枕席。松瑞誡以男女不親授受之義，其女不聽，强逼之。松瑞脱身逃遁，女轉羞成怒，欲追殺之。松瑞逃入萬壽寺。有老僧普德〔二六〕，藏松瑞于鐘中，一鐘極肖。女子追索無蹤，仰天大哭，發狂而去。松瑞已出，女子復至，鑽入鐘中，忽變成魔相，頭出兩角，貌極猙獰，手執雙斧，勢將動武。普德遂合手念咒，魔即乘風化去，松瑞得全身而歸。此彼國近時之故事也。忽扮出大小獅子兩個，跳躍盤旋而下，歌舞自此而止，即中國唱戲之所謂『團圓』也。

琉球國亦有妓女，謂之紅衣人，其所居曰紅衣館。向例，每天使至國册封，准諸妓入館伺候。自嘉慶五年趙介山殿撰册封琉球時，傳諭不准入館，遂爲定例。自國相以下，均有所歡。每月纏頭脂粉之費，不過四五六金而已。若天使至，則不許國人闌入紅衣館，恐生事端也。中華人每到紅衣館，有賞識者，即聲價十倍。定情合意後，必贈一銀簪，帶之以爲榮。蓋民間俱用角者，惟妓女得中華人賞給，始准帶耳。其款式如荷花瓣，而脚長，每枝重五兩。其裝束百般，總無一定。有著白地青花衫，微映大紅抹胸者；有著五綵印花衫，束紫縐紗汗巾者；有緑地五綵白花衫，束大紅文絲帶者。皆薄施脂粉，豐致嫣然，令人消魂。亦能歌舞，或彈三弦，或鼓古瑟，或坐而歌，或起而舞。凡紅衣人盡無子，自八九歲賣身入館，教以歌，與人交接後，積財贖身，即買一美婢，自開門户。年長，則各有舊交，故無從良之例。其房皆南向，空前一架爲軒廊，後三架爲卧室，三面皆板，上施頂格，下鋪脚踏綿，潔浄而軟，如登大床。亦有箱籠衣架，書畫呈設，古銅瓷瓶，壺盃椀茶具酒器之屬。簷下亦鑿小池，蓄金鱗數尾，植芭蕉、鐵樹于墻下。有一種名佛桑花，葉若桑而花如蜀葵，千瓣五色俱備，有大紅色者。男用團扇，女則半月。夜卧則以大席鋪室中，上施大帳而復以衾枕之屬。亦點燭，式如風燈而高，外糊白紙，中燃油火，上有横木，可以提携，亦隨地可置，隨處可粘。燭皆純蠟，可以通宵。其餘起居飲食與中國無異。

嘉慶丙子閏六月初五日，海州鷹遊島有琉球國夷船一隻，飄入内地。其船主毛朝玉，自稱從彼國之八重山失風，飄蕩三晝夜至海州，已七千餘里。所携從者水師舵工，計二十三人，馬二疋，及米麥酒布等俱無恙。州刺史韓城師公以柔遠之禮召至城中，一面通禀大吏上聞。至七月廿四日，始奉旨送還本國。時余與王仲瞿在州廨，親見其事。毛朝玉者，爲彼國之巡見官，位九品，方袍大袖，冠黄冠，著草履，能中國書，不通華語。與之筆談，亹亹不倦。余與仲瞿聯句贈之，刻稿中。其稱海鰲爲『海月』，乃知謝靈運詩所謂『挂席拾海月』者，始得真解。朝玉臨行時，書其舊作遊揚州平山堂兩絶云：『昔年曾此作春遊，兩岸垂楊映碧流。白髮夷人今又到，空餘黄葉滿汀洲。』『十里名園水一陂，春花秋月兩相宜。最憐樓上珠簾卷，偏在悤悤客去時。』其詩雅有風致。

校勘記

〔一〕掠男女五千人而還，北史、隋唐陳稜傳作『虜男女數千而歸』。

〔二〕太守，紀事珠作『太史』。

〔三〕有沈三白者，紀事珠『三白』下有『名復』二字。

〔四〕『船形如梭』至『列炮位』，紀事珠作『舟長八丈餘，闊二丈餘』。

〔五〕從客，原作『從舟』，據紀事珠改。

〔六〕金，紀事珠作『巾』。

〔七〕堞樓，底本本作『敵樓』，朱筆改作『堞樓』，紀事珠作『敵樓』。
〔八〕石，紀事珠作『磚』。
〔九〕自明時，紀事珠作『永樂間』。
〔一〇〕『教以文學』下，紀事珠有『有二十四姓』五字。
〔一一〕『世居于此』下，紀事珠有『掌理文牘』四字。
〔一二〕『其所用錢』至『投之海』，紀事珠無。
〔一三〕『大』字原脱，據紀事珠補。
〔一四〕脚踏綿，紀事珠作『踏脚綿』。
〔一五〕亦，原作『既』，據紀事珠改。
〔一六〕而間，紀事珠作『間闈』。
〔一七〕頭，紀事珠作『首』。
〔一八〕『亦』字原脱，據紀事珠補。
〔一九〕紫金，紀事珠作『紫巾』。
〔二〇〕『王之』至『而已』，原在『名曰若秀』下，據紀事珠移此。此段紀事珠作：『有職者紅綾巾，大夫黄綾巾，紫金官以上皆紫綾巾，國相、國舅則用紫錦巾，庶民冠元青荷葉巾，地保用緑布巾。』
〔二一〕『更』字，紀事珠無。
〔二二〕『脚』字，紀事珠無。
〔二三〕『不可解也』下，紀事珠有：『妓女曰「紅衣人」，亦施脂粉，但不插花朵，望之如古裝士女，衣衫煊爛各式，其式別饒風韻。其所居之地在女集場西北，聚處百餘家。』此句用朱筆删去。

〔二四〕吐壺，紀事珠作『痰盂』。

〔二五〕守，紀事珠作『首』。

〔二六〕『老僧』下，紀事珠有『名』字。

西藏

西藏一隅，從未内附，至我朝始入版圖。前藏曰衛，後藏曰藏，古之三苗種也。秦漢時謂之西羌，其民以禿髮爲國號，訛曰吐蕃，故唐宋時稱爲吐蕃，元明又稱曰烏斯藏。其地在四川之正西，東北接連陝西西寧衛界，東南接連雲南麗江府界。自成都至打箭爐，計程九百餘里，是入藏之要路。自打箭爐至西藏，計程五千二百餘里。藏之西南爲廓爾喀，西北爲葉爾羌，實西徼之大都會也。其間山川道里，風土人情，與中國迥然不同。人生七歲即誦經數十萬言，故多僧徒，即所謂喇嘛是也。地廣而險遠，民獷而好鬥，無城廓，鮮捍衛，俗尚荒淫，男女雜坐。無論貴賤，皆念佛，皆掛念珠，所念惟『唵嘛呢吧嘛吽』六字，喇嘛家謂六字真言也。亦以十二月爲一歲，孟春之月爲歲首。藏人不識天干，惟用地支，亦有閏月，更有閏日之奇。以三十日爲一月，每月皆有三十，並無小建，而其實仍有二十九日者，如某日凶則删之，某日吉則閏之，所謂閏日，有縮即有閏也。其四時氣候、日月顯晦、雷電風雲、雨露霜雪，皆與中國無異。

西藏自唐高宗時，始封其國贊普爲駙馬都尉、西海郡王，歷代相沿，俱受中國制命。自國朝康熙五十九年平藏後，封康濟鼐爲貝勒，阿爾布巴爲貝子，隆布鼐爲公，後以擒逆功疊邀恩命，封至郡王者。乾隆五年，謀逆伏誅，遂除王爵。十六年，奉旨：凡屬藏地均爲達賴喇嘛所有，加以輔國公三人，一等台吉一人，噶布倫四人。定以三年一貢，道由陝西，每次限以百人，准十五人進京，餘留邊，著爲定例。所貢方物不過鍍金銅佛、舍利子、犀角、珍珠、珊瑚、寶石及各色氆氌、猞猁孫皮、數珠、藏香之類而已。

每遇年節，凡商民皆停市三日，各以茶酒果物相餽爲禮。其日，達賴喇嘛設宴，延漢番官會飲，有跳鉞斧之戲。選幼童十餘人，著綵衣，戴白布圈帽，兩足繫小銅鈴，手執斧鉞而上。前列鼙鼓十餘面，司鼓者裝束亦如童子，觥籌交錯時，相向而舞。其鼓聲疾徐，咸中節揆，有似古之萬舞。越日觀飛神，乃後藏番民供此役，以皮索數十丈，繫于布拉達山寺前〔一〕，人上下疾如猿猱，如矢之離弦，燕之掠水，亦異觀也。又擇日于大詔寺内聚集各山寺喇嘛，擁達賴喇嘛下山謁佛，登臺講大乘經，謂之『放朝』。凡番民皆越數千里而來，踵相接也。以金珠寶玩咸舉拱于首，跪而獻之。達賴喇嘛若受，以麈尾拂之，或手摩其頂。番民出以爲榮，必誇耀于人，謂之『活佛降福』。上元日則懸燈于大詔寺内，矗木架數層，安設大燈萬餘盞，綴以油燭，爲人物、龍、蛇、鳥、獸之形，窮極精巧，自夜達旦，視天之陰晴、燈之晦明，以占一年之豐歉。十八日，揚馬步兵三千餘人，戎裝執械，繞大詔寺三匝，至琉璃橋南放巨礮，以驅鬼魅。其礮大小不一，中有最大者爲唐時鑄，上刻『威剿除叛逆』五字。演畢，于商上出金、銀、綢緞、布、茶等物勞之，並布施僧衆，爲誦經之資，歲凡支銀三百六十餘兩。至三十日，諷經畢，則打牛魔王。以喇嘛一人，僞裝達賴喇嘛，居之上座。於番民中擇一人，面畫黑白色，作牛魔王，直詣其前，詆其五蘊不空，六根未浄，達賴喇嘛亦以理折之。彼此矜尚法力，因各出骰子如核桃大，達賴三擲皆全紅，魔王三擲皆全么，蓋預做六面一色者。魔王自此驚懼而逃，于是衆僧俗皆執弓矢鎗礮逐之，魔王渡河而奔。先時于對河牛魔山列帳房，待魔王竄，隨擊以巨礮，迫之遠颺而止。凡扮作魔王者，需先餽以賄，其所避處亦必儲數日之食，用以待之，食盡而歸耳。二月初二，達賴喇嘛上山。仲春下旬，將大詔寺中金玉寶器及諸珍玩陳設殆備，許衆喇嘛及諸番民縱觀，謂之『亮寶』。翌日，布達拉山寺懸大佛像，自第五層樓至山麓，約長三十餘丈，俱用五色錦緞堆成。而又有衆喇嘛裝束神鬼，諸番人亦有裝虎、豹、犀、象等獸者，繞寺三匝，至大佛前拜舞歌唱，如此者一月始散。四月十五日，寺門洞開，燃燈達旦，任人遊玩。六月三十日，别蚌、色拉兩寺亦懸大佛像，番民男婦皆華服艷粧，更相歌唱，或翻桿、相撲諸戲。七月十五日，舉碟巴一人以司農事，其地之頭目亦群然從之，佩弓挾矢，旂旛前導，遍歷郊圻，觀田禾，省耕作，較射飲酒，以慶豐年，然後土民刈穫，亦以重農事也。七八月間，各臨河設涼棚帳房，男女同浴于河，以爲祓除不祥也。十月十五日，爲唐公主誕辰，番民男婦亦盛服至大詔寺，頂禮念佛。二十五日，又傳是傳燈佛聖誕，舉國皆于墻壁間燃燈，亦以燈之晦明卜其歲之凶吉。至除夕，木鹿寺跳神逐鬼，有古者方相氏司儺遺意。男女亦群聚盛飾，歡呼飲酒，踏歌扶醉而歸。此藏中一年景象也。

西藏亦有兵制。計前、後藏内拉察、阿里、稞壩及黨子、拉雜、浪木錯等處地方，凡馬部兵共十二萬八千餘名。遇有兵戈，亦着盔甲，插紅纓及孔雀尾，長鎗、短刀、弓弩、藤牌、鳥鎗俱有，與中國無異。其刑法最慘酷，有四十一條，大凡罪重者不分首從皆擬死，或縛于樹上較射，或送猓猓野人食，或縛送曲水蝎子洞令螫死，或抉目劓鼻，或割手去足。罪輕者，以沸油澆其胸，或利刃裂其肉，或以利油簽刺于指甲内，或以繩縛之，撻以笞，浸于水中。至尋常争鬥，亦罰銀錢入公，或出牛羊若干頭而已。若無銀錢牛羊，則縛浸水中，籍没其家。

達賴喇嘛與班禪額爾德尼衣冠式樣，今京城内外皆有之。冬冠上尖下寬，與頭相稱，夏帽若笠。衣色尚黄，亦有著紅、紫者。其餘喇嘛亦相似。其所屬之噶布倫、戴綳、碟巴等處，則又是一樣裝束。其髮不綰，披垂肩後，戴平頂栽絨、段狐各帽，綴以短纓。或覆獺皮于頂，手持念珠。或遇令節、公事，則著蟒段，或氆氌、綢段，頭戴白紗帽無翅者，左耳垂金鑲緑松石，右耳垂金鑲珊瑚，大領窄袖，緑錦短衣，袖口用五色線相接，束大紅花緞帶，下穿黑褐百褶裙，足著白軟底皮靴，披紅褐，佩刀。婦女之服飾，頭髮從頂分兩旁，打細辮如繩，互交腦後。居常戴紅緑栽絨尖頂小帽，身著小袖短衣，僅齊腰間，下著各色綢緞鑲錦花邊圍裙，手帶銀鑲珊瑚戒指，左手帶銀釧，右手帶硨磲圈，兩耳帶金銀鑲緑松石，有小鈎穿于耳，又以銀鈎連珍珠、珊瑚成串，長六七寸，掛髮上以爲美。更有奇者，凡婦女見喇嘛，俱用紅糖或兒茶塗兩腮，否則謂之呈妍飾媚，迷惑僧人，罰之不宥，而家居亦時用之。

西藏番民多食糌粑、牛羊肉、奶子茶之類，其性燥，而茶最爲急，不食則病。故不拘貴賤，飲食後必吃茶。其茶熬煎極濃，入酥油、鹽攪之。食不拘時，以飢爲度。不用箸，男女老少皆以手掬而吞之。亦有酒，味酸甜。醉飽後，男女相携，沿街唱笑以爲樂也。

西藏亦有禮儀，真堪發笑。自噶布倫、戴綳、碟巴以下而至番民，見達賴喇嘛及班禪佛，皆去帽、合掌、伸舌，頂禮者三，復垂手鞠躬，聚足屏息。至法座前，達賴、班禪以手摩其頂，謂之『討搭手』。其婚姻之禮，門户大者亦有擇壻之説，其餘皆苟合也。房舍亦有碉樓，間亦有平房，必刻桷雕楹，備極燦爛。亦有醫藥丸散，不論病之輕重，必延喇嘛誦經。至于喪葬，尤爲可笑。凡人死，即用繩縛，令口膝相連，兩手交插腿中，繫尸于梁上，延喇嘛念經。越數日，負送剮人場，碎割其肉喂犬，爲地葬。或以筋骨搗爛，和炒麵搓圓飼鷹，謂之天葬。其風甚惡。乾隆末年，駐藏大臣、工部尚書和琳出示永禁，始行中國喪葬之禮，實叙永同知元和周明德贊成之，余已載之熙朝新語。道光十二年，偶遊清江，晤吳興倪小雲先生，先生嘗至西藏，悉其風俗者。據云，今和尚書碑尚立于大詔寺之前，而西番習俗相沿，迷而不悟，仍分天葬、地葬、水葬之風，實與禽獸相類矣。

大西洋

嘉慶初年，閩人有王柳谷者，名大海，又號碧卿。嘗遊京師，自言曾隨賈客至西洋，所遊噶喇吧、音交留吧。三寶壠、北膠浪、萬丹三處頗久〔一〕，爲三寶壠甲必丹家贅壻，衣食麗多，侍婢數十人，幾至樂而忘反。以家有老母，未敢多留，拂袖而歸。仍筆耕度日，以事老母而終其身。柳谷所記諸國，以和蘭、噗咭唎、佛蘭西三國爲最大，噶喇吧、三寶壠、北膠浪、萬丹、呅哖嘮次之，其餘諸島則有高奢、爪亞、息坔、無來由、武吃氏、猫厘、武敦、暴暴、西蘭、吉寧、知汶、把實、色仔哖、里毛柔、里罵、安汶、萬瀾、淍仔坻、鴿、壠、西壠、龜静、明絞嘮凡二十三國，亦不能盡到，但記其大略而已。案西洋古無志乘，亦不通中國。自明宣德中，有内監王三保、鄭和等至西洋採買珠寶，始通中華，紀於明史。其道由安南西去，歷西海諸國數萬里，皆不奉貢獻。或有相通，率皆貿販之夫射利而至者。故其山川道里，風俗人情，莫得而考之也。今依柳谷所著海島逸史，略爲詮次焉。

校勘記

〔一〕三，似當作『四』。

和蘭

和蘭嘚氏，中華人呼爲和蘭，在中華之極西北。本朝順治十三年，始來貢獻。其國王名黑投爲。國人皆面白隆凖，赤髮緑眼，不蓄髭鬚，衣服精潔，短身狹袖，步履佻㒓。官之最尊者戴黑圓帽，衣紅呢，執紅棍，餘皆青緑而已。其立國至今，相傳已有一千二百餘年。嘗據占吧國，納其租税，並將沿海一帶之地盡爲己有，建立城池，蠶食附近，亦二百餘年矣。其俗尚勇，武藝精能，不論男女，十歲以上皆演習鎗刀、跳舞諸伎，其法皆有師承。武藝之最精者，父母榮之，鄉里敬之，即能武斷鄉曲，無不服從矣。凡城門鋪塘，俱設營卒巡邏，晝夜不懈，衣甲未嘗去身，竟歲不聞盜賊。能收養貧病鰥寡孤獨之人，有則付衙門收録，俟其親人來領，以此買服人心。國中山海之利，以及園宅婢僕買賣交關，俱有專官職掌，出納畫一，分文不苟。惟有大罪及命案，國主親爲究治。嚴明法度，謹慎邊疆，所以能久長也。其國九月便見霜雪，草木凋零，人多有百歲者。

嘆咭唎

嘆咭唎亦名膺吃黎，華人呼爲紅毛國，以其人多赤髮，故名。亦在中華之西北，與和蘭相近。衣服制度亦與和蘭無異，語音字蹟却又不同。其人勇略多智，所製渾天儀、地圖、鐘表、雜器以及兵刃、刀劍之屬極精。舟行有量天尺，能測海中淺深，砂石、魚龍藏匿之所，分毫不爽。有千里鏡者，能觀百里之外。又有屈曲鏡，能窺敵國之房屋幽隱，無不遍及。有天炮者，其所造也，較和蘭爲精巧。如敵營遠近幾許，用量天尺量之，用屈曲鏡觀之，則舉炮悉中其處，不踰尺寸。炮必向天而舉，到其處即能墜落，而旋滚周遍焉。其炮向天而發，故名天炮。尚製有毒刀鎗，無論人獸觸之，見血立斃。所謂暴暴煙者，不知何藥所製，於上風高處焚之，被其煙者皆死。其國日漸强大，幾欲并吞和蘭，故和蘭待之甚厚，亦畏之也。先是，乾隆五十七年春[一]，廣東巡撫郭世勛奏稱有𠸄咭唎國，僻在西北海外，自堯舜以來，未通中國，情願投誠，貢獻於大皇帝云云。高宗閲奏大喜，準令來朝。至癸丑四月十三日，山陰陳雪樵騎尉適署浙江象山左營守備，有卒來報云：『探得沿海錢倉地方，外洋有大樓船三隻，停泊已一兩時矣。』某時亦在署中，謂騎尉曰：『此斷非蔡牽之舟，恐是𠸄咭唎入貢船到耶？』騎尉立即上馬，馳至海上，果見三船，遂乘小舟，渡上大船。有通事官出見，因告：『以大皇帝有旨，準令汝國貢獻，何以今日始到，是何遲滯也？』通事官曰：『敝國至此計十三萬五千餘里，且有颶風之阻，故今日始至此耳。』其船凡三十六丈，闊亦八九丈。船頭有銅炮三座，船兩旁有小銅炮七十二座，帆檣九枝。每船計坐二百餘人。三船皆如此。騎尉馳歸，聞之協鎮官，乃作督、撫、提、鎮、兩司、本道中軍協鎮通稟七扣[二]。次日，發軍裝火器，結營帳于錢倉，昇爆，鳴鑼吹打，仍令騎尉下海，出洋相請，遂見其貢使，所謂大欽差一人嗎嘎哰呢，副欽差一人嘶嚆唻，總兵官一人本生，年俱四五十許。副使子一人哆嗎嘶噹嗽，年纔十三，皙白如玉。欽差代筆一人素門，文帶一人婁門，醫生二人已郎、施葛弟，天文生一人登維德，副總一人吧呢施，管兵官一人額魯，廳事官一人白齡，二位一人伊開，三位一人伊登勒，四位一人額勒素德。家人十五名，欽差家人一名嗎哓呢，吹樂器五名，喀吶喀二，來塞三，雜色勒白文兵勒四名。副使家人四名，額樂、百嘶、根勒、樂白。勒令院二名，百院門二名。匠作五名，噶吶噔底、百必底、百哆勒、恒多。共計五十八人，而水手雜作不與焉。諸人林立，不通言語，所言皆憑通事官問答。騎尉曰：『我大皇帝聞汝國貢使到此，有旨令臣等來探問。請登陸赴酒筵，以獎上國來王之意。此去京師不過二千餘里，倘有缺乏，可相助也。』通事官答曰：『我欽差某公來中華，啓行時國主諭云：「汝等不到神京，不許登陸。不見大皇帝，不許與人交接。」且舟中銀餅甚多，毋勞賞賜。』騎尉曰：『汝等祇可云貢使，未便稱欽差，出言何謬也！』通事官惟笑視三貢使，三貢使亦笑視通事官，喃喃者久之，不知其作何語也。騎尉登岸，回報上官不能登陸之故。有頃，西南風忽起，遥見三船張帆向東北而去。某時同在錢倉，顧騎尉云：『如兄者，可謂不辱君命矣。』所有該國表文貢單，俱屬俚鄙，不堪卒讀。其所貢禮物計十九件，附録於此。第一件，大架一座，上有日月星辰，下有九州四海，自能運動。該遇日食、月食，俱顯明于架上。亦有時辰鐘，自言用心推想而造，古今無有如此巧妙者。第二件，中架一座，亦天文地理之圖，取其易於省覽。第三件，天球全圖一個，上作藍色，其星宿皆以金銀爲之，有銀絲分別度數。第四件，地球全圖一個。第五件，盒子十一個，可看時候及天氣變換之期，日月盈虛之變。第六件，探氣架子一個，自言有大效驗。第七件，銅爆數個，及西瓜爆，戰船所用。第八件，椅子一對，人坐其上，自能隨意轉動。第九件，家用雜器數十種。第十件，雜樣印畫圖像，有國主全家人像，有紅毛國京城炮臺、長橋、大堂、花園及鄉邨之圖，有交戰之圖，有洋船圖式。第十一件，玻璃鑲金彩燈一對，掛在大堂中，可以照耀，其光勝于他燈。第十二件，絲毛金線毯數張，房間用。第十三件，大氈毯數張，大堂用。第十四件，馬鞍一對。第十五件，車二輛，一爲熱天時用，一爲冷天時用。第十六件，軍器數件，各有長短，有自來火鎗，有兩刃劍，自言兩刃劍能削銅鐵。第十七件，巧益架子一座，能加增人力量。第十八件，紅毛國船一隻。第十九件，皆其國所製之物，如哆囉呢、羽毛紗、銅鐵器之類。

嘉慶丙子七月，西洋暎咭唎國又來入貢。舟至天津，督臣奏聞。其正貢使爲侯爵羅爾阿美士德，左使爲男爵西雅治斯當東，右使爲米斯成依禮士，筆帖式兼譯生爲米斯瑞、米斯迪惠民、米斯馬禮遜、米斯萬寧。正貢使之子爲貴米斯阿美士德，正貢使自用筆帖式爲米斯咸，正貢使之從子爲生生米斯額理府雅，文學爲夏咸黎，醫夫兼物性學爲米斯亞比里。又醫夫米斯彼爾孜、米斯林，圉兵武官爲米斯古蒙，圉兵副武官爲米斯謝彌，守各貢物者爲米斯瑪布利、米斯雅波、米斯馬爾屯也。隨從十八人，掌管貢物之役二人，樂手十二人，圉兵二十二人，共計上下七十七人，而水師不與焉。所貢禮物有大金盒一個，蓋上繪嗣王像。金鼎一個，鼎身上鏤古典，雕刻精工。大玻璃鏡屏二面，高一丈，寬六尺。另有屏架二張，大銀盤四個，設宴用。圓銀筐四個、安果物用。圓銀鼎四個，有蓋，安甜食用。大銀盤一個，有筐，中貯茶酒壺、蠟臺之屬。磁器三十九件。該國所製玻璃蠟臺兩對，每對插七枝蠟。該國所製轎子二乘。大玻璃懸挂蠟臺一件，上插蠟三十六枝。玻璃磁器二十七件，中有十個，可以興人精神。玻璃盒十二個，中貯玫瑰花。該國自用梳洗盒，并釀酒安各種食物五十七件。王花臺水車兩個。該國地圖四張。黄、紅、藍各色大呢絨四十四匹。該國王並王妃朝服大像二張。該國所畫山水人物九十九張。剪絲羊絨洋紙九十九張。又進皇后貢物，有該國王妃所用之桌三張，照鏡六張，金盒十二個，玉石鼎五個，各剪絨十八匹，花白布三十四匹，各様細布四十九匹，該國自造邊白紙二百刀。俱未賞收，亦未召見。有旨，著地方官沿途護送，至揚州之高旻寺，彙齊登舟，由長江南下廣東，出海而去。

校勘記

〔一〕據高宗純皇帝實録，此事在乾隆五十七年十月。

〔二〕『七扣』下，原稿遮蓋『皆余筆也』四字。

佛蘭西

今蘇人稱爲佛蘭西，亦名勃蘭西，又名和蘭西，蓋番語與中國不通，無有一定之音也。與和蘭、暎咭唎並峙爲鄰。其狀貌、衣飾、器用亦與相等，惟人情强悍。國貧，少經商之徒，人亦罕有至者。吧與和蘭每被暎咭唎欺凌，則倚以爲助。國大人衆，暎咭唎亦所畏憚也。

噶喇吧

噶喇吧邊海，在中華之極西南。自厦島揚帆過七洲，從安南港口歷巨港蔴六甲，經由三笠而入嶼城，至其澳，計水程二百八十更，每更五十里，約一萬四千餘里可到其國。國城面北背南，後有火煙山，以爲屏幛，其外即南海也。國之左爲萬丹，右爲井裡汶，前列嶼城，城池嚴峻，地勢雄壯，街衢方廣，貨物充盈。然其地卑下，天氣炎熱，四季皆如夏候，炎風暴厲，觸之生疾。河水甘涼，浴之却病。人民多不壽。春雨秋旱，歲只一收，而田土肥沃，耕種便易。於春雨後，田水平滿時散穀于田，則自發生，不須耘鋤，而草莠不生，自然蕃茂，一穗數百粒，即山曲之處亦可種，其米粒長性軟，中華不及也，故米價甚賤。富多貧少，惟所用貨物，皆屬國所産，以赴吧貿易者。其國相傳已垂一千八百餘年，食毛踐土。不置閏月，每年歲首以冬至後十日爲期。其人隆準赤髮，沉潛善慮。亦置職官，官各有副。如國主，以中軍代行其事。陞降出入，皆聽命于和蘭。至犯法大罪，以及嫁娶、生死、水旱、疾疫之事，俱當申報和蘭，不能自主也。其推舉有甲必丹者，見人長揖不拜，自稱晚生。國人有是非曲直，排難解紛，無不立斷，或拘或打，無容三思。人或困窮相投，無論親戚友朋，未嘗拒却，亦無異視。童子見客，揖讓爲禮。婢僕見主，屈膝爲敬。舉國肥饒，日用省儉，斗米二三十文，雞鶩賤於蔬菜。城市之外，皆爲園林，百花紛雜，四季俱開，百果離離，隨時而出。其中樓閣亭臺，橋梁廊榭，窮工極巧，曲盡精美，殆非人力所及。有禮拜祠，每七日一禮拜，講念經咒，若中華州縣之講鄉約。供聽之人，輒低首垂淚，似能感發人心者。喧譁半時，各各散去，便入園林宴賞，以盡一日之歡。車塵馬足，相望於道，一大都會也。其統轄之國，則有三寶隴、北膠浪、竭力石等處，不下數十國。

三寶隴

三寶隴，吧國所屬之區。土地寬廣，物産繁多，賈帆四集，爲諸夷貿易之處也。其國實甲於東南諸島，所領轄者數千里，田土肥沃，人民殷富，天氣清涼，勝於吧國。户無疾病之憂，人無饑寒之患，風俗質樸，路不拾遺。國法嚴峻，亦聽命於和蘭。其俗最重華人，嘗推舉華人爲甲必丹。甲必丹者，猶中國之州縣官也。其將舉時，必先申詳其祖父家世于和蘭，然後擇吉定禮，招集親朋及鄉里之耆老百數十人。至期，和蘭有使者來，捧一卷若詔敕者，甲必丹乃肅具衣冠，率諸人出門跪接。使者止于庭前，露立，即開讀，上指天，下指地，云：『此人聰明決斷，通曉事理，允推爲甲必丹。汝等鄉耆以爲何如？』諸人齊應聲云：『甚善。』使者始與諸人爲禮，即與甲必丹升堂，賓主對坐，不知作何語。諸人都立階下。少頃，使者去，即膺其職爲甲必丹，即國中之大頭目也。遂煮海爲鹽，丈田爲租，一切車馬玩好之具，無不充牣其居，指揮如意，富逾百萬矣。其俗以妻爲重，家事必由主裁。妻曰嫛雅字平聲。通國之人多懼内，婢妾必由管束，一舉一動，防閑甚密，其鋒不可當也。夫與婦一刻不離，行則携手而行，坐則並肩而坐，甚至接口狎抱，終日嬉笑，不知顧忌，率皆窮奢極欲，以自快其身心而已。尤重於食與卧，雖有急事，僕人不敢通報，必食畢卧起，方敢言。有禮拜寺，樓極高，鐘聲四處皆聞。以子午二時爲一點鐘。一交子時，國人男女盡起，行一日之事，至十二點而止。過午爲二點鐘，則家家閉户而卧，路無行人矣。

北膠浪

北膠浪在吧國之東南，亞于三寶隴。面山背海，列屋而居，限以木柵。路衢宏敞，林木鬱葱，城郭巍峨，宮室華麗，但見碧海漫漫，白雲無際，真仙境也。雖深山僻壤，不假修飾，自有一種天然景象。遥聽猿吟虎嘯，鶴唳鴟鳴，行旅往來，處處險阻，必操戈結伴，方敢出門。至於夕陽在山，漁人返櫂，行歌互答，欸乃相聞，彷彿江南圖畫中，雖福地如蘇杭，不能過之也。

萬丹

萬丹古稱闍婆國，在吧國之西，爪亞所居。道里遼闊，地皆肥沃，貨物繁多，人皆富裕。家計生産亦皆婦人掌之，夫不得而主也。爪亞之番，四處雲集，最畏和蘭，遵循惟謹，不敢少懈。其國主曰史丹，處于山中，所居極其壯麗。和蘭既納其租税，又據其邊海之地，以聚集諸夷，與之交易。王府之外，又築一小城，置官十二人，夷兵百人守之，名曰護衛，實以挾制史丹也。史丹歿，立其子，非和蘭之命不得立。而爪亞性柔弱，最愚蠢，無智謀，皆曰：彼畏我，所以納我土地之税也；彼敬我，所以設小城親自護衛也。其類甚多，凡數十區處，有數百萬人。而和蘭沉勇有謀略，設計籠絡，以威脅之，以利誘之，足以慴服其心。是以爪亞雖衆，俱屬和蘭。夷人爲之語曰：『雖有爪亞千輩，不敵和蘭一人。』

案海島逸史，噶喇吧與三寶隴、北膠浪、萬丹諸處，風俗大同小異，其所居之室如亭，四面皆可開窗。無椅榻，人皆席地而坐，與琉球國相同。男女雜坐，無禁忌。食不設筯，以手掬之。以牛爲享，不食猪犬，又與回部相同。女不纏足，不施脂粉。男子則簪花飾面，衣繡穿裙，則與中華大異矣。吧國以風爲鬼，以水爲藥。凡有感冒，風熱並作者，浴於河則愈。産婦與小兒出痘，皆浴於河，且以針挑破其珠，揉出濃漿，竟無害者。雖盛暑極熱之時，不敢露體扇風。卧必密室，以布帷張幄，少冒風則病立作，是以樓房屋宇皆用玻璃以爲窗户，取其不透風涼而内外光明也。今中華人皆效之。

哎咩𠴕

哎咩𠴕，華人呼曰宋仔，亦曰寔班牛，居于西北海之隅。國名干絲臘。人民狀貌頗類華人，冠高角之冠，衣狹袖之衣，飲食器用略同和蘭。其國甚富，産金銀，所製圓餅銀即中國所用之洋錢也。錢上俱肖其國王之貌，大小俱備，閩廣貿易者便之，今則兩江、兩浙、兩湖皆用之矣。洋錢之文不一，有馬劍者，有甲板船者，有雙鷹者，有獅子者，即其國主之貌，亦有不同者。有半者二當一，亦有四當一，有八當一，有十六當一，有三十二當一者。又有金鑄者，大小悉如之。又有紅銅者，中肖雌虎形，名曰『鐳』，以當錢文之用。

高奢

高奢在吧國之西，中華人稱爲些逸。其人高大魁梧，男多鬚眉，衣花錦襖、白練裙，以白布纏頭，手持念珠。國亦甚富。

爪亞

爪亞之類甚多，皆居邊海一線之地。與吧城、三寶隴、北膠浪等處旱路可通。其人粗蠢愚直，不達事理，胸無城府，怡然聽受。不紀年歲，以十二月爲一年，見月之圓爲初一。字蹟如蛇蚓，音語則各處不同。然受制于和蘭，役使如奴隸，而爪亞遵循惟謹，若甘心焉。

息坔

華人出洋，有數世不回中國，隔絶聖教者。語番語，食番食，衣番衣，讀番書，不屑爲爪亞，而自號曰息坔音南字去聲。性情狀貌與華人同，惟不食猪犬。然其制度與爪亞無異。生處日久，男女日多，和蘭恐其約束也，爲設甲必丹以御之。

武吃氏

武吃氏處於山中，自稱詟喏。其女子貌極美，且乖巧異常，善識人意。惟性强悍，不避艱險，至死方休。每揚帆海上，海船遇之，莫不辟易者。惟不受和蘭節制，約爲兄弟之國而已。所產幼布、海參爲西洋之最。

無來由

無來由散居各處，種類甚多。性狡獪，多反覆。巢居穴處，不類人形。喜劫掠海洋中，出没無常，即内地所謂艇匪也，閩、廣兩省常患之。

猫釐

猫釐，狀類爪亞，男女皆穿耳。女子姣艷，至老不衰，而性勤儉，善作家。亦不受和蘭節制。其地當吧國之極東，四面大海，浮嶼羅列，仙境也。土產燕窩、海參、魚翅、翠羽諸物。

武敦

武敦人狀貌醜而黑，性剛猛，諸番所畏，不亞於武吃，而粗豪過之。亦不屬和蘭。

暴暴

暴暴居于安汶之東。其人狀如夜叉，渾身漆黑，毛髮螺拳，了非人類。然手足敏捷，上樹如飛猱，木居穴處，不食煙火。殺之，血如濃墨，死亦不畏。暴暴喜嗜酒，不醉之量。而和蘭喜用此種爲奴僕，以其性善，便於使令，肩挑背負，皆暴暴也。咸呼之曰鬼仔，亦名烏鬼。

西闌

西闌與暴暴相鄰，亦稱烏鬼。深目高鼻，口闊至耳，皮黑毛拳，赤身露體。巢於樹上，能挾小兒於脅下，上下樹如飛，逾于猿猴也。見蜘蛛、蜻蜓、蜈蚣之類，輒喜而食之。

吉寧

吉寧與西闌接壤。其面如漆而絶短小，男女皆躶形，略似暴暴。

知汶

知汶在尾陳之極東，番語『東』曰『知汶』，故曰知汶也。無來所居，與猫釐爲鄰國。地方貧瘠，人物粗蠢，不屬和蘭。

把實

把實在馬辰之東，亦不屬和蘭管轄，每年只納貢税而已。土産燕窩、沙子金，在諸島中稱爲富國。

色仔哞

色仔哞，華人亦稱其爲烏鬼。性機警，無祖系。嘗于吧國設立禮拜寺，其紀年、字蹟、音語、衣服、器用、宫室俱遵和蘭規制。人物清秀，女子美艷，惟與和蘭爲婚姻，其他不屑也。

里猫柔

里猫柔在馬辰之西，深處山中，無立國。其人狀貌略似爪亞，而遍身刺紋繡，女亦穿耳，大其環，環垂至肩以爲美。地産砂金，國甚富。又出銓石，其石性最堅，磨之光耀如鏡，可鑑毫髮，閃光奪目，入水不濡，入火不滅，而光綵如舊。大者無價，小者亦值數十金。故和蘭不貴珠玉，以銓石爲寶貴。今中國有猫兒眼者，亦類此。

里罵

里罵讀曰麻。無來由所居，地方偏僻，風俗貪暴，獨産良馬，鮮有經商之舟至其處者。每年惟選良馬數十匹，入貢吧國而已。

安汶

安汶在吧國之東南，與萬瀾、澗仔低鼎峙。色仔年、息坔、無來由諸島之人雜處其間。亦産海參、丁香、紅白鸚哥、雲霧鳥、花油、盒密諸物〔一〕。

校勘記

〔一〕『花』字原脱，據王大海海島逸志卷三補。紅白鸚哥，海島逸志作『茬莩鸚哥』。雲霧鳥，海島逸志作『霧鳥』。盒密，海島逸志作『盒蜜』。

萬　瀾

萬瀾在吧國之極東，西洋澤國盡於此。其地位息坔、無來由所居，亦產海參、玳瑁諸物。

澗仔低

澗仔低亦在吧國之極東，相傳商船從此回厦門較近，但未有行之者。亦產海參、玳瑁、沙金、珍珠之類。

鴿

鴿在西北海之隅，凡和蘭甲板船到吧，經由此地必停泊，更換舟師，添買火食，然後再行。蓋其地當半途之衝。華人在吧有受其傭，僱爲舟人者。相傳甲板船來往，總看風之順逆云。將至其地，有暗海，不見日月，舟行約二三日始出。天地之奇如此。

隴

隴在大海之中，其地甚寬廣，西北海諸國賈帆，交商于此，人煙輻輳，貨物充盈，諸夷雲集。然華人鮮有至者。

西　隴

西隴亦在西北海之隅，地屬和蘭，亦極廣。嘆咭唎、佛蘭西、哎哖嘗諸國俱商于此。其地産金、銀、寶石，五色俱備，光彩奪目。凡吧國之犯流罪者，悉發于西隴，華人之犯罪者亦如之，餘人不能至也。

龜　静

龜静、西隴相近，與隴爲鼎足焉。和蘭人常聚集，其間樹木叢生，民居稠密，不亞吧國。而華人不能到，以其地太僻也。

明絞嘗

明絞嘗在望久里之西，土地亦寬廣，和蘭、嘆咭唎、色仔哖諸國之人雜處其地，亦四夷雲集，百物俱備，諸商交會之所。亦産大呢、羽毛緞諸物焉。

按八紘逸史，西洋地勢廣闊，海道紆迴，無窮無盡。能以帆檣通者，方可略識其處，大半皆爲和蘭所轄。此外尚有英黎稽、納北戎、勿些、役潯諸處，惟聞其名，從未有至者。故其居處風俗，俱不可得而考矣。列子周穆王篇載：『西極之南隅有國焉，不知境界之所接，名古莽之國。其民有知有愚，萬物滋殖，才藝多方。有君臣相臨，禮法相持，其所云爲，不可稱計。』觀此，則知西洋諸國，古人已先有至之者。如和蘭、嘆咭唎之强大，噶喇吧、三寶隴、北膠浪之智巧，萬丹、吱哰嘈、里猫柔之富庶，暴暴、西闌之剛猛，而異于人類者，理或有之，不足奇也。蓋天地之大，無所不有。史記載鄒衍之言曰：今所謂九州者，乃二十一分取其一分耳。惟天地如鷄卵，西極則東，東極則西，北極則南，南極則北。故中華之地，西北高而東南低，此其明證也。江河之水東流，東流之極，安知不西流也？西流之極，復歸于東，其勢然也。惟南北兩極，亘古不易；日月循環，亦亘古不易者。因録西洋諸國，略志於後。壬辰十二月雪窗，楳華溪居士記。

書江華猺事

槃瓠之後今爲猺，漢時所謂武陵蠻夷者也。永州府江華縣，民猺雜居，而猺有三種：一曰平地猺，聚居上伍堡，納糧守隘，近多猺童、猺生，略知禮儀。一曰過山猺，散居錦田、嶺東等處，膽小畏事，不見官長，開墾荒山，種六成爲口食，地力盡即更易他山開墾，故自號過山。一曰高山猺，性愚魯，易惑難解，少許多貪，則居瀧河之九冲云。九冲之地，曰蔣家河，曰水口，曰漕灘，曰黄石，曰狗水，曰豪江、蕪江、背江、霧江，諸猺散處其間，佃種民田納租，兼種茶採葉爲生。國初以來，相安無事。而民之收租者積威之漸，勢同官長，業主往來，猺必備船送迎，稍不快意，即時鞭撻。又於田租之外，復索山税，謂之幫補，否則判與他人耕種而奪之田，其來久矣。宜章民柳文栢者，客寓江華，見業主欺陵猺佃，心忿之。一日得猺榜，大喜，與黄石冲猺李德旺等謀，以爲事雖百年，凡有憑據，皆可告爭。加以人衆勢猛，官府自不暇詳察，乘機得勝，即可獨霸一邑，後無敢置問者矣。遂與新田民鄧光斗共慫恿猺揔趙友連，及李德旺、李喜福、盤進才四人爲首，號召群猺以助其勢。乾隆十六年三月一日，遂率群猺數十人赴縣控辭，指稱業主蔣友信、藍志魁等百餘十户倒糧奪産，壓佃吞租，喊呼申理，其狀曰：『事不平則鳴〔一〕，人有冤則洩。猺人自祖盤古落業青山，霹開混浣此猺字，想是『沌』字也，與國平分。石壁有水祇處，猺人山田開墾，自耕自種，自管自業。蟻等陞科九冲糧税，以斬藤葛。今被蔣友信等橫心毒害，橫筆恣寫。康熙二十八年，被生倒户勒索田租茶葉無數，屢害九冲猺民，私勒猺田幫補。不念舊好，年久生計，得時慣便，一如虎入猺山。猺被害銷骨，虎口難填，全家受毀。又被蔣姓存心轟勒，占業占山。蟻等衆猺，實不甘心，懇天電劈。』知縣吕宣曾問其據，則以猺榜爲憑。略致駁詰，則蜂擁上堂，漸至百餘人，洶洶不散。又狂惑無知，從容語以情理，佯爲不解，只以墾斷田糧入己爲主，撞頭呼類，勢且叵測。乃姑令懸牌，判日示審，始稍稍散去。猺榜凡三紙，一名評皇券牒，註景定元年；一名准評王敕榜，註代隨二年；一名明江華帖榜，註開寶王八年。末畫人狗形，凡十四，塗以紅緑顔色。文皆荒唐俗鄙，毫無義理。唯評皇券牒稍爲順適，且係刻本。大旨謂猺人之祖乃一犬，名曰盤護。因有功于國，賜宫女，生十二男女，各賜姓加封，入青山白雲之處，聽其刀耕火種，官不得過問，出入山川疆界，人不許盤結。所註時代不同，或係僞造年號。蓋本後漢書：高辛氏之代，有犬名槃瓠者，得吴將軍頭，上妻帝女，生六男六女。後爲武陵蠻夷造言者聞之，不審『槃瓠』訛爲『盤護』，又訛爲『盤古』；『吴將軍』訛爲『高王帝』；女訛爲宫女。其他種種，不可究詰。總之，創此説以爲占山出境之寶符也。認假成真，抗衡官府，此而不懲，後不可治。呂令欲設法擒拿，又恐移營點役，人衆心雜，漏洩激變。庭審日，委典史巡檢在外另訊猺供〔二〕，自在内堂訊問業主，預飭紳士則每人帶一抱告，係公業者帶三二族人，逐名查訊，留侍左右。外用家丁數人站班，書役十餘人持索守候。然後傳提爲首之四人入質，語以情理法律，四人束手就縛。隨又傳提一冲之猺，約十餘人入内，先爲開導，勿受四人之愚，即宥其罪，姑鎖押此對質，租課以便，從輕核減，各唯唯受縛。又以次傳提各冲之猺，皆願就縛候訊。所以然者，見人衆勢孤，又緣四人者哄誘猺衆已經數月，每示審，不候訊結即逃散，以圖續審，爲斂財計，故猺衆一聞減租結案，即歡然也。共計鎖猺百有三名，分地看守，然後升堂細訊，皆稱爲四人挾制，事不由己。及問爲首之四人，則供爲柳、鄧二人所教，因密拿到案。供稱平日忿業主欺凌猺佃，又見猺榜，乃爲此耳。既而詰榜之由來，但堅供祖傳世守，朝廷恩賜而已。因爲摘其繆妄，并查出後漢書，傳生員王揚于等逐一講解，衆猺等皆羅拜曰：『今日始得明白，不願認狗作祖宗也。』吕令念其愚無知，將趙友連等四人枷責，餘猺盡與釋免〔三〕。柳、鄧二人，枷杖而徒之。隨查質其的實姓名，分析合併，業主、猺佃各給與合同執照，租仍舊額，窮猺艱苦，量核減其十之二，併誡業主不得作賤私責。立碑示禁，以杜後事，而焚銷其猺榜焉。其評皇券牒一卷，所謂義理稍順適者，今節其略而附於後。

正忠景定元年十月二十一日，准盤龍王犬盤護上殿，踴躍拜舞朝王，歡欣中外，獨言：『報主之恩，盡瘁畢志，我王敕誓，恐或未堅，高王頭級，何取之得？』再誓敕護，命賜食，以資其往。食罷辭去，大將軍等各送國門外。盤王舞走如雲飛，身遊大海，七日七夜到高王國中。時遇在朝，認得盤護者，喜而笑曰：『評皇有此龍犬，今來投我國，必敗也。吾聞昔日有言，異物進朝而國必盛。君其畜此。』左右，臣僚舉皆欣悦。退朝，引護入内宫，置食美味待之，情如珠玉。每坐朝，常令侍側，不離須臾。忽遇遊賞百花林行宫，大醉不醒。盤護心思報主之恩，功賞高大，用意將口咬殺高王，截取頭級，復遊大海，回歸殿下，污血在地。王坐朝，盤護口啣高王頭級，舞拜朝見：『陛下先准敕誓，堅立不移，我有福德之分。』敕令宫女插帶梳粧，如花似玉。盤護向前，將口咬住裙脚不放。王見盤護有些靈性，就將宫女嫁之爲妻，入内宫，擺宴成親。敕令備鼓樂，迎引送入會稽山安住，逐月差人供奉錢糧，與伊食用。黄金白銀共文八拾萬兩，官賜二品都尉將軍尚書。宫女生長六男六女，王聞之喜，敕賜各姓：盤、沈、包、黄、李、鄧、周、趙、胡、唐、雷、馮，各補官爵，永曉世務。後盤護處山〔四〕，被石羊撞落石崖，敕伊十二姓子孫摇動長鼓，吹笛笙歌，鼓板引出，大男小女，連手把臂，身穿花衣赤領，摇天轉地，唱歌不絶。收得黄金，入於木函中，令伊子孫承奉香火，萬代享受無窮。合具敕牒條律開後：一准王猺子孫所居山林，各以刀耕火種。山源田地，三鍬以上之地，離田三尺，離水三尺，付水不上，乃王猺子孫耕管。三鍬以下之地，乃農民耕種，送納王租。三鍬以上，養生送死，不許百姓侵奪。一十二姓子孫自行嫁娶，如有嫁百姓，甘罰蛟子鮓三甕，開通錢三百貫，無節竹三百根，狗角梳三百六十隻，糠頭繩三百丈入官。一准令各府州縣官吏不許科派錢糧，身丁夫役，並與蠲免。或往來經過山谷，不許詰問。國家普天之下，萬頃山河，乃係朝廷山場，仍需王猺子孫安居。諸山林不問遠近丈尺，任便王猺子孫望青採斬。山貨、麻豆、苧茹、粟麥、茶藤，種賣興販，自營身計。如有百姓占奪，赴官參究。遂給券牒與王猺子孫，萬世流傳。後代時官之主，念朕之人，特與依牒律令。右敕知十二姓子孫，浮遊天下，隨風隨雨，乃是助國之人，與聖分憂，任便山居，給立評皇券牒，子孫永遠執照。

錢子曰：生今之世，爲今之人，不能讀千古之書，而局守所聞者，有異評皇券牒之爲説哉？江華之猺固無足怪，及略其事而讀其辭，乃知禽獸蟲蟻亦能文章，何其奇也！

校勘記

〔一〕嗚，原作『名』，據文意改。

〔二〕典，原作『曲』，據文意改。

〔三〕釋，原作『擇』，據文意改。

〔四〕護，原作『桓』，據文意改。

處士程嵋傳

程嵋，蘇之常熟人，字禹開，號眉山，初名菀楨。父玉潤，明末由易州牧任上林丞，陞大理寺，性亢直强項，有『白虎』之稱。年六十八生嵋。嵋生九歲，父卒，臨終，握其手曰：『吾死後不數年，必有亡國之禍。恨吾年老，不及身殉其難。汝曹年幼，必經見之。吾家自忠節公以至于吾，六世登第，受國家二百餘年厚恩。汝曹雖力學，不可求仕他朝，以負吾志。』嵋自是閉户讀書，不作功名想。李自成破京城，稱帝號。弘光即位南京，將册程妃爲后，而家門寒素。時嵋從其兄光禄寺仲翼在都，同邑人錢謙益署嵋兄弟名具題，欲借其門第家世，以光册典。嵋作書却之曰：『蒙表兄骨肉之愛，爲寒家昌大門閭之計。但弟年僅十三，髮未垂肩，一旦膺鐵券之封，加蟒玉之餙，雖叨一時之榮，得毋爲識者笑乎？且愚兄弟與册立君支系不甚交切，何敢濫叨世職，上欺君父？若降旨見逼，弟當避跡窮山，從赤松子遊耳。』乙酉三月，嵋遂别兄歸，至江口登舟，喧傳左兵東下，將有澄清君側之舉。適忻城伯同武操江並轡而至，周視城外，爲捍禦計。嵋懇忻城發兵護送，忻城以防禦爲急，止給令箭兩枝，俾隨地撥用。言未已，見上江兵船連艢揚帆而下，相顧失色。嵋立船頭望之，廼其從侄焕如也。戎服過船，具述别後流離之苦，今屬史閣部標下，充右營前哨副總兵，因聞四鎮兵潰而南，密奉令防鎮京口，並非左帥之兵也。因覆之忻城，解維而行。焕所統舟師六千，繞其兩舟，鈴鐸嚴明，無不測慮。夜泊儀真南岸，江上逃難之民蔽江東下，呼號徹夜，聞之慘然。次早過天寧等洲，遥望京口，四鎮兵争互相攻殺，兼之難民如蟻，舟少人多，攀援而渡者刀斧亂斫，指紛落如雪片，浮屍波浪間，見之傷痛。嵋即遣焕中軍參將，以忻城令箭傳知各營，並禁戢屠戮難民。由是分營各渡撥船四十號，接濟難民，約渡五萬餘口，歡頌載道。四鎮兵進閘之後，嵋舟始得收港。焕撥白甲兵三百護行。一路城鎮俱爲四鎮兵劫掠，寸草不遺。適撫臺統兵于毘陵，稍歛跡而去。嵋到常州，進謁撫臺，隨撥兵船相送，因遣白甲兵還鎮，並着來役賫令箭馬上飛行，繳還趙忻城。連夜從北港小路出長涇、黄莊等鎮抵縣，風景猶儼然昇平氣象也，城中大家遷移下鄉者僅十二三耳。嵋遂奉母嫂借居昆湖南之張涇。五月，大清兵至，南都失守，仲翼投誠，仍任光禄。六月初，招撫到縣，民心帖然。望後薙髮檄至，方有譁然者。十九日，嵋第四兄及姪仍行冠禮，到鄉拜母嫂而去。嵋於後堂獨坐，過午忽聞前廳喧閙聲，管門人陳文踉蹌進報：『宋舉人率闔邑人在外，要燒房屋、搶家伙矣。』嵋即披衣出。宋培巖果大嚷曰：『汝兄與錢牧齋已投誠清朝矣，我拚命留髮，集鄉兵起義。今先燒搶汝兩家，以懲反側。』嵋正色徐言曰：『闖逆犯闕，先帝以身殉國，爲千古不共之恨，而百僚怡然推戴，上勸進之表，輸助餉之銀，安就僞職而不辭。今清朝因吴三桂之請，以一旅上報君父之讐，定鼎燕都，傳檄南國，君相同逃，兵不血刃，奄有中夏。百官之順從者，豈僅家兄與牧齋而已哉？况招撫蘇杭，已逾帀月，未聞忠義之士稍能一抗。今薙髮之舉，天下皆然，而老伯獨能以常熟彈丸之地，爲莒墨之續，誠可慶也。但家兄投誠之信，未必非真。若論吾邑曾已就撫，則人人投誠矣，豈可舉邑之屋皆付之一炬乎？况老伯於先君林下之日，坐食寒家，相知頗厚。即家兄有可罪之條，亦宜出自他人之口，不應老伯創此議也。且屋爲姪所居，姪非投誠之官，則屋無可燒之理〔一〕，幸三思之。』培巖默然良久曰：『汝言良是。但舉義乃公事，汝家世受國恩，豈容坐視？須出兵餉三百石，家丁三百名，衣甲器械稱是，則汝兄事亦不問矣。』嵋一一諾之，始闃然去。嵋即集家人，撿出其父署道時所存軍器分給之，并人給披掛一副，飯米一斗，又犒以酒，頃刻畢集，立營于縣治之中。旗幟金鼓，取之鋪户；燈燭火藥，取之庫中；鈴柝具陳，隊伍成列。培巖與衆紳過而閱之，以其幼年能辦此，皆嘖嘖歎服。次日，闔邑鄉兵齊集，朽戈鈍戟，葛褶紗衣，市井雜流，百魄具備〔二〕。嵋見之，知其蟻聚無成。適縣中推嚴子張、時子求爲主，嵋即籍所有人名器械，交付兩公，翩然到鄉，不入城者六七日。逃藩義陽王泛海至福山，踞遊擊所爲行宫，以錢汝荆爲錦衣掌衛，加封胡泥水爲侯〔三〕，嚴子張爲兵部職方，時子求爲兵部都給事，分統各兵。胡駐虞山門之内，嚴兵駐東門之外，時兵駐南門之外，各自立營，不相統一。又以王兆吉爲吏部，王喜賡爲户部，蔣南陔爲禮部，歸裔興爲工部，分理六曹事，俱有官無署，虚設其名而已。至于參遊守把，車載斗量，誥敕劄付，每價廿金。即嵋家諸奴，半已儼然官弁矣。三日後，忽遣太監賫蟒服鞍馬，拜嵋爲都指揮先鋒左將軍，嵋以年幼却之。復以令旨，授嵋爲監軍使，嵋以病辭，遂不入舊居之鄉，移往蘇尖之珍門涇以避焉。頃之，得兄仲翼書云『大兵即日到縣』，隨遣人入城，傳知各相知，并奴輩移避到鄉。七月十二日，知大兵已至郡中，嵋以中元節當一饗先祠，遂於次早携牲醴到家。祭甫畢，聞兵已至華蕩。登舟出城，回望南關，火光燭天矣。六門俱奉胡泥水將令撤吊橋、下門閘，禁百姓出城逃難，男女哀號震天。適嵋之内父趙明止分守大東門，嵋托於胡泥水處，索得令箭，暫開片刻，放出大家女眷七八百人。嵋放船，徧尋民船，分頭渡訖，即飛棹下鄉慰其母。薄暮，礮聲震地，及曉而止。天明後，逃難者紛來，乃知攻九萬圩清兵緣堞而上，城中亦有内應，胡泥水越城而遁，滿城俱遭屠矣。十六日聞兵已撤回，放船入城，人無隻影，街衢河口，惟屍骸縱横而已。嵋家以兄投誠，有號牌，封鎖如故，止一老奴蘇宰，恃醉闖出，被殺于誇塘橋之北。次日，傳集地方，雇乞者擡屍出城，每一屍給錢四十，河内者雇船將十屍一連，繫之船尾，三日而畢。逃難而歸者，一城不滿百人。昏夜鬼哭人號，陰風悽慘。廿二日，新令洪一緯諭單到縣，書吏皂快皆不見影。縣丞陳初明贖得被虜人口内有禮吏一名，外招募五十餘人，始得成文公座。不幾日，又有黄兵燒縣堂之事，洪令逃至郡中，懇撫提兩臺提兵，再作屠城計。陳縣丞匿於嵋家，嵋與言此客盜，非叛民也。陳即以此言申詳。嵋復囑郡中申氏昆仲，説知撫臺，乃不發兵，但飭洪令另行擇日上任，移署故紳陸羽民宅。既城守錢參將至，搜捉薙髮，兵丁四出。幸陳縣丞係遼東大姓，兵丁皆服其鉗束，每家給示於門，遂莫敢犯，兵民始得相安焉。嵋自鼎革後，絶意仕宦，口不言世事，友教四方，以養其母。同社諸子咸勸之仕，嵋復之曰：『昨辱諸先生翰教，以余學識兼優，宜早圖功名，垂芳竹帛，不可奔馳四方，閲世態之炎涼。此金石之論也。然予之志，非諸先生之所能測焉。予先君以性亢直，忤權勢，掛冠家居，俸不滿千，産不逾萬。予命不猶，生于先君之暮年，所有箕裘，俱爲諸兄之長者好俠蕩盡，命之迍邅可知矣。滄桑之後，竊以先人世受國恩，因矢志而絶功名之想。邇年以來，家貧母老，所藉筆耕資爲菽水之需，由是四方之先生長者，不以愚狂棄之，而争相延接，非予之樂於奔馳也。古人捧檄而喜，志在乎親，與予今日同一轍耳。不然，則予逍遥於長林曠澤之間，嘯傲於花月煙雲之境，胡麻可以爲食，莎草可以爲衣，豈特奔馳之苦可離，而世態之炎涼亦何從而閲哉？諸先生但知予之才，未察予之志也。』又爲書戒其甥申莘民曰：『自古忠臣義士，代不乏人。然夷、齊餓死首陽，未嘗自稱忠義，概向世人道之也。以爾曾祖文定公爲狀元宰相，祖父叔伯，俱以恩蔭科第，受封誥之榮，則爾之恥食周粟，亦分中應得之事也。然懷忠義之心，而向人人道之，則可恥之甚。名臣子弟，世復何限？倘人人守義而自言之，將使義士列傳多於二十一史乎？吾祖先受三百年之國恩，吾敢不守節以没世？但意中存此一念耳。從來守義之士，或高隱巖谷，或埋名草茅，或托跡於漁樵商賈，佯狂終身，嘯傲自適。雖處世不同，而矢志則一。其間之垂名史册者有之，泯滅無聞者亦有之，此在時之知與不知，固非可自道而傳於後世者也。爲知者道之，則爲沽名；爲不知者道之，則易賈禍。故書此相誡，唯三復而慮其後。』初，嵋之姊婿申維久，以易代後隱居不出，嵋與書曰：『吾大秉箕山之節，堅首陽之志，不特令先祖含笑九京，即先大夫亦服高尚之風矣。弟年幼，無能蛙宿度日，或耕或釣，惟意所之，不僅自忖世受國恩，亦天性之甘于貧賤也。吾丈與吾同志，良可慶已。但恐首陽立脚不住，反奔入終南山去耳。』後維久果以志節不堅，中乙未進士。而嵋養晦林泉，年六十餘，竟以處士終。

錢子曰：程嵋生易代之時，傾側兵燹之際，計其年甫垂髫耳，而筆陣舌鋒，發蹤指使，遂能如此，其才有過人者。使雪涕臨戎，亦王師之勍敵；或革心翊運，誠治世之能臣已。乃料蟻聚之無成，則竄身草莽；感國恩之已厚，則守義衡茅。雖年富力强，坐甘廢棄，卓識大節，又豈可及耶？乾隆癸巳之冬，其四世從孫萃華以稚學編示余，皆其年少書札稿也。爲跡其事而傳之，使無終泯滅焉。

校勘記

〔一〕原重『無』字，據文意删。

〔二〕魄，疑是『醜』字之訛。

〔三〕泥水，原誤倒，據下文乙正。

日本

日本，古倭奴國也，去中國甚遠，四面皆海，依山島爲國邑。其地東高西下，東西數千里，南北數百里。其國以王爲姓，歷世不易。有五畿七道，以州統郡，附庸之國百餘皆屬焉。九州以西爲首，陸奥以東爲尾，國城居於中間。亦設官分職，有從一位、從二位、大相國、關白、内大臣、權大納言、參議、左右中辨、大僧正諸名色。而國事無大小，皆關白掌之。故自漢魏晉宋隋唐以來，皆一姓也。唐咸亨初，更號日本。明洪武四年，遣使臣朝中國，十年一貢，由浙之寧波達於京師。永樂以後，皆受中國策封。至嘉靖初，有宋素卿之亂，始絶貢路。三十二年，其國挾忿入畿甸，焚燒殺掠，所過劫灰。萬曆二十年，大舉入寇，且攻破朝鮮，虜王子陪臣，留兵屯駐釜山西生浦，詭詞將邀中國策封，其實有窺俟遼左、天津之意。自此，中華沿海七省，俱遭蹂躪。入寇之路，西北至高麗，必由對馬島開洋；西南至琉球，必由薩摩洲開洋。東北風多則至廣東。東多則至福建。正東風則至浙江之温州、台州、寧波、錢塘諸處。東南則至松江、太倉，或由南沙而入大江，則至蘇州之常熟、常州之江陰，其對江，即通州之狼山、如皋，揚州之泰州、瓜步。南風多則至山東之登、萊，南風猛則至直隸之天津、奉天之遼陽。大抵倭船之來中國，恒在清明前後。若過五月，風自南來，非倭所利。過十月，風自西北來，倭不利于行矣。故明時防春者，以二、三月爲大汛，九、十月爲小汛。其停泊之處，焚劫之權，若倭得而主之，而其帆檣所向，一視乎風，實有天意存乎其間，又倭所不得而主之也。

日本國亦崇尚文學。余所見者，有藤信篤所刻之孝經，物茂卿之論語徵，山井鼎之七經孟子考文，天瀑山人所輯之佚存叢書。其國誦習之五經，俱用古注，無所謂朱子集傳也。其外尚有林羅山、河世寧，皆有著述，則未見。

近日沈君萍香示余日本國人書數種，書人姓賴，名襄，字山陽，云是彼國致仕大僚，詩文書法爲一時之冠。所書皆七言聯句也。有云：『柳眼剪波春黛緑，桃顔灑汗宿粧紅。』又云：『歌聲怨處微微落，酒氣薰時艷艷開。』又云：『殘陽得閏來□聽，歷日添行許屢拳。』又云：『花鳥縱□期向後，流年豈返老來身。』又云：『珠顆形容隨日長，瓊漿氣味得霜成。』又云：『便採孤叢秋露種，非看五柳曉雲孫。』又云：『叩凍負來寒谷月，拂霜招盡暮山雲。』又云：『野寺訪僧歸帶月，芳林携客醉眠花。』味其詩意，能用心思結撰，以對仗爲工者。筆法亦圓轉流麗，絶似二王雜帖，兼松雪、思翁之長。海外人如此好學者，惟朝鮮、琉球堪相伯仲，他國之所不及也。

日本國佚存叢書目録

佚存叢書，日本國新出，余初見時不過三集，既而復有四集，近則有五集、六集矣。其命名『佚存』者，本歐陽永叔日本刀歌『徐福行時經未焚，佚書百篇今尚存』句也。刻書者爲天瀑山人，不著姓名，稱中華爲西土，紀年曰寛政十有一年，又稱文化五年，又稱享和三年。蓋彼國亦屢換年號也。所輯之書，雖無甚新奇，闕者俱多，而海外夷人亦能右文稽古，抱殘守闕，亦奇矣哉！

第一集銜命將辭國，非才忝侍臣

古文孝經孔傳一卷漢孔融傳

五行大義五卷上儀同三司城陽郡開國公蕭吉撰

臣軌二卷唐武后撰，賈行注

樂書要録三卷原十卷，闕七卷，唐志

兩京新記一卷唐韋述撰，原五卷，闕四卷

李嶠雜詠二卷唐李嶠撰，登仕郎守信安郡博士張廷芳撰序，天寶六載

第二集天中戀明主，海外憶慈親

文館詞林四卷唐中書令太子賓客監修國史弘文館學士上柱國高陽郡開國公臣許敬宗等奉敕撰，原一千卷，今存四卷

朱文公感興詩一卷門人蔡模注，附武彝櫂歌注一卷

泰軒易傳六卷宋清源李中正伯謙撰

左氏蒙求一卷元吴化龍撰，戴表元序

第三集伏奏違金闕，騑驂去玉津

唐才子傳十卷元西域辛文房撰

集注難經十三卷盧國秦越人撰，吕廣、丁德用、楊元操、虞庶、楊康侯注解

第四集蓬萊鄉路遠，若木故園鄰

古文蒙求三卷唐安平李瀚撰注，饒州刺史李良進表，趙郡李華序

玉堂類藁二十卷西垣類藁二卷南宋崔敦詩著，附録一卷，乃其歷官制藁及祭文挽辭

第五集西望懷恩日，東歸感義辰

周易新講義十卷宋龔原深甫撰，鄒浩序

第六集平生一室劍，留贈結交人

宋景文公集原一百五十卷，今存三十二卷，内殘闕十卷

題日本人所著離屋集初編後

日本在東海中，自古博通文翰，見于新唐書。長安元年，真人粟田來朝。粟田好學，能屬文，進止有容，賜宴於麟德殿，授司膳卿。開元初，復來朝，請從諸儒授經。詔四門助教趙玄默即鴻臚寺爲師，貿書以去。其副朝臣重滿，慕華不肯去，易姓名曰晁衡，歷左補闕秘書監，多所該識。及還，尚書右丞王維、翰林學士李白，俱賦詩送之。趙宋時，僧寂照八人又來朝，識文字，詔號圓通大師，有詩集，載宋史藝文志。其所由來久矣。道光甲午歲，有客自長崎來，云從黄泉上人處得其友鈴木朗叔清氏所著論説序文見示，僅二十篇，名曰離屋集初編。其文質，而實有先秦兩漢之風，樸而華，無唐宋八家之習，蓋未經刻成之書也。余讀之，乃歎曰：我國家稽古右文，漸被四海。日本雖未奉正朔，而與兩浙、江南最近，其所著書，亦稍稍流入中華。如物茂卿之論語徵、山井鼎之七經孟子考文，皆以經學脩明稱于一時，洋洋哉，固大國之風也。乃賦一詩，題于卷首。詩云：『語語尊周孔，言言法老莊。豈知瀛海外，亦有大文章。尚志申名論，通禪介佛堂。梓成應寄我，留得姓名香。』

吴士玉

雍正中，吴荆山士玉官禮部侍郎。安南國王黎維祹奏稱：『本國奉貢使臣，從前稱正使副使。自明嘉靖間，賊臣莫登庸竊國，降封都統司，始變舊例稱陪臣。今蒙恩襲王爵，可否請去「陪」字？』士玉議奏，謂列國之大夫入天子之國，自稱曰陪臣，謂其君既稱臣矣，則其臣自應稱陪臣，不敢僭擬於其君也。我國家臣服中外，凡奉貢來王之使，俱稱陪臣。安南國豈得獨異乎？又暹羅國貢使徐世美進馴象，欲爲國王置買銅器，廣東撫臣爲之請。士玉議奏，謂外國概不許收買違禁等物，明載會典。今所請者，與例不符，宜防其漸，不可許也。兩奏胥荷俞允。

蔣曾炘

乾隆中，有澳門夷人囉嚀，以鬥毆傷内地民人。同知富某，按名索犯，頭目藏匿之。求愈急，夷人遂持械發鎗礮以拒。事聞制軍昭信伯李公，公曰：『剛則激變，柔則失體，非僨事即釀亂矣。今府廳州縣中，意惟香山蔣令能辦也。』蔣奉檄，扁舟抵澳門，廉得其情，忽出計，得兇犯，乃召其頭目而諭之曰：『方今昇平盛世，年豐物阜，爾等優游耕鑿，仰事父母，俯育妻子，其樂何如？倘汝自作不靖，干犯有司，以至陷于死地，妻離子散，家破人亡，其苦何如？爾等宜三思之。』頭目感泣，遂以渠兇抵法，而夷人悦服，坐以無事。至今稱蔣君有良吏才。蔣名曾炘，蘇州人，乾隆庚辰舉人，歷官湖南長沙知府。

石鯍川

蘇州城石鯍川，嘗販賣人參至瀋陽，往來二十餘載。乾隆丁亥冬，自南金州航海南回，遇颶風，飄兩晝夜，至一山。柁工曰：『此高麗山也。若進此山，舟必覆。』乃竭蹶折而南。是夜風愈甚，又漂泊一晝夜，又見一大山，浪高風厲，檣傾帆折，一舟號哭，萬無生理。是時舟人已不食三日矣。日晡時，風少定，竟得生回。次歲冬，又於大洋遇風，不能停泊。海上忽湧大山，日色照耀，其光閃爍，海水震盪，自遠而近。柁工大驚曰：『□□至矣。』乃於船頭撒米，倏然而逝。須臾，又見檣帆林立以百計，折而擊水，驟若暴雨。柁工曰：『此蝦鬚也，倘擊舟，立碎矣。』則又撒米，舟中人合掌，咸誦觀音經，而蝦又逝。是夜□□靜山，始能收島。其明年，於蓋州登舟而南，至鐵山洋，遇大風，舟行不得其道，飄蕩四晝夜，將抵福建，幾覆者屢矣。萬山如牙，魚龍出没，乃由台州之海門島登陸而歸。辛卯之歲，又從瀋陽行三千餘里至寧古塔，其間石徑崎嶇，風沙蔽目。過閻王別子嶺，忽見山崖絶壁上有一虎踞坐，俯視過客。行至巖下，虎張口欲撲人，幸相去懸絶。過而回顧，此虎猶眈眈相向也。甲午歲，至吉林，早行萬山中，天尚未明。見前有二燈，忽明忽滅，漸逼馬首，馬驚躍不前。諦視之，虎也。乃與御者狂噪，虎竟掠馬尾而過。丙申歲，舟行山下。夜已深，將攀舷而如廁，見昏黑中又有二燈焉。呼舟人鳴金，而燈光照處，陡起鑼鼓聲，逾時息，不知何怪。至于宿山店時，邊風四起，山鬼聚嘯，虎尾叩門，習見熟聞,不以爲異。子鈞,字遠梅,嘗隨父遠遊,度白沙、青石諸嶺,登梓潼門海中眺望,晚度山海關,俱發之吟咏,有清素堂詩集。

西藏紀程

吾邑蔣公陳錫總督雲貴時,奉旨往西藏巡邊,青浦杜昌丁從行,録其紀程云:

康熙五十九年十二月十六日,由省城啓行。至次年二月,始出塞。行七日,至拖木郎,始有人出萬山中。忽見平原曠野,猓猔數家,不成村落。屋用全木横壘,四面爲墻,高可數丈,中開一穴爲門,下畜牛馬,上居人,獨木鑿齒爲梯,以便上下,最上供佛,或亦居人。其俗,男子披髮跣足,衣牛絨衣,名拉户。女子名阿克幾,頭多細辮,珊瑚、瑪瑙、硨渠、玳瑁以及銀錢銀虎之屬,悉着辮上。賤者無飾,或穿紅牛皮靴。貿易者皆女子負戴,語言不通。次日,浴於温泉,其水頗熱。旁有數家,婦女伺人浴必薄而觀之,張幕以避,群然大笑。行二日,至大中甸,番名結党,出塞第一部落。有營官,番名喋巴。有喇嘛寺,大喇嘛一人,喇嘛營官二人。與喋巴相見,以頭相並,言敵體也。其下喇嘛數百,皆偏袒右臂,紅氆氇爲衣。念經則宰牛羊。進香人至,鳴角伐鼓以迎之。以糌飽、麪菓、葡萄菓、珊瑚菓爲供,米飯加飴糖。席地而坐,坐前各置小几,高可尺許。佛像莊嚴,與中國略相似,最重歡喜佛,躶體交媾。禮拜者皆進哈荅,哈荅,譯言手帕也。以下見上,用此爲贄,如中國之手本名帖也。喋巴之下,有木瓜神翁、頭人等名色,居民二百餘户，皆板屋。蔣公至，營官、喇嘛皆遠接俯伏道旁，遞哈荅，進酥油茶，前引至舊營官三舅家住。時積雪封山，往來絶斷，暫駐中甸，僱覓騾馬一百六十頭、夫四十名到藏。馬每匹四十兩，夫每名二十四兩，立文書名姓爲憑，俟雪消起程。居數日，陰晴不時，地多雪瘴，飲陰泉之水者皆喘息，手足觸雪即墮，兼傷目。其地之犬，高者數尺，形如虎〔一〕，一嚙人便無生理，此猓猔所畜者。其風俗，凡人死者，有葬法四：一曰土葬，將尸砌壁間；一曰火葬，焚其骨，投山崖中；一曰水葬，投之大河；一曰鳥葬，剖其肉置山崖，以喂鵰鶚〔二〕。尚巫不尚醫，有打鬼法，有捕捉法。每逢朔望，群呼『唵嘛咪叭嚰吽』，其俗如此。六月初二日，自崩子欄啓行。上小雪山。雪山綿亘二百里，不甚高。有樹木，不生草，亦無人煙。水不可飲，飲則喘急。有白蟒，能興雲霧，降雨雪，觸其氣即病，過者皆銜枚疾走。人少則晴朗如常，若一喧雜，便雲霧四起，必遭其毒。初六日，雪片大如鵝毛。途中所見花，四時皆備，多中國所未有者。一種似菊而小，花五色，葉如芝蔴，番名鶴來密塗。『密塗』，譯言花也。『鶴來』則不得其解。廿三日，渡金沙江瀾滄橋。時石屏牧劉洪度〔三〕，以委查頓置阿敦〔四〕，請蔣公乘輿過橋，不聽。祭江畢，令二童扶掖而前，余杖策以從，劉牧隨焉。橋闊六尺餘，長五十餘丈，以牛皮縫餛飩數十隻，餛飩應作渾脱。竹索數十條貫之，浮水面，施板於上。行則水勢盪激，掀播不寧。蓋其江在大雪山之陰，雨則水漲，晴則雪消，故江水奔流無息時，舟筏不能存，橋成即斷。土人繫竹索於兩岸，以木爲溜，穿皮條縛腰間，一溜而過，所謂懸渡也。俗名溜筒江。時畏竹索之險，故駐崩子欄兩月餘，以俟修橋之成也。是日巳刻，水高於橋二尺餘，波浪衝激，蔣公幾至傾覆，賴劉牧扶掖得免。余雖不至傾跌，而水已過膝矣。過片刻，橋即衝斷，墮水三人，一以足指掛索得生，餘則無從撈救矣。生者昆明兵丁楊嘉祥，素馴謹。死者乃麗江麼些，造橋匠役也〔五〕。人馬行李皆從竹索過，三日始畢。渡江爲黑喇嘛所管，地更寒苦，所食惟牛羊、糌粑，若米飯、菜蔬、魚肉，不可得矣。廿七日，蔣公祭雪山，迤邐而上，巉巖怪石，崒嵂崚嶒，無一步可以循堦歷級者。用爬山虎攀藤附葛而上，馬四蹄不能竝立，斃者無算。其地無草，無人煙，水聲徹夜如雷，樹木參天，輒數十里，皆太古物也。行五十里，稍平處宿帳房。廿八日，又上高峰四十里，至山雲塞空，對面不辨人□，移時漸開，至山頂平處宿。險處較前更甚，不特中華未有，即塞外未之見也。廿九日，又上廿里，至最高處，萬山皆在足下。土人云：自木魯烏蘇而南，綿亘數千里，至緬甸插入南海，高莫可比，乃天地間之脊也。自此而西，山勢層疊漸下，直至拉撒。拉撒者，即西藏之中藏也。元人有岡脊黑水辨，以此爲脊，東瀾滄，西怒江，皆匯諸小水，南流至緬甸出海者，禹貢雍州黑水之上流也。弱水在類五齊，去此千里。崑崙、三危皆其地。山巔皆爲雲所封，晴時蓋少，遥峰積雪，冬夏一色。四月至八月，僅消大路之雪。九月以後，即封山矣。下六十里至坡脚河邊宿。閏六月十八日，至察瓦崗，營官數十里外皆來遠迎，服飾偉麗，侍從甚多，俯伏道旁，獻茶果。問風俗，則重譯始通。先是，營官聞蔣公至，遣人修道，至壩臺相近地。及抵境，邀至署中，屋廬雄壯，法令森嚴，懸人頭手足無算，以示其威。其俗，犯法應誅者，投喇嘛寺即免，中甸等處皆然。廿五日，至崩達。蔣公謂余曰：『君捨身見送，高義可感。然吾之身，君之身也，雖死奚辭？君之身，親之身也，未敢相累。且君復何罪，而受此艱苦乎？深入番地數千里，不爲近矣。一載相依，不爲暫矣。且君子相交以德，相接以義，至此不返，徒令吾不安耳。願早歸，以慰倚閭之望也。』遂決計東歸。廿八日，添僱車馬啓行。自此以西，五百餘里無人煙，盛夏如隆冬，名雪壩。山凹間有黑帳房，以牛羊爲生，數萬成群。見漢人即出盜馬，所謂夾巴也。盜賊名□□。所從兵丁多道死，牛馬死者亦無算。遥見雪壩中白骨纍纍，殊令人有兔死狐悲之感焉。七月初五日，至馬里衣，女子掛硨渠、瑪瑙、戒珠各串，着半臂，有殊色者，亦復窈窕可憐，宛然江南風景也。初六日至曉葉桑宿，譯言鵲橋也。有大木橋，長四十餘丈，今名落龍橋，下即怒江，水深黑，煮飯皆黑色，相傳即博望侯乘槎見牛女處。十一日，束裝將别，送蔣公至河邊，公無一言見囑，揮淚不忍仰視。俟去騎已遠，然後跨馬而行。所僱猓猔四五人爲僕從，語言不通，惟含意指揮而已。十月初一日，回雲南省城。十二月十三日，抵家。其明年冬，始聞蔣公凶耗，竟未抵西藏而卒。回思往事，萬死一生，不知涕淚之横集也。

校勘記

〔一〕形，杜昌丁藏行紀程作『聲』。

〔二〕『鵰』下原有『鶻』字，按杜昌丁藏行紀程原文爲：『鳥葬，剖其肉以喂鵰，骨置山崖。』『鶻』字尚爲涉。『骨』而誤衍，據刪。

〔三〕洪，原作『浩』，據杜昌丁藏行紀程、（乾隆）石屏州志改。

〔四〕『頓置』於此似難通，杜昌丁西藏紀程原文作『查糧運』。

〔五〕匠，原作『一近』，據杜昌丁藏行紀程改。

一朝文集

文章關乎運會，一朝有一朝之文章。其爲總集者，如唐文粹、宋文鑑、元文類、明文粹、明文衡，各有專書。國朝右文稽古，著作如林。康熙中葉，嘉興李畊客徵君有皇清文緯，乾隆末年，湖南謝薌泉侍御有國朝文滙，俱未成書。又吴門吴枚菴有國朝文鈔，亦未全也。近日選家林立，必有裒輯之者。嘉慶二十年，欽定全唐文既成，而揚州鮑君崇城復爲集録三古八代之文二千卷，吴山尊侍讀爲之校勘。近吾邑張月霄又集録全金文一百二十卷，友人顧少卿又選南宋文鑑三百六十卷，接續吕東萊之後。彬彬盛哉，真千古以來所未有也。

四庫全書

高宗朝開四庫全書館，收羅天下藏書。如歙之鮑士恭、汪啓淑，鄞之范懋柱，揚州之馬裕四家，進呈者爲最多。江浙二省藏書處，揚州則有文滙閣，在天寧門外之大觀堂；鎮江則有文宗閣，在金山寺右偏；杭州則有文瀾閣，在聖因寺後。余皆親至瞻仰。閣凡三層，俱置書，用楠木作函貯之。經部用緑色絹面，史部用紅色絹面，子部用玉色絹面，集部用藕合色絹面。書上下皆用楠木板兩片夾之，貯函中，不傷不蛀，其藏法寔有勝于永樂大典，亦千古以來未有之盛事也。

周禮疑異

吾鄉王晋川先生會汾，中乾隆丁巳科進士，官禮部侍郎。生平著作，經學最深，著有周禮疑異六卷，專攻鄭注賈疏之失，未及板行而先生没矣。今問其後人，無有知者。吴門吴枚菴鈔有副本。〔一〕

校勘記

〔一〕鴻鳴按：王會汾，字蓀服，號晉川。康熙四十三年生，乾隆二十九年卒。雍正六年貢生，乾隆二年進士。江蘇藝文志著録其周禮正解一種。

春秋左傳地名考

古人讀書，必曰左圖右書，故讀書者必驗於圖。而圖以地名爲重，蓋山川道里，古今不易，沿革廢置,古今不同。若不詳古某地在今某所,雖讀萬卷書,不過一褌中蝨耳。余族兄嘯樓,名俊選,於書無所不窺,而尤邃於輿地之學,實吾鄉顧景范後一人也。著有春秋左傳地名考十二卷,余齋中抄有副藁,嘗求阮雲臺先生序之。嘯樓之意,欲自皇古以來,以迄二十一史之地名,通爲長編。乃年齒已長,無力輯成,急自收拾,僅成此書,亦可慨矣。〔一〕

校勘記

〔一〕鴻鳴按:錢俊選,字宗啓,號嘯樓。雍正元年生,嘉慶八年卒。乾隆四十九年貢生。中國古籍善本書目著録其春秋左傳地名考一種,南京圖書館藏,存六卷,有汪成勛、沈欽韓跋。

籟　記

陳新蔡王叔齊作籟記,世無傳者。余在族兄嘯樓齋中見之,是虞山湘靈先生手鈔本,乃爲重録。乾隆己酉歲,老友鮑以文來吴門,時正刻知不足齋叢書,遂以録本爲贈,刻入第廿四集中。所記天籟、地籟、人籟凡三篇,其文仿楚詞九歌,如覊客之寒起,寡婦之夜哭,讀之令人墮淚。新蔡王,陳書有傳。〔一〕

校勘記

〔一〕原稿删去以下文字：

入秘書廿一種中。其所稱山墳，天皇連山易；氣墳，人皇歸藏易；形墳，地皇坤乾易。謂之三墳也。但每卦止解一句，而無通卦解釋。又但言聖功，而不分爲山、爲氣、爲形之用。既不註吉凶，又不辯明君臣、民物、陰陽、兵象等爲周易之何卦，使讀者茫然，了無所得。或以爲六朝人僞書。先君子養竹公一生邃於易學，旁搜博採，中年得三墳讀之，深有會意，以爲連山舉一物以該百物，歸藏舉二氣以推百氣，坤乾舉衆形以審萬形。觀物審氣，觀氣審形，由形察氣，由氣辨物，而理在其中矣。

兵書

兵者，聖人不得已而用之。又曰：『兵可千日而不用，不可一日而不備。』雖太平之世，不可廢也。一日，余偶披閱戚少保練兵日紀，適客來，見之，大驚曰：『子何爲而閱此書？是禁書也。』余則大笑曰：『君何所見之不廣也？本朝乾隆中開四庫全書，子集内載有兵家言二十餘種，此亦四庫中書，以爲禁書而不可閱乎？』因檢提要示之，客始愕然。

五代史記補注

歐陽修五代史七十五卷，昔人謂其直接司馬遷。然禮樂刑政、典章制度皆闕而不詳，惟列司天、職方二考,鄭漁仲嘗譏之。雖有徐無黨注散見於本書,亦不過寥寥數語。或疑是歐陽自撰而託名於其甥徐無黨者也。按徐度却掃編、李心傳建炎以來朝野雜記、周密齊東野語及癸辛雜識,並言劉道源子羲仲作五代史糾謬,又言范季才作五代史記正誤,而王明清揮麈録又言蜀人吴縝作五代史糾謬,蓋與劉氏别爲一書。今惟吴書傳世。當時亦必見此書,而不亟採以勘歐陽之失,真門户之見也。本朝康熙中,崑山徐炯嘗欲注之,朱竹垞檢討爲序,其書不傳。後竹垞自欲爲注,屢見於曝書亭集,亦未成也。〔一〕其時薛史未出,惟採集群書,茫無頭緒。至乾隆中,高宗純皇帝開四庫全書,館閣諸臣始從永樂大典中録出,不遺一字,乃有眉目。於是故相國彭文勤公元瑞爲之補注,詮釋排比,取薛證歐,徵引極博,而終未卒業也。嘗賦詩寄胡殿撰長齡、阮宫保元、劉侍郎鳳誥,云:『少時注意歐陽史,七十三年未得成。門户雖然麄搆架,庭階尚乏細經營。飄零莫遺隨殘葉,佽助終當賴友生。幸有三公舊同志,爲余緝業定刊行。』文勤所自定者,惟有諸帝家臣傳至六臣傳十六卷,而病卒矣。餘五十八卷,聚一巨簏。所採宋人書籍二百數十種,皆納其中。後劉侍郎於嘉慶八年典試山東,又得竹垞手抄宋元明諸家書百餘種,一一詳校,始竟厥功,前後已三易稿矣。侍郎卒後,道光八年,李鹿苹制府總督粤東時,乃爲刻板。其中誤字誤句,及所引各書顛倒錯亂處,尚當校正焉。〔二〕

校勘記

〔一〕鴻鳴按：徐炯五代史記注補七十四卷，中國古籍善本書目著録國家圖書館藏清述鄭齋抄本。又適園叢書收其五代史記補考二十四卷。朱彝尊有五代史補注七十四卷，香港大學藏清鈔本，嘉業堂藏書志著録。

〔二〕鴻鳴按：彭元瑞新舊五代史記注七十四卷，有道光八年萍鄉劉氏雲牪書屋刻本。

鐘鼎款識

案鐘鼎款識石刻，始于宋劉原父敞先秦古器記，而薛尚功繼之。明時石刻既亡，遂模刻于板本。至宣和博古圖、嘯堂集古録，及近時阮雲臺制府積古齋鐘鼎攷諸書〔一〕，則皆以板本流傳，不復知有石刻本矣。

校勘記

〔一〕鴻鳴按：阮元書當名積古齋鐘鼎彝器款識。

札樸

曲阜桂未谷大令馥，博極群書，自六經諸史、象緯輿地、財賦河渠、算數歷律，與夫六書聲韻、方言風俗之類,罔不根究其原委,剖析其疑似。所著札樸一書,有六種,曰温經,曰覽古,曰匡謬,曰金石文字,曰鄉里舊聞,曰滇南續筆,共四十二卷。未谷于嘉慶元年出宰雲南,路過杭州時,阮雲臺相國方爲浙江學政,曾邀未谷及江墨君與余四人同遊西湖,題名表忠觀。自此一晤後,遂没于雲南。臨没時,將札樸屬其同寅李柯溪少尹帶回江南,並轉乞吴江翁海邨爲之序。未谷之與海邨,素未識面也。後柯溪託鮑以文刻之知不足齋叢書,惜未谷之不及見矣。

吾妻鏡補

吴江翁海邨,名廣平,世居平望鎮。學問淹博,著書甚富,惜家貧,奔走無定,既不能刻,又無暇鈔録編纂,成一家之言。甚矣哉,寒士之苦也。今記其目于後:聽鶯居文鈔三十卷,文二十卷,詩八卷,集唐一卷,年譜一卷。金石集録七百卷,録目七百卷,題跋四卷。吾妻鏡補三十卷,平望志二十卷,六書精義十卷,平望詩存十六卷,續松陵文獻三十卷,海邨詩話十卷,翁氏文獻十卷。

松弦館琴譜[一]

余少時嘗學琴,至於精神寂寞。所購琴譜甚多,五知齋、澄鑑堂、太古遺音,其最著者。所譜之曲,若漢宫秋、雉朝飛、鳳求凰、泣顔回之類,詞句拖踏,率拙不通,實是琴師隨意填補,非古曲也。惟虞山嚴天池所著松弦館琴譜,最爲有理,删去繁音,歸於雅正,但存指法,並無曲文，深得古者有聲無詞之義。試問琴爲伏羲所作，其時尚無文字，則誰爲之曲耶？今海内學琴者，皆以虞山派爲正宗。國初之徐青山，亦傳其學。按明史及府志，天池名澂，爲嚴文靖公子，嘗官福建邵武府知府。〔二〕

校勘記

〔一〕此篇原無標題，據全書文例擬補。

〔二〕『按明史』至『知府』，原文有删除符號。

全唐文

嘉慶二十年，奉旨刻全唐文一千卷，開局于揚州。主其事者爲鹺使阿公厚菴，司纂者數十人，皆一時名宿，凡費白金四十八萬兩，越兩年而成。其板甚厚，計二萬二千七百五十四塊，藏運司庫中。自刷印進呈後，鹺務日窮，此板遂廢棄不復印矣。

不自棄文

宋元以來，有不自棄文，大約爲訓誡子弟而作，言人不可自暴自棄也。嘉慶二十三年，仁宗嘗以問南書房翰林，誰作此文，莫有對者。余以意度之，其文中有『房杜子孫，倚其富貴驕奢』云云，的是唐人文章。或云是權文公，然文公集中不載。元趙松雪最喜寫此文，有大小兩本，齊梅麓太守家有墨蹟絹本，余曾鈎刻之，入抱沖齋帖。

河干問答

陳法，號定齊，貴州安平縣人，康熙五十二年進士。乾隆初，官山東運河道，調江南淮揚道，親視隄工，熟爲籌度。著河干問答一卷，極論黄河南徙與夫二瀆交流之害，分黄導淮之難，並論河決之由，如數掌紋，人人知其爲害，有不可言者，如能行變通之法，則其利無窮。復以漕運調劑之宜，諄諄言之。終之以辨惑論，補偏救弊，確有可信，而治河之道備矣。乾隆九年，相國孫文定公嘉淦嘗以其書呈之高宗皇帝，留中不發。其明年秋，調直隸大名道，事遂寢。著有易箋八卷，已採入欽定四庫全書。又著明辨録、醒心集若干卷。法嘗自言治河之事，知之者固難，行之者尤難，即或知其實當如是，起而行之，非大英豪不能任，即荀子所謂『有治人，無治法』，孟子所謂『徒法不能以自行』者也。其議論如此。余嘗録其書，後世必有行之者。

張介侯

张澍，字介侯，甘肅武威人。年十五，中式乾隆甲寅鄉榜，嘉慶己未成進士，授庶吉士，年才二十耳。散館，得知縣，歷任貴州、四川、江西知縣。於書無所不窺，尤邃於經學，著作如山，真奇士也。著有毛詩故四十卷、禮記權衡六十卷、春秋定一百四十卷、小序翼十卷、姓氏五書二百卷、五涼舊聞一百卷、蜀典三十卷、説文異同十卷、説文引經考正十五卷、愛日齋日記二十卷，纂集漢魏逸書三十六種，皆關隴人著，共四十二卷，南征記十八卷、續黔書十三卷、慎戰書二十卷、諸史決疑十二卷、鶉野詩徵一百五十卷、咫聞録二十卷、文字指歸六卷、天山草堂詩文集共八十餘卷，其餘尚多，未經録出。

武虛谷

武虛谷大令，名億，河南偃師人。乾隆四十五年進士，授山東博山縣知縣。時大學士和珅聲威正盛，以聽妄人言山東逆匪王倫尚有餘黨，和時爲步軍統領，密遣番役杜成德等十餘人蹤跡之，遂横行州縣。入博山境，手持鐵棍，莫敢犯者。虛谷悉執之，每人杖四十，叩頭而去。巡撫某公聞之，遂參劾，以任性濫責平民罷官，而不直書其事。嘉慶四年春，和相既死，有詔諭九卿科道：『於京外各員内有操守端潔，才猷幹濟，及平日居官事蹟可據，各舉所知。』有保奏虛谷者，詎虛谷先一月卒矣，年五十有五。虛谷博通經籍，尤邃于金石遺文，有經讀考異、群經義證、三禮義證、讀史金石集目、授堂金石跋語、錢譜并授堂詩文集，凡數十卷。余于乾隆五十三年，在汴梁與虛谷晤於申鐵蟾明府坐上，遂以金石相切磋。别去後不復見之矣。

賢母

乾隆中，常熟西南鄉有席序常者，名永仁，少孤，母夫人瞿氏教育之。比長，善揮霍，好賭博，一擲千金不顧也。瞿泣曰：『此敗子也。與其將家産輸諸豪俠，寧若將家産施諸貧困。』遂取所有良田三百畝，盡捐入本邑之養濟堂。嗣序常娶婦後，既無産業可倚，終日坐卧不言，乃自誓戒賭博，撙節持家，糴賤販貴，不三十年，造大宅一區，購良田萬畝，窮奢極欲，爲邑中富翁。其子某，以資爲郎，歷官至貴州安順府知府。孫二人，長汾，號竹舟，以舉人官山東知縣；次濂，號文川，以議叙官山西知縣。嗚呼，若瞿母者，可謂女中之豪傑，能令敗子回頭，實欲挽回造化，雖古之烈丈夫何以加諸？真賢母也。

小癡紀事

吾宗有小癡者，名絢，浙江慈溪人。出遊四十年，終無所遇。常隨嘉勇公福康安，自四川成都府起程，出打箭鑪，至聶拉木大營，計程一萬二千餘里，其間番夷種類不一。小癡從事軍營，能上馬殺賊，頗歷山川形勝。所著有西征記略，如裡塘、巴塘、察木多、拉里、西藏布達拉，及西藏附近各部落，其間山川道路，風俗人情，記之頗詳，真奇筆也。余嘗携在行篋。一日，唐陶山方伯見之，遂借去，刻入傳疑中。〔一〕

校勘記

〔一〕鴻鳴按：唐陶山，唐仲冕，字六枳，號陶山。乾隆十八年生，乾隆五十八年進士，道光七年卒。

野史

明季野史甚多，乾隆中葉，俱經奉旨銷毀，要以欽定明史爲正，然不可不存其目。如吴偉業之綏寇紀略、鄒漪之明季遺聞〔一〕、温睿臨之南疆逸史〔二〕、李天根之爝火録、汪有典之史外，此皆兼紀三朝事蹟者。夏允彝之幸存録、文秉之甲乙事案、許重熙之甲乙彙略、李清之三垣筆記，此皆紀南渡事者。顧亭林之聖安本紀、黄宗羲之弘光實録，又李清之南渡録，此專紀弘光事者。又黄宗羲之行朝録、錢秉鐙之所知録、瞿文昌之天南逸史、劉湘客之行在陽秋，此兼紀弘光、永曆兩朝事者。又有專紀隆武事者，則有閩人思文大紀是也。有專紀永曆事者，沈佳之存信編、魯可藻之嶺表紀年、劉湘客、楊在、綦毋邃之象郡紀事、馮甦之劫灰録又南粤新書、粤事紀略、鄧凱之滇緬紀聞、滇緬日紀是也。有專紀一人一事者，應廷吉之青燐屑、史德威之維揚殉節始末、袁繼咸之潯江紀事，又無名氏之北使記、康范生之虔事始末，又無名氏之乙丙紀略、徐世普之江變紀略、章曠之楚事紀略、沈荀蔚之蜀難叙略、楊在朱容藩亂蜀始末〔三〕、武岡播遷始末、孫可望脇王始末〔四〕、犯闕始末、安隆紀事、鄧凱之遺忠録、求野録、馮定遠之過墟志感、無名氏之虞山妖亂志是也。又專記魯國事者，黄宗羲之魯紀年、四明山寨記、舟山興廢記、日本乞師紀、馮京第浮海見聞紀略是也。共四十餘種，其間紀載之詳略，年月之先後，是非之不同，毁譽之彼此，亦岐異雜出不倫。

近日在清江節署，見張河帥案頭有明季十家集，一曰東明見聞録，二曰行在陽秋上下卷，三曰粤游見聞，四曰揚州十日記，五曰嘉定屠城紀略，六曰求野録，七曰吴耿尚孔四王合傳，八曰青燐屑，九曰幸存録上下卷，又續幸存録一卷，十曰也是録。又明末五小史，一曰福藩三卷，二曰唐藩三卷，三曰唐王聿鐭，四曰魯藩，五曰桂藩四卷。又見有陳霽生之再生録，文震亨之宏光大事記，皆所謂野史也。

校勘記

〔一〕聞，原作『文』，據國家圖書館藏清鈔本南疆逸史凡例改。

〔二〕『臨』字原脱，據南疆逸史凡例補。

〔三〕『容』下原衍『之吴』，據南疆逸史凡例删。

〔四〕『望』下原衍『之』字，據南疆逸史凡例改。

爝火録

李天根，原名大本，吾鄉嘯傲涇人，詩人芥軒先生崧子，家兄柏溪之太岳也。生平無妄言疾行，硜硜自守。人有冒其名具呈當事者，天根知之，曰：『污吾名矣。』遂易之，以字行。著有爝火録八十餘卷，所録者自明季李自成起兵之日，至本朝平定三藩，四十年中之事，皆手自鈔録，較明史紀事本末暨明季遺聞、三藩紀事諸書尤爲詳備。今其子孫式微，匿不肯出，惜哉！〔一〕

校勘記

〔一〕鴻鳴按：中國古籍善本書目著録國家圖書館藏清鈔本李天根爝火録三十二卷、附記一卷、讀史論略一卷、歷代紀元續表一卷。

詞曲

乾隆辛丑歲，有旨脩改古今詞曲，發兩淮鹽院辦理。其時同爲校勘者，則有王文治、黄文暘、焦循、程枚、李斗、淩廷堪諸人，閲一年始竣事。修改既成，文暘著有曲海二十卷，乃知古今傳奇，汗牛充棟。焦循又有曲攷總目一卷，合元、明、本朝，計一千零十有三種，而雜劇不與焉。

叢書

叢書之名，濫觴於百川學海，而漢魏叢書繼之。自此刻者紛紛，遂遍海内。承德孫氏刻有問經堂叢書，石門顧氏刻有讀畫齋叢書，歷城周氏刻有貸園叢書，德州盧氏刻有雅雨堂叢書，仁和王氏刻有檀几叢書，平湖陸氏刻有奇晉齋叢書〔一〕，新安張氏刻有昭代叢書，涇縣趙氏刻有涇川叢書，海寧吴氏刻有愚谷叢書，陽湖孫氏刻有平津館叢書，揚州阮氏刻有文選樓叢書。近日本國亦有佚存叢書。即四川李氏之函海〔二〕、南滙吴氏之藝海珠塵、虞山張氏之學津討源〔三〕，皆叢書也。

校勘記

〔一〕奇，原作『寄』，據陸氏所刻叢書改。

〔二〕函，原作『涵』，据李調元所編叢書改。

〔三〕源，當作『原』。

營造法式

宋熙寧中，有通直郎李誠字明仲者，著有營造法式三十四卷。有石作、瓦作、大木作、小木作、泥作、磚作、竹作、窑作、雕作、旋作、鋸作、綵畫作諸名目。紹興間所刻，今無其書矣。於飭材庀事、辨器興建各工，能羅括衆説，博洽詳明，直齋書録解題謂其可以超越喻皓木經者也。其相傳絳雲樓有此書，後爲錢遵王述古堂所得，有影抄本，近虞山張芙川上舍家又爲重抄。其中有木作圖樣二卷甚精，此世間稀有之書也。

平復帖

晉陸機平復帖真蹟，計九行八十四字，有徽宗標題及宣、政諸印。董思翁謂右軍以前，元常以後，惟此數行，爲希世之寶。國初，梁蕉林相國曾刻入秋碧堂帖者是也。其墨蹟舊藏内府。乾隆三十年間，皇太后取以賜皇十一孫，即成親王也，故王以『詒晉』名齋，本此。後成親王刻模古帖十卷，亦以此帖爲冠首云。

范文正公神道碑

范文正公神道碑，歐陽永叔撰文，元徵士杜本隸書，卷首有宋仁宗御篆『褒賢之碑』四字。按：歐陽公是碑撰於皇祐四年，今碑與原文不合，此忠宣公刻石時所删也。後有杜徵士跋，稱忠宣删是文，亦欲少全國體，而暫免紛紜。惜跋已殘缺，莫窺其論斷之旨耳。此卷墨跡本藏范氏，遺失久矣。嘉慶己卯，長洲蔣篆香上舍得之玉峯書肆，歸于文正後裔緗芸學博，余從緗芸齋中見之。

貫休羅漢

康熙間，吴門汪退谷先生家有十六羅漢像，貫休真蹟也。忽爲僕人竊去，質於東城某家，得十六金。越數月，質庫主人患病，久之不愈。先是，對門鄰人每早五更時，見有頭陀十餘人入其家，鄰怪之。問其閽人，曰不知也。次日，閽人宿鄰家，俟至五更時果見之，遂告其主。或謂某日有汪氏僕人來質羅漢像，此其怪耶？遂將原物送還，汪氏尚未知也。後汪氏亦不自寶，送禪興寺佛樓供奉，至今存焉。僅存十四幅矣。

清明上河圖

宋張擇端清明上河圖，原本爲婁東太原王氏舊物，後歸北平孫退谷硯山齋。其高不過七八寸許，長三丈餘，第絹素毁裂，難於裝裱。有宋元人題跋二十餘人。余曩於畢秋帆尚書家見之，後爲豪貴所奪，入内府矣。又一卷，乃禹鴻臚筆。其卷首，先有緑楊千樹，桃花數株，古墓壘壘，松楸鬱鬱。有祭掃者，一老奴持鍤填塚，一童子取火焚帛，青煙一縷，直衝松頂，中有一白衣婦人掩袂而泣，殊哀艷動人，以點清明景象。自此便登大道，行人漸多。直接朱仙鎮，則千檣排列，萬民輻輳。樹木樓臺，牛羊犬馬，雜間於叢人之中；九流三教，百工技藝，復參錯於坊巷之外。一時應接不暇。直到汴州城門，鋪户齊開，行人愈密。有貴戚大臣，騎馬乘車而出入畿輔者，有旌旗導前，騎卒擁後，往來於街市者，又不知幾千萬人。摹擬百端，細逾毛髮，形容酷肖，幾無剩意，儼然一帝皇之都。其宫闕之巍峨，殿廷之華麗，若非人世所有。大内之後，艮嶽在望，石色蒼然，一水瀠洄，萬花環繞。西望嵩高，若有若無，掩暎于白雲翠靄之間。雙鶴横空，翱翔天際，真化工筆也。

吴道子大士像

嘉慶甲戌，余遊高郵，與修州志。偶于天王寺中，見唐吴道子畫觀音大士像，身長八九尺許，人無知者。自伊墨卿爲揚州太守時，始爲題識，因是知名，當爲真蹟。

惲南田畫屏

雲溪外史南田翁畫，當爲本朝第一，筆下殊有仙氣，似不食人間煙火者。南田父壽，嘗臨宋元各大家山水十二幅，絹本，高六尺許，闊一尺五寸，爲生平傑作。家黼堂侍郎爲江蘇學政時，嘗借觀，留於院署者十餘日。余適至澄江，亦曾一見。今藏武進西門外西灣謝石泉家。石泉名滋畹，官中書舍人。

淳熙秘閣續帖目録附

淳熙秘閣續帖原搨本今世絶少，往年在孫淵如觀察案頭見兩卷，近復在斌笠耕觀察案頭見四五卷，皆不全本也。陽湖趙季由太守得明人雙鈎本六卷，首尾尚完善，今記其目：第一卷，王右軍樂毅論不全本，又黄庭經，後有昇元三年『建業文房』之印，又王大令草書洛神賦。第二卷，唐明皇批答裴耀卿等奏狀，後有『内府圖書之印』及『紹興』小璽。第三卷，唐歐陽詢孔貴嬪帖，又度尚帖，後有米海岳書贊，又唐蕭瑀歲旦偶成長句，又唐褚庭誨書，又唐孫思邈書，又唐狄仁傑書，又唐張長史率意帖，又唐顔真卿書祭亡伯豪州刺史文並送劉太沖序。第四卷，唐李陽冰篆書廿六字，有京兆韋處厚記，又唐李德裕書，又唐畢諴書，又唐李商隱書，後有『會昌癸亥，花縣東軒，爲令狐公子書，九月十九日』三行。第五卷，唐李白書，又唐胡英書，又唐李邕書，又唐白居易書。第六卷，唐張九齡告，又唐李紳告，其後有高宗御筆及『御書之寶』。每一卷後，俱有『淳熙十二年三月十九日，奉聖旨模勒上石』字樣。與石刻鋪叙所載者大同小異。

曾波臣傳神

按續圖繪寶鑑，曾鯨字波臣，善畫人物，爲明季傳神第一。當時大人先生畫像，皆出其手。

張生恂哉嘗購得王文肅公錫爵與其子緱山太史合卷，題曰訓子圖。庚辰秋日，余在林午橋司馬齋中見董思翁與陳眉公合卷，二公皆龐眉皓首。畫上雖無年月，必在崇禎初年，亦波臣筆也。曩時又見松江沈氏所藏思翁八十七歲小像，與司馬齋中卷骨格相同，但無樹石點綴耳。

明人尺牘

明人尺牘藏者甚多，往時在畢秋帆尚書家所見者計廿四册，在吴盤齋大令齋中所見者計四十册，總不如家籜石侍郎所藏爲最精，自二沈、三宋、劉誠意基、王文成褘起，直至史閣部、熊經略輩，計三十二册，最爲大觀。北平翁覃溪先生督學山左時，亦得一巨册，有吴寬、王鏊、謝遷、李東陽、李應禎、楊一清、沈周、唐寅、文徵明、祝允明、毛澄、陸深、金琮、王寵、陸子孝、袁尊尼等十六人，幅幅皆精，後有詹東圖、方康侯二跋，亦妙品也。近嘉禾吴思亭文學，將刻有明一代尺牘，尤爲備焉。

天下名山圖

沈石田天下名山圖，曩在畢秋帆先生家見之。石田翁一生遊歷之所，如東西兩嶽、嵩高、衡山、峨眉、太白、終南、西湖、錢塘、天台、雁宕、四明、五洩、九華、黄海，皆萃其中。每一幅後必有長題，俱石田親筆也。

金瓶梅畫册

金瓶梅畫册十二本，共二百幅。其畫中之山水人物、花木居室，及一切器用、舟車轎馬、帷幛玩物、筆硯肴饌、珍禽奇獸之屬，無不畢呈于前。而男女之裝飾，房帷之細事，至於嘻笑怒罵、奸盜邪淫情狀，亦無不逼肖也。相傳爲前明仇十洲所畫，尚有唐解元題跋，今不存矣。舊藏吴中一富家，爲後人質于青浦席氏，收藏四十餘年，忽爲其壻竊去。乾隆甲辰歲，有某中翰取以送和相。己未年敗事後，此册遂流落民間。笠耕使君未弱冠時，偶於肆中得此，已殘闕過半。又於友人處續得數十番，仍闕三十頁，又倩吴中名手補繪之，數年而始成。使君博雅能詩，精於賞鑑，因其筆墨新奇，珍如珠璧。余於戊寅二月，嘗觀於虞山官署。雖小説家文事，不可以入天禄清秘之藏，而亦見使君嗜古好奇，無物不備者也。

歸雲菴詩卷

吴興歸雲庵有明人墨蹟卷，舊時紛亂顛倒，不堪寓目。老友陳無軒學博，始爲聚集而裝池之。一係賦歸雲者，一係吊孫太初者，其兼及之作則仍其舊。自顧應祥起，至茅坤、董其昌等四十七人，洵爲巨觀。嘉慶己酉初冬，偶遊吴興，觀于趙季由太守郡齋。

傳奇

傳奇小説，作者每以意爲之，本不足爲典據。然婦人女子、村夫野老，信以爲然，津津而樂道，此未嘗讀書耳。如爛柯山朱買臣使其妻覆水，此太公事，見鶡冠子注；琵琶記以蔡中郎爲狀元，不知漢時尚無狀元之名也；黄粱夢託言盧生，其事乃吕洞賓之遇鍾離權；荆釵傳玉蓮爲王十朋之妻，玉蓮實十朋女也；千鍾禄以嚴震直爲不忠自刎，明史本傳並無此事。又如吕蒙正之父龜圖多内寵，與妻劉不睦，并蒙正黜之，頗遭淪躓。迨蒙正登仕，迎其父母，同堂異室，孝養備至，而傳奇乃以妻被父逐。王曾少孤，鞠育於叔氏，而傳奇言具慶。明永樂中，鄞人蔡錫中爲泉州太守，造洛陽橋，今傳奇爲蔡君謨。種種錯混，而俗子信之，真堪發笑也。

秦碑

案續漢書郡國志劉昭注引地道記云：『贛榆海中，去岸百九十步，有秦始皇碑，長一丈八尺，廣五尺，厚三尺八寸，一行十二字。潮水至加其上三丈，去則三尺見也。』又酈道元水經注：『游水又東北經贛榆縣北，東側巨海中有秦始皇碑，在山上。』國朝俞廷瑞贛榆縣志亦載秦山東趾有始皇碑，似此碑尚存，惜僻在海嶠，莫有顧而問者。嘉慶廿一年十月望日，海州刺史韓城師君亮采，嘗航海而登是山，山上有廟，祀關帝、天妃，並附以包孝肅、海忠介二木主，不詳其由。山之東有石人峰二座，其形甚偉，土人呼爲大小二將軍。中有大石如碑，屹立水中，而汩没無一字，豈即所謂始皇碑非耶？惟諸書紀載，並不書是始皇何碑，殆在之罘、東觀之外者也。

碑刻

漢建初買地記。山陰縣跳山石壁，有建初買地記五行，文云：『兄弟六人，共買山地，建初元年往此求地，直三萬錢。』計二十字。其『建初』一行之上，又有『大吉』二字，每字俱大尺許。寶刻叢編載跳山石壁有錢武肅王書『大吉』字，誤也。道光三年，邑人杜尺莊孝廉昆仲搨得之。時南海吴荷屋方伯官浙江按察使，爲題名刻于後。今此山爲杜氏所買，築木柵以護之。

漢永壽石道記。吴荷屋方伯於嘉慶元年任陝西漢興道，在西狹頌之後，又得永壽元年右扶風丞楗爲武陽李壽治石道記，是前人所未見者。

安陽漢殘碑四種。嘉慶初年，趙大令希璜宰安陽時，武虚谷爲修縣志，在西門豹祠中搜出漢殘碑四種，爲元孫碑、子游碑、鄐君碑、正直碑，即就殘字中摘二字名之，皆殘闕無全文者。

漢武氏石室畫像題字。乾隆五十六年，錢唐黄小松易爲濟寧運河司馬，同州人李東琪及洪洞南正炎、李克正等，在嘉祥縣搜出武氏石室畫像四十餘石，小松爲作記，余爲作後記，以刻其後。

魏王基殘碑。畢秋帆尚書沅爲河南巡撫時，嘗作中州金石記，在洛陽得王基碑。碑有『景元二年』字樣，是當時書丹而未刻完者，文僅刻其半，餘則硃文隱約可辯。按：景元爲元帝年號，是年辛巳，至今已一千五百餘年，而丹尚存，亦奇矣哉！

吴禪國山碑。在宜興縣國山上，土人名曰『囤碑』，有亭覆之。吴天璽元年立，篆書，類少室神道石闕。乾隆四十八年，余在吴門陸白齋先生齋中，遇海昌吴槎客，時槎客正從陽羨訪碑回，搨其全文，向所未見之字盡出。槎客作國山碑考一卷，最詳雅可傳。

晉任城太守孫夫人碑。乾隆五十八年，畢秋帆尚書爲山東巡撫，阮雲臺宫保爲山東學政，正作山左金石志。時錢塘江君清適宰泰安，其子秬香孝廉於新甫山張莊之原得是碑，此前人著録俱未採者，惜無年月可考矣。

晉郭巨石室畫像題字。在山東肥城縣孝堂山石室壁間，二十餘石，皆有小八分題字，江秬香孝廉所搨出也。有『永康元年』、『泰安二年』、『永興二年』諸題字。

晉征西將軍劉韜墓碣。今藏河南武虚谷進士家。其碑甚小，長二尺許，寬七八寸，圭首，有一穿，其制甚精，是虚谷搜出者。

後魏雒州刺史刁遵碑。在直隸南皮縣，與山東之樂陵接壤，先在樂陵某家，後因争此石訟於官，今歸南皮。此碑絶似王僧虔書，已開唐人法門矣。

西魏法顯造玉石像記。正書，大統十七年造。畢秋帆尚書巡撫陝西時得此，迨尚書移鎮河南，與四唐碑俱携歸吴門，同置樂圃之賜閒堂。後四唐碑爲錢塘馮編修集梧取去，近年又爲嘉興張叔未解元得之，則是石像記當尚在園中。事隔三十年，恐無處尋覓矣。

隋太僕卿元公墓志。道光初年，晉陵陸紹文徵君遊關中得之，今携回常州。其陰爲元君夫人姬氏墓志，此六朝碑刻之最精者。

隋驃騎將軍右光禄大夫鞏府君墓志。此吴荷屋方伯任漢興道時所得，今置武功縣署中。

後周大象石刻三種。黄小松司馬在鄒縣搜得石刻數種，其一周静帝大象元年刻經頌并銘，正書，計二處，在小鐵山。其一是摩崖，是大象二年八分書，在葛山。其一刻經四種，正書，亦大象二年，在岡山。俱載山左金石志。

隋王晟題字。字大六寸許，八分書，余於江秬香孝廉案頭見之，不減漢刻也。又泰安徂徠山有北齊武平元年佛號摩崖，八分書二種，又般若經刻，皆秬香搜出也。

焦山瘞鶴銘。余於乾隆嘉慶間屢至焦山，親手模搨，視近搨所無者尚有數字隱隱可辨。按瘞鶴銘相傳爲陶貞白書，康熙中張力臣曾手搨之，并爲考一卷，汪退谷書之甚精。咸以爲陶貞白書，或以爲顧況書，或以爲六朝人書。惟程南耕定爲皮日休書，所引北夢瑣言諸書爲証，實可破千古之疑。隨園隨筆亦載其説。

陳仲弓碑

案蔡中郎集，陳君碑文凡三篇，而洪氏隸釋、隸續俱不載，蓋碑亡久矣。惟有太丘長陳寔壇碑，亦殘剥不全。後漢書本傳云：『陳君除太丘長，脩德清静，百姓以安。以沛相賦斂違法，乃解印綬去，吏人追思之。』李賢注云：『太丘縣，屬沛國，故城在今亳州永城縣西北。』則太丘者，即今河南之永城也。中郎第一碑云：『許令以下，至於國人，立廟舊邑，四時蒸嘗。』據此，是中郎所撰三碑而外，尚有他人撰刻之碑，皆吏人追思而立。惟本傳陳君字仲弓，太丘殘碑作『仲躬』，本傳陳君以中平四年卒於家，中郎集與昭明文選俱作三年，小有異同耳。憶于乾隆甲寅、乙卯之間，余在杭州，曾爲舊友陳默齋總戎作分隸書，而默齋竟以上石，自此風行一時。至日本、琉球，皆來購乞，蓋海外人不知書法，誤以爲漢刻也。今就余所寫本，亦已早付祖龍，不可得矣。道光十年五月，余自清江歸，銷夏山中，日長無事，偶閱舊刻，殊自形穢，因復重書，置之家塾。倘有嗜古者將此書與中郎所撰後二碑一并刻之，立于蘇州府學之敬一亭，與余前仿熹平石經共列一堂，以補漢碑之闕，亦盛事也。

隋啓法寺碑

丁道護啓法寺碑，舊爲何義門收藏，識者謂其能洗六朝之餘習，開歐褚之先聲。前有『研山堂』並孫北海圖書，尾有『魏國公印』，是爲宋賈秋壑鈐記也。嘉慶十四年，粤東吴荷屋過蘇，以五百金購去。

唐古井記

嘉慶十三年九月，余附山東督糧道孫淵如先生北行之便入京，由沂州府取道費縣，而至曲阜。偶步至費縣頭門，見一小碣，上題『古井記』三篆字，是唐天寶九載尉趙光乘所造，後有宋紹聖四年縣令逢完記，五行小楷甚精，因搨其文以示觀察，大喜，是山左金石志未載者。按縣志，有季桓子得羵羊井在縣署，此其是耶？

先秦古器記

宋劉原父名敞，嘗刻先秦古器記，當爲薛尚功鐘鼎款識之先聲。原父通於古篆，而無音釋，最爲有理。蓋古人文義與今人不同，必欲以今文叶古義，不失之附會，則失之穿鑿，猶之宋人以唐韻叶三百篇，誤矣。近嘉興張叔未解元刻鐘鼎款識，即用此例。

韓蘄王碑

碑在吴縣靈巖山西麓蘄王墓前，相傳爲天下四大名碑之一。自頂至趺，高二丈五尺七寸，廣八尺九寸，余生平所見碑碣惟此最高，亦惟此最大。孝宗御筆題額曰『中興佐命定國元勳之碑』十字，正書，字徑一尺二寸，中有『選德殿書』四小字，亦正書，字徑一寸七分，又有『御書之寶』印，方三寸。文八十八行，每行一百五十字，爲禮部尚書趙雄撰文，兵部侍郎周必大書丹也。憶余於乾隆乙巳十一月，陪袁簡齋先生遊靈巖山館，親謁墓下，是時尚有亭覆之。後遂圮，三十年來，莫有過而問者。道光己丑歲，吴中當事又復重修，郡人韓桂舲尚書有記。

韓蘄王靈隱題名

題云：『紹興十二年，清涼居士韓世忠因過靈隱，登覽形勝，得舊基，建新亭，榜名翠微，以爲遊息之所，待好事者。三月五日，男彦直書。』計四十八字，書法類顔魯公，大三寸許，在靈隱寺前飛來峰上磨崖。此刻不載於兩浙金石志，近年有行脚僧六舟者始訪得之。道光辛卯歲，梁茝林方伯以搨本裝池，賦詩於後，可謂好古者矣。余亦題二絶句云：『指點江山事已非，何妨策蹇脱弓衣。尋芳又到春三月，好築新亭榜翠微。』『有子能文善畫錐，鷲峰深處自相隨。磨崖欲逼中興頌，合比靈巖十丈碑。』

題黄石齋先生手書洞霄宫記遊卷後

右明漳浦黄忠端公手書洞霄宫紀遊及祭李忠定朱文公二賢祠文，計二幅，書於絹素。吾友餘杭沈君小魯得于市中，同邑陳君韻夫遂以裝池，送之本觀，俾住持世守之，誠盛事也。按公以直言被譴，講學洞霄，事在崇禎十一年戊寅，正貶六秩爲江西按察司照磨時也。今讀其文，益知其忠君愛國之心，溢于紙墨，可悲也已。聞公講學時，嘗謂門弟子曰：『不知數百年後，誰念此山，如吾之於李、朱者。』今觀中已增塐公像爲三賢祠，春秋祭享矣。真如歐陽永叔所云『不知兹山待己而名著也』。道光十四年六月朔，與沈、陳二君遊東嶽祠，出此見示，因題。句吴後學錢泳，時年七十有六。

題杭州洞霄宫提舉題名記後

道光十四年三月，泳以監脩先武肅王墓，從事臨安者七十餘日。至六月二日，歸次餘杭，奉謁訓導平湖時秋鶴先生於學舍。坐有頃，先生出示新刻朱檢討彝尊所撰杭州洞霄宫提舉題名記，自宋建炎初至咸淳末，凡一百十五人，綜核史傳，考訂精詳，洵洞霄宫志中不可少之文事，而元之鄧牧心本志竟未及者，殊闕典也。按文獻通考，宫觀之設，始于真宗崇尚道教，于玉清、昭應二宫及景靈宫、會靈觀各置道藏〔一〕，選海内鴻博之士校定其文。洞霄宫則始于大中祥符五年，嗣又設崇福宫、沖祐宫、雲臺宫、龍德宫、鴻慶宫、神霄宫、太乙宫、中太乙宫、上清寶籙宫、太平興國宫以及靈仙觀、祥源觀、集禧觀、萬壽觀、崇道觀諸名，皆置管勾。其職有差等，曰提舉，曰提點，曰主管，有正使，有副使，有判官，有都監，皆以本職兼領而無專官。至建炎以後，皆以學士、大學士領之，則又以此爲佚老優賢、辭疾退閒之職矣。先世自忠懿王歸國仕宋後，厥子若孫皆服官於京師，預其選者先後計十有六人，而宋史皆不載，即載之亦不詳。如先文僖公諱惟演，字希聖，於天禧二年以翰林學士兼會靈觀副使，四年以樞密副使兼會靈觀使，提舉祥源觀事。明道二年，帝耕籍田，公求侍祠，因留爲景靈宮使。而文僖從兄翰林學士易，字希白，亦預其選。天禧四年，與祖士衡並知制誥，旋充會靈觀判官。易曾孫伯言，字遜叔，以樞密直學士、兵部尚書提舉南京鴻慶宫。嘉祐中，文僖第三子霸州防禦使晦，字明叔，以三班奉職同提舉集禧觀事。建中靖國元年，先六世祖駙馬都尉諱景臻，字遂道，文僖孫也，除安德軍節度，領集禧觀使。政和四年，加檢校太尉，遷安武軍節度，領神霄玉清萬壽宫使。駙馬從子積，字仲真，以朝散大夫通判無爲軍，紹興初，管台州崇道觀。駙馬長子榮國公忱，字伯誠，元符元年，年十五，以文州刺史提點中太乙宫、集禧觀公事；崇寧二年，以吉州防禦使、上護軍提舉萬壽觀；政和中，以瀘州軍節度使提點中太乙宫使。次子越國公愕，字民遠，建炎初，歷武當軍節度使，充上清寶籙宫使。三子咸寧郡王諱愐，字子平，建炎初，年十二，授光山軍承宣使，提點龍德太乙宫。四子吴興郡公愷，字樂道，乾道元年以昭化軍承宣使，提舉江州太平興國宫。其子端厚，以朝奉大夫知廣德軍，提舉崇福觀。榮國公長子端仁，字迪道，以朝散大夫知郢州，提舉南京鴻慶宫。三子端禮，字處和，以乾道元年八月甲午除資政殿大學士，提舉德壽宫、萬壽觀，逾月兼侍讀。公不欲久在經筵，力求外任，得提舉臨安府洞霄宫。淳熙三年，以觀文殿學士再提舉洞霄宫。又武肅王八世孫即，字中道，爲武肅王第十七子平陽侯元祐之後，先於崇寧五年以徽猷閣待制提舉洞霄宫，是在建炎以前，故不書也。今讀檢討題名記，秖就建炎以後而序次之，除資政良臣、觀文象祖而外，實少忠肅公端禮一人，是宋史之闕略，非檢討之遺漏也。聞當時檢討曾有隸書一本，遺守宫道士世守，而今不傳，可惜已。泳不善書，而喜學分隸，今仿檢討之例，爲補書一册，付主院者，兼以呈諸秋鶴先生，未知許我否也。

校勘記

〔一〕按宋史卷七真宗本紀：『以昭應宫爲玉清昭應宫。』此云『玉清、昭應二宫』，蓋误分一宫爲二。

書隋司徒陳公武烈廟事

神姓陳氏，諱杲仁，字世威，晉陵人。自唐初至今，屢著靈異，入祀典。按夢粱録云：神於唐武德時即有廟祀，封忠烈公。梁開平中，錢武肅王伐淮南，神以陰兵助之。錢氏奏封福順延德王，淮南楊氏封忠烈王。後周顯德三年，錢忠懿王攻常州，神又率陰兵助順，再請册封，加爲帝號。宋政和間，賜廟常州。時議以帝號非禮，改爲福順武烈顯德昭應王，敕建忠祐廟。嘉定六年，臨安尹以禱雨靈應，奏乞加封。咸淳二年，祈雪，又加封。由來久矣。嘗讀全唐文，天寶中有僧德宣所撰隋司徒陳公舍宅造寺碑，及江西通志所載互有異同，皆非信史也。案神之姓名，見新唐書沈法興傳。法興爲吴郡守，煬帝使與太僕丞元祐討會稽賊樓世幹。會帝被殺，乃與祐將孫士漢、陳杲仁執祐起兵，又令杲仁破賊樂伯通，法興自署江南道總管。聞越王侗即位，乃上表，自稱大司馬、録尚書事，承制置百官，以杲仁爲司徒，士漢爲司空。及侗廢，法興於武德二年稱梁王，改元延康。是法興據常州，寔以神力。後神功漸盛，法興疑忌，乃害之。然則神始終事法興。後人言法興欲叛隋，欲據常，故害神，若以神忠於隋者，非神之本意也。然考元之薛方山有忠祐録，明之王文肅有武烈廟碑記，於神皆有微詞。而近時武進湯修業則直論杲仁非仁人，寔亂臣，尤爲苛刻。嗚呼，古來忠臣義士湮没于世而不稱者，不知凡幾，賴有史乘以傳之。其傳之非其真，或聞見異辭，爲後人疑之而駁之者，又不知凡幾。今神之祀徧于江南、江西者，自唐初、五代、宋、元、明，而至本朝，歷千百年而不變，姑毋論其顯應與否，其必有大功德以致之，未可僅據史乘而訕議之也。

書會寧令李君守城事[一]

李君名堡，號石濤，元和人。少讀書，刻厲爲學，中乾隆三十六年辛卯科二甲進士。四十五年，選授陝西會寧縣知縣。堡到任之明年，適歲歉，視民疾苦，乃捐廉賑飢，男婦老幼就食者以數萬計，度不能貲，日夜焦心。查有前任詳請修署之官帑，得千金，遂詳報上官，以工代賑。自此城郭、儒學、衙署俱焕然一新，爲士民所悦。會寧爲關中衝要，其東北三百里接平涼府鹽茶廳之小山，正北爲靖遠縣境。其自小山至靖遠界，所經村落則有打喇赤、劉家井、狼山、黑虎坌、黄家坳等處，皆隸縣之北境。西北二百里外，則有鐵木山。山以西爲安定縣之馬家堡、官川里，山以東爲黑莊、郭城驛、金壇坪、乾溝，皆會寧境内地也。縣西南接通渭縣之牛營堡。正西則接安定縣之西鞏驛，距會寧城六十里。正南爲通渭、隴西、伏羌三縣。東南爲通渭之石峰堡，直接一岡川，皆與會寧接壤僻路也。四十九年四月十五日，忽有逆回田五倡亂，初在平涼府鹽茶廳之小山中結衆起事，不過三百餘人，先焚西安州土堡，肆行劫掠。時陝甘總督李公侍堯、按察使陳公步瀛、固原提督剛公塔聞之，咸統兵先赴賊營。十七日辰刻，已過會寧境，賊聞官兵至，紛紛四竄，田五中鳥鎗，自刎死。而賊黨會集山中，猶稱未死，煽惑諸回，遂入靖遠，縱火燒木廠，煙燄蔽天，蘭州省城亦震動矣。官兵復追擊之，賊遂從黄河以北，繞至靖遠山後，奪舟而渡，又嘯聚於安定縣之馬家堡，因入官川里，勢甚猖獗。五月初六日，西鞏驛焚劫一空，賊遂于初七、八兩日直抵通渭縣之牛營堡，徑奔馬營。馬營爲通渭衝衢，距城九十里，商賈雲集，乃鞏昌府之一大都會也。居民數千家，及寺廟十餘所，俱爲煨燼，惟存禮拜寺。初九日，賊直抵渭城。縣官王某，四川進士也，懦弱而寡謀。初聞賊來，邑紳前威遠令李仲晦者，原請王動帑練兵抵禦。王故迂，因循不聽。適有密告王胥役中與賊通者，王遂收之獄。賊聞之，圍愈急，王乃逸去。不三日而城陷矣，仲晦父子亦遇害，積屍如山，填塞道路。凡倉庫、衙署、寺廟、民居，盡付烈炬，靡有孑遺，反不如馬營之民，尚有逃亡也。當是時，會寧爲彈丸小邑，而四面受敵，無井泉，去河甚遠。李堡初聞賊警，遂戒嚴，即令四關廂居民拆毁房屋，移居城內，給之口糧。親率諸軍民登城鼓噪，以示其衆。未幾，賊果來，幸城外無民居，無從焚劫，去而復來者數次。李堡守益堅，下令軍民有獲殺一賊者，懸重賞，賊竟不敢至。郭城驛距城僅百里，有鄉倉，可貯粟萬石。堡懼爲賊所擊，率兵役營護之。行至五十里鋪，大雷雨，不得前。從泥灣中又行數里，時夜將半，昏黑莫辨。聞有舊吏王朝宰居此，遂于雨中扣門歇馬，且欲問訊。其家不敢留，亦不知有王朝宰者，但云：『賊已至馬家堡，聞安定尉已死於賊，賊將至金壇坪，去此不過二里許，恐陷不測，請速行。』堡曰：『若果爾，命也。』如冒雨而進，則前路高山深穽，路更崎嶇，人馬一墮，當奈何？』乃集隨從者，各持器械，以備賊來。堡獨坐土室中，衣帽淋漓，滅燈待旦。天既明，雨亦止。鄉民知邑宰來，咸荷鋤捍衛。又前行十餘里，遇有司馬荆公道乾，奉檄運糧草牛羊馳至軍營者，謂之曰：『城池倉庫，縣令事也，不宜前往矣。』堡乃還。時賊氛愈熾，蟻聚蜂屯，鎗炮之聲，晝夜不絕。賊往來於邑境，蹂躪于村莊者以千萬計。各村民聞變，驚逸呼號者亦以千萬計。一見煙起，則訛傳賊至，而各鄰邑難民聞會寧賊少，皆絡繹趨赴而來。而會寧之民出逃者遇之，以爲賊至矣，亦呼號奔竄，自相踐踏而死者亦以千萬計。通渭既陷，遠近驚駭，惟恐官軍之不至也。先是，晉撫巴公延三奉使出口，於四月二十五日過會寧，見李堡初任，未諳軍務，爲指示機宜。堡隨送啓行，而忽聞報至，賊即至會寧矣。適逢巴公前騎先驅，賊驚而散，蓋不虞巴公之驟至也。於是西安將軍傅公玉帶兵一千名，巴里坤副都統永公安自山西進京，前來協勦，即傅公堉也。陝西巡撫畢公沅調西安、同州各營兵，暨西安滿標、撫標兩營兵五千名，又調四川屯練降番兵二千名，寧夏兵一千二百名，又川北兵二千名，山西兵二千名，至西安候撥。又河洲韓土司兵一千名。又瓦寺土司桑朗雍中等，自願效力，挑選精兵四百名。而興安鎮總兵官三公德，亦帶兵一千名，由秦州一路堵截。延綏鎮總兵官策公卜坦，又帶兵一千名，由靜寧州一路堵截。不數日，而欽差大臣福公康安偕領侍衛内大臣海公蘭察暨巴圖魯、侍衛、章京等相繼而至，大學士阿公桂又挑選火器、健鋭兩營京兵一千名，次第會集。賊見官兵勢甚，遂退聚隴西之狼山，出攻隴西、伏羌二縣，復攻靜寧州、隆德縣城，俱堅守不動。賊乃至底店子。底店子者，在靜寧州界，回民聚俗而居，不下千餘家，沿途脅從者又數千人，以至驛遞不通者數日。至六月初三日，賊聞王師北來，遂退入石峰堡。石峰在萬山中，其高插天，石路甚險，惟北面一線可上。賊踞爲巢穴，築壘開溝，爲負隅計，實絶地也。福公既至，爲相度地勢，斷其樵汲，立栅設卡。時當三伏，七日無雨，賊下視四面重圍，勺水不得，遂大困。七月四日夜半，賊有佚圍而出、奪路奔逃者，官兵四面截殺，賊投崖墮穽無算，生擒萬餘賊，無一脱者。賊既平，乃班師。而通渭王令忽從民間出，猶懷印綬，似尚欲復任者，遂伏法。李堡時年五十餘，兩月之間，鬚眉盡白。堡實有守城功，而禄弗及也。其明年，遂改教皖江。時按察使陳公步瀛已擢安徽布政使，司馬荆公道乾亦陞調池州太守，而前任秦州刺史王公寬適爲敬敷書院山長。邊城僚屬，重聚一方，酒酣耳熱，每譚往事，輒欷歔欲泣，而不能自已也。陳公贈詩云：『隴上鴻泥不可尋，偶來皖水共題襟。循陔早誦歸田賦，磨盾猶懷禦敵心。乍喜放鵰歌跌宕，豈因失馬怨崎嶔。眼前此會知難得，且把松醪仔細斟。』荆公贈詩云：『分襟何意復登堂，回首蘭皐雁幾行。三月烽煙金甲赤，五年冰雪鬢毛蒼。心驚往事同孤壘，天遣離人聚一方。老我馳驅筋力憊，輸君報國有文章。』王公贈詩云：『河陽脱幘茹虀鹽，回首邊城飲水廉。計拙真同洴澼絖，譚高欲捲雪霜髯。冬烘病愈頭風檄，春酌燈沉細雨簷。家近百花洲畔住，歸來訪我九峰尖。』『隴坂長驅昔並鞍，險如蜀道豈辭難。石峰紀事心逾壯，講院談兵膽尚寒。帆逐雁聲催欲别，歲如客意送將闌。寓人薪木期無毁，曾聽蕉窗夜雨殘。』蓋惜之也。

校勘記

〔一〕此篇見於履園叢話卷五。

書南園先生事〔一〕

先生姓錢氏，諱澧，字東注，號南園，雲南昆明人。其先有名鑄者，本籍浙江，爲錢武肅王後。明成化間，以遊幕至滇南。會司理監太監錢能出鎮雲南，以其同姓，欲引附，鑄恥之，避居迤西。後能去，仍還昆明，八傳而至拙叟公，生五子，先生其長也。少穎異，刻勵爲學，中乾隆三十七年進士，授庶吉士，散館爲翰林檢討，飽讀中秘書，文名藉甚，充國史館纂修官。四十五年，充廣西副主考。其明年冬，擢江南道御史，稽查通倉事務。適是年二月，逆回犯蘭州，而甘肅冒賑事發，獄已成矣，誅竄者幾百人，而獨不及陝西巡撫畢沅。先生奏言：『冒賑折捐，固皆由王亶望骫法營私。但查亶望爲藩司時，畢沅曾兩署陝甘總督，近在同城，豈竟豪無聞見？誠使早發其奸，則播惡不至如此之甚，即陷于刑辟者，亦不至如此之多也。臣雖不敢必其利令智昏，甘受所餌，惟是瞻狥回護，不便舉發，甚非大臣居心之道。』奏入，上是之，奪沅爵三級。先是，臺諫衙門自李漱芳左遷後，無人敢言事者。居無何，復劾山東巡撫國泰吏事廢弛，借納貢名，貪婪無厭，官民苦之，所屬州縣，虧空累累，奏請按問。且言嗣後願皇上勿受貢物，俾天下督撫無以藉口。上覽奏，即命軍機處傳訊。灃對曰：『御史例得風聞言事〔二〕，臣有見聞，不敢不告也。』已而有旨，隨同軍機大臣和珅、劉墉、諾穆清等前往查訊。當是時，和珅柄國，而國泰奔走其門下者，人皆爲先生危。及抵山東境，而和已早授意于國泰彌縫，輒以危言動先生。先生曰：『且到山東再看。』惟劉墉深知其弊，常與先生密商。比到省盤庫，則和珅先言不用全數彈兑，第抽盤數十封，無短絀可也。和遽起，回館舍。先生請封庫。次日，徹底拆封，則多係圜絲雜色銀，是借諸商鋪户以充數者。因詰問庫吏，得其實，遂出示，召諸商來領，大呼曰：『遲來、即封貯入官矣。』於是商賈皆紛紛具領，庫藏爲之一空。復改道易馬，往盤他處亦然，案遂定，而和亦無可如何也。于是國泰與藩司于易簡，俱挐交刑部，治以罪。上嘉之，以灃敢言，擢通政司參議。三十八年四月，晉太常少卿，轉通政司副使。上常召對便殿，其言秘，外人無有知者。惟總管國子監事務尚書劉墉知之，遂宣言於諸生曰：『錢南園已將科場舞弊事面奏矣，諸君慎自愛也。』是年八月，以本官出爲湖南學政。到任後絶干謁，不受陋規，衡文取士，一秉至公，士子莫不感服。迨歲科期滿，有旨留任。適丁母憂，星夜出城，宿于旅舍，即委員賫印交巡撫，而於次早啓行。各官有追送賻儀者，俱拒不受。未幾，又丁拙叟公憂。先生在籍，閉户讀禮，絶蹟公門，每日惟自課子弟讀書而已。五十八年，服闋，北上。先是，督學湖南時，適荆州水災城圮，而孝感有活埋人命之案，又有匿喪應試，並出首違礙書籍諸事者，先生適在丁憂急歸之際，遂將諸事移交巡撫浦霖查辦。而浦霖捏辭參奏，以爲諸事皆己所發也。上責以錢灃近在鄰省，不行查奏，奉部議革職留任。上曰：『灃爲官尚知持正，著加恩以主事用。』選户部江南司主事，引見，奉旨以員外補用，即補户部江南司員外郎。復奉旨授湖廣道御史。時軍機大臣和珅與阿文成公桂議論不和，辦事不同一處，慮開朋黨之禍，先生上疏曰：『軍機大臣應同在公所辦事，互商可否，此定禮也。近惟阿桂在軍機處，餘或在内右門，或在南書房，或在造辦處，一切咨事畫稿司員皆趨走多岐，將來必生事端。況内右門近接禁寢，向來有養心殿帶領引見之例，所以皇上加恩大臣，不令與百官露立，是以設廬，許得暫止。每日清早，於未辨色之先，一大臣入，各司官亦隨入；一大臣出，各司官亦隨出。爲日既久，不能不與内監狎熟。萬一有如從前高雲從之事〔三〕，雖立正刑辟，而所絓已多。杜漸防微，理宜改正。請皇上飭諸大臣，悉照舊章，同止軍機處。其圓明園辦事，亦同一體，以昭畫一之規。』上覽奏，遂切責諸大臣，謂錢灃所奏甚是，即命在軍機章京上行走。當時阿文成桂以下，咸稱爲南園先生，不以名也。惟和珅頻加詰究，欲窮以難處之事，卒不能屈，轉資商確耳。六十年乙卯，扈蹕灤陽。九月還京，偶感風寒，遂病卒，年五十六。是年冬，浦霖以福建巡撫任内事，伏法京師。越四年己未正月，和珅亦賜死刑部獄中，惜先生之不及見也。初，先生提學湖南時，巡撫爲吴江陸燿。燿居官清正，每事必商，稱爲知己。適燿卒，幾無以治喪，先生亟典質二百金爲賻，而率諸生俱白衣冠步行往吊，遂俯伏慟哭曰：『公生平不名一錢，願公受之，毋却也。』其風義如此。

校勘記

〔一〕此篇見於履園叢話卷五。

〔二〕風，原作『封』，據文意改。

〔三〕鴻鳴按：清史稿·于敏中傳：『（乾隆）三十九年，内監高雲從漏泄硃批道府記載，下廷臣鞫治。雲從言敏中嘗向詢問記載，及雲從買地涉訟，嘗乞敏中囑託府尹蔣賜棨。上面詰，敏中引罪。』

石室十六詠 并序

錢泳

石室在虞山西麓，相傳爲齊太公隱居，見唐陸廣微吴地記，郡縣志亦載之。石室之前爲白雲棲禪院，稽之前人，鮮有至者。惟老友孫庶常原湘天真閣集有和雪杭上人八景詩，蓋是山爲其曾祖朝議公所闢也。余既撰石室記，復作是詩以廣之。

彈琴

一鈎一綽寫吾心，彈出文王治世音。尚父湖頭春色古，水流花落到如今。石室山之前即尚湖也

枯坐

閒來頗學維摩詰，枯坐空山日已晡。何事吾儒偏愛佛，教人枉下死工夫。

煮茗

汲得清泉照眼寒，碧螺春雜菊花乾。一爐活火松風響，不鍊仙家换骨丹。

觀魚

誰識區區小洞天，有魚擢尾出深淵。他年若肯興雲雨，潤我南山二頃田。石室之下有泉甚清冽，水中有白魚出没，三日内必致風雨。

臨　帖

晉唐真蹟世間無，僞帖紛紛市大都。也比當年陶學士，全依舊樣畫葫蘆。京師之琉璃廠、蘇之吴趨、杭之西湖，俱有法帖鋪，而僞帖尤多，真堪發笑。

讀　書

白髮垂肩尚嗜書，撑胸荆棘未全除。偶然有得欣忘食，差勝莊生讀五車。

聽　泉

洞中泉響似鳴騶，洞口仙人笑未休。素性本來寒徹骨，肯隨湍水出山流。石室之下有洌泉，清澈可愛，不盈不涸。

題　壁

蒼苔剔盡見雲根，就把松煙寫洞門。指點招真壇下石，幾人留得姓名存。招真治後有唐宋人石刻題名，至今尚有存者。

薙草

草荒三徑冷蕭蕭，送酒人來未可招。快我犁鉏芟削盡，要扶綠竹上青霄。

種花

看花尤比種花忙，花簇叢叢似我長。想到春江明月夜，至今還欲斷人腸。

譚禪

手揮麈尾貌崚嶒，恰似中峰退院僧。談到色聲都寂滅，長明惟有佛前燈。

解寐

平生不解講玄虛，閉眼花前得自如。富貴算來無我分，何妨一夢入華胥。

高歌

高歌何必上青雲，呼起松根冥莫君。却笑世人拘格律，空腔浮調不堪聞。

獨　酌

舉杯邀月渡銀河，七十年來一刹那。有酒今宵須盡醉，小黄崖上暮雲多。

沐　浴

道人爲我煮清泉，脱我青衫洗背肩。塵垢已除心目爽，何須羽化再登仙。昔袁簡齋先生嘗遊武彝九曲，山僧以清泉浴之，拍手大笑曰：『可謂羽化而登仙矣。』

焚　香

清香一炷裊雲煙，凝壽樓頭山更鮮。願祝吾皇千萬歲，和風甘雨自年年。石室之左有凝壽閣，子瀟庶常曾祖朝議公所築，可以望遠。

擬古詩五十五首 并序

昔阮嗣宗有詠懷詩百首，爲古今絶唱。後陳子昂、張九齡、李太白、韋應物輩輒效爲之，皆撫時感事、傷己悼物之作。余野人也，所見惟絶壑荒丘，所聞則樵歌牧唱，惡足以言詩哉！雖然，古人不云乎：『高山仰止，景行行止。』即以追蹤往喆，仰企前脩，亦未始非唐賢擬古之意也。閑居無事，終日閉門，爰賦五言詩若干首，非敢謂載彈載詠，實以自嘲自笑云爾。

繪事後粉素，攻車先輪轅。求名了無實，至人難討論。二氏講虛無，義理不足尊。象罔得玄珠，已開梵王門。吾儒尚名實，水木同根源。譬如葉上花，無根安得蕃。所以古聖賢，道高配乾坤。

其　二

孔孟法唐虞，申韓尚黄老。其學相徑庭，同名不同道。戰國多荆榛，諸侯務攻討。一利爲交征，人心遂顛倒。子輿困齊粱，致身苦不早。方枘納圓鑿，能得幾時好。

其　三

伯夷死於名，盜跖死於利。賢愚同一瞬，貴賤亦無異。始皇惡言死，求僊當王事。蓬萊不可接，沙丘乃長逝。世人何太癡，天公有深意。生死作循環，弄人恣遊戲。

其　四

日月孰維綱，雲雨孰隆施。嘘吸有時節，照曜無公私。人於天地間，每爲私所欺。名利兩交戰，智愚亦可移。何況中人多，又復生支離。至死不得悟，夢夢固其宜。

其五

榮名豈爲寶，行樂當及時。縱使垂千秋，身後那得知。床頭一壺酒，到手常不辭。一醉可千日，醒復弄琴書。花竹笑吾老，妻兒嫌我癡。主人自勿癡，不醉將何爲。

其六

螳螂怒其臂，欲以搏鳴蟬。不知異鵲來，一縱兩擒連。彈者偶見之，仰天奮空絃。兩目未及轉，猛虎當胸前。人生無賢愚，惟利多鑽研。後患不自防，性命將難全。尚復日孜孜，終傷死道邊。

其七

貧賤慕富貴，多財便淫蕩。淫蕩既已極，貧賤復來往。石崇恣驕奢，有福不得享。房杜之子孫，降而爲厮養。蕩覆無一存，零落同草莽。以此觀古今，歷歷誠不爽。否泰轉循環，天道豈可强。

其八

人生如夢幻，一死夢始醒。何苦患得失，擾擾勞其形。當其在夢中，亦復如優伶。邯鄲學歌哭，蟻國分君臣。人爲萬物靈，枉自辨假真。富貴豈可慕，適足戕乃身。達哉嵇阮流，千載垂休名。

其九

荊棘害於木，亦藉荊棘護。小人彌道周，君子乃不顧。我嘗入深山，荊棘生當路。拔刀難剗除，芒刺不得度。一朝霜雪來，何待犁鋤去。夷滅自有時，消長亦天數。

其十

芝蘭種茅茨，珠玉雜泥土。人事每倒置，乃與噲爲伍。韓侯未遇時，蛟龍少雲雨。一飛竟沖天，幾欲居九五。逐兔殊有功，卒遇林中虎。不如從赤松，凌霄自千古。

其十一

皓月正東昇，白雲爲間之。反身看落日，林際猶遲遲。片刻有温凉，人心安可知。不見朱翁子，夫婦生猜疑。不見上留田，兄弟多乖離。何況朋友間，車笠難與期。悠悠世路人，誰辨是雄雌。

其十二

子文與叔敖，三仕復三已。休休有過人，落落無慍喜。嚴陵投釣竿，何難佩金紫。淵明賦歸來，其志頗相似。日月有盈虧，人事無定止。熱中亦何爲，我心淡如水。

其十三

昔爲人所羨，旌旗蔽道周。今爲人所憐，貧病將歸休。轉瞬有榮辱，富貴誠難留。惟有蓬室士，閉户莫與儔。詩書得真樂，一日同千秋。悠悠可終老，亟亟復何求。

其十四

大樹摩蒼天，峥嶸難記年。虬枝吼風雨，密葉酣雲烟。偶爲匠者顧，一朝遽摧殘。既無松柏姿，翻喪蒲柳先。嗟爾多才輩，促促誠堪憐。不爲棟梁用，亦作江海船。乘桴企宣尼，後世稱高賢。

其十五

鍊藥求成僊，成僊亦何益。愛此七尺軀，一爐守朝夕。或啖紅日影，或飲明月魄。縱能壽萬年，亦如遠行客。丁令歸來時，人民已非昔。劉阮既出山，子孫不相識。何苦作狡獪，實與天心逆。漢武與秦王，相傳已陳迹。枉自作聰明，徒爲後人惜。

其十六

古墓犁爲田，自昔已如斯。世人尚厚葬，立意無乃癡。生前本庸庸，死後復何知。不見北邙隈，白骨生青苔。昔爲王與侯，今作塵與灰。有碑半磨滅，滿地多蒿萊。古今同一轍，不如且啣杯。

其十七

良醫比良相，其道在活人。若以利爲道，岐黄亦不仁。今之挾醫者，學業少專精。不識病虛實，豈知人死生。尤恐用藥誤，此病無時輕。

其十八

室無三日糧，婦姑長勃谿。漫言無米炊，君家婦難爲。有夫遠離別，兒女多嬌癡。煖冬常耐冷，豐歲猶苦飢。姑惡姑不惡，所傷妾命薄。命薄何足悲，救貧少良藥。

其十九

風雨本無鄉，卒然來自天。淫淫不能止，汎汎傷農田。三吴故澤國，膏腴盈九阡。年年祝豐稔，轉粟連幽燕。三江既淤塞，具區亦淪湮。五害水爲大，稽天誠可憐。治潦如治民，至今企前賢。

其二十

水旱皆天災，旱尤慘於水。能令山嶽焦，竟似蛟龍死。夜氣已炎蒸，朝光反紅紫。官吏雖告哀，暴尪乃獨喜。田禾成束薪，賦税亦已矣。恩施累千萬，何曾及寒士。

其二十一

民者是邦本，兵者乃兇器。使民事戎行，頗逆天生意。況復非所養，用之豈有利。後王尚鄉勇，以利爲之餌。兩軍未交攻，一人可失事。素無教養方，適足腦塗地。團練久不行，聖賢每輕棄。兵農原一途，言之恐猜忌。

其二十二

黄河出崑崙，清淮自桐柏。異處而同途，何事相矛戟。清水怯欲避，黄水逾追迫。咆哮騁雄强，直擬通其宅。堯禹爲咨嗟，三公運權衡。淮流轉嗚咽，汩汩多悲聲。誰知河力竭，意氣終難合。回頭走東海，海怒不容納。

其二十三

古人作錢幣，利益原無窮。從此布中國，源源自流通。新莽尚大泉，民亦隨污隆。唐時乃私鑄，鋁錫和青銅見杜詩。青銅既非法，後世行如風。夷錢何足貴，其道猶游龍。安得千萬爐，一時盡消鎔。

其二十四

鹽筴藉山海，齊國爲之始。從此霸諸侯，管仲一人耳。是時少私販，交易咸歸市。後世多姦民，貪利無遠邇。白日弄戈矛，豈復顧生死。譬諸腥與羶，蠅蚋固所喜。法古亦何難，下令如流水。

其二十五

關吏最堪笑，視書猶視讐。搜索到書篋，爽然行莫留。鄰舟半商賈，艤櫂波中流。進退不能遂，英雄難自由。明知無罪過，何事多殷憂。風順日色佳，春渚飛閑鷗。翻羨儒生輩，挂帆去悠悠。

其二十六

人人好摴蒲，奔走如不及。貪饕過虎狼，驕奢縱淫佚。君子所不爲，若輩視爲業。營營窮歲年，翻笑謀生拙。涼秋八九月，西風正蕭瑟。爲其父與母，困苦不遑恤。爲其妻與孥，飢寒自悲泣。家産化雲煙，至死猶未畢。聖世重斯民，擬申最嚴律。誅夷無復存，不使斯民疾。

其二十七

偷兒非有種，饑寒便爲耳。穿窬復跳梁，亦自稱君子。朝出結匪徒，夜行雜神鬼。盜得財與帛，居然衣青紫。何事不可爲，無良至於此。官吏聞之怒，捕者得之喜。或迸戎狄間，不過免其死。皋陶偶赦之，仍復爲偷兒。適益心膽壯，殺人乃其宜。庶民受殘害，從兹無已時。

其二十八

禽獸知父母，飛行若襁褓。人生胡不然，仁親是爲寶。愚民梗王化，何乃違天道。宣尼常有言，人而不如鳥。古來逆倫事，世上殊不少。縣官泥維輕，定讞殊草草。聞之喪我懷，嗒然起煩惱。

其二十九

上林有虎圈，養得三猛虎。一虎破圈出，攉殘路人股。咆哮驚四鄰，雞犬相號鳴。老兵不敢觸，反自傷其身。兩虎互摇尾，聞之心獨喜。誰知機械來，乃與同日死。人事多反覆，世情亦爾爾。出處苟不慎，雄强豈能恃。

其三十

秀才攻時藝，一年復一年。偶然得科第，便爾忘其筌。自此走别途，名利爲之牽。朝出干公侯，暮回聽管絃。既貴又何加，筍簴堆金錢。既得恐復失，呫嚅堪生憐。一朝棄冠帶，萬事成飛煙。不如秀才時，摇擺青燈前。

其三十一

富人尚豪俠,行樂無朝昏。既挾邯鄲倡,又復招梨園。車馬一時集,蹁躚來貴門。堂前絲竹沸,堂後笑語喧。張氍設楚舞,設席開金樽。有客翻不懌,愴惻心中煩。問客何獨然,脉脉不能言。

其三十二

腐儒好著書,出口譚經濟。旁人竊聽之,似能救斯世。不知紙上兵,迂遠何足計。凡事貴親見,耳食豈可例。或者竟能行,亦是偶然事。聖王達四聰,自有唐虞治。

其三十三

美女妖且閑,相逢歧路間。容華耀朝日,眉黛描春山。借問住何處,乃在青溪灣。父作鸞臺使,夫充鳳池班。欲語不能通,對面阻河關。乃知賢者心,凛凛不可干。生材既非易,求材良獨難。

其三十四

詩書陳滿几，商賈所不齒。魚鳥見毛嫱，那得知其美。財帛充滿笥，人人竊心喜。車馬日填門，如赴咸陽市。富人財帛多，源源貫江河。慳吝乃真訣，仁義可有無。求益尚不足，同室將操戈。豈止富人樂，不知富人苦。朝夕枉經營，子孫視如土。

其三十五

牽牛與織女，並列秋雲中。銀漢界天長，何爲各西東。終年悵離别，秋來始一通。世人尚考索，此事恐難窮。古來君臣際，明良或未容。咫尺隔萬里，其義將毋同。

其三十六

水族居江湖，與人本無争。釣翁誘以餌，終日垂絲綸。明知不可食，往來尚逡巡。誰知沉大綱，一擁數百鱗。小者盡脱漏，大者遭鼎烹。波濤永相失，忽作席上珍。此理竟難悟，欲問操舟人。

其三十七

南方有異鳥，自名曰鵷雛。朝飛梧桐陰，夜宿北海隅。肅肅鳴高岡，鏘鏘聞九衢。鴟梟啣腐鼠，見之心不喜。貴賤本難合，受辱良有以。

其三十八

金風日催迫，草木漸偃蹇。幽人出門看，正值斜陽晚。小犬吠荒村，牛羊下平坂。萬物各有託，吾生豈忘返。秋雲何太薄，人情日以遠。俯仰感古今，腸中車輪轉。

其三十九

少時好音律，喜弄緑綺琴。一曲月沉西，清商來竹林。傾耳究得失，殊非金玉音。人心已非古，安知古人心。棄置不復彈，生踈到如今。

其四十

昔我過山左，飄然登岱宗。下瞰齊魯小，一氣青濛濛。竊喜置身高，能令眼界空。那知疾足者，先在青雲中。人生本有限，世路原無窮。不如下山去，抽豪頌清風。

其四十一

才華與賢達，判然分兩途。揚馬蕩無垠，何似魯諸儒。建安稱七子，綺麗不足趨。後生競憮仿，乃食糟粕餘。著書動盈尺，自命難與俱。豈知世間上，可有亦可無。不聞夫子云，回也其如愚。

其四十二

書畫雖小技，頗能足衣食。文章載大道，舉世無人識。是以古聖賢，僕僕諸侯國。德功既難行，歸藏乃元吉。君子養其仁，小人食其力。立言竟何補，滿腹生荆棘。

其四十三

子孫不振耀，歷代皆有之。尤在忠孝門，往往難扶持。東鄰有屠者，乃育寧馨兒。弱齡多敏悟，十歲通禮儀。十七侍中郎，二十爲台司。若言有天道，天道竟難知。

其四十四

緑玉産西南，呼之曰翡翠『翡翠火齊』，見後漢書班固傳。人人視爲寶，欲比瑚璉器。或置章甫冠，或纏美人臂。煜煜同金珠，紛紛詫祥瑞。不知荆山璧，瑩光照瑶席。棄置弗復陳，磊磊同凡石。悲泣亦何爲，韞櫝乃良策。

其四十五

身著日本裘，腰圍夷女錢。見李太白詩。買得碧玻璃，經營補蒼天。俗人不好古，家家闢瑶圃。光輝奪明鏡，花木穿窗户。豈嫌人世塵，擬登廣寒府。

其四十六

白酒釀初熟，黄雞秋正肥。殺雞招近局，翻酒污我衣。欲洗不得脱，狼籍香淋漓。遂成白玷玷，坐客相嘲譏。衣污不足惜，慎旃念前非。

其四十七

閑居三十載，學古散縹帙。室廬自經營，婚嫁亦已畢。有遊五嶽心，却少求仙術。忽遇中山人，自言衛叔卿。乘雲挾兩龍，我欲從之行。遂與妻子别，泣下沾冠纓。既囑生前事，復傷身後名。山人顧我言，與爾無緣因。塵心未能净，安問仙與神。呼龍笑而去，但聽流雲聲。

其四十八

嘗過潁川水，時見雙鴛鴦。噰噰相和鳴，飛飛自成行。我有親弟兄，乃在天一方。別離動經年，海國秋風涼。相思不可見，清淚沾衣裳。

其四十九

我欲製兩舟，張樂浮清波。只作陶峴遊，不羨張志和。或放嚴陵櫂，或從剡溪過。一二皆至友，朝朝聽弦歌。人世浩茫茫，江湖風浪多。誰是孟雲卿，可與我同科。

其五十

鰥居守空房，一燈自熹微。群雁何嗷嗷，秋風聲正悲。輾轉不能寐，呼童啓雙扉。璧月懸清光，玉露沾我衣。仰視河漢高，牛女尚依稀。人間有生死，天上亦分離。雖有小星明，不是昔同飛。

其五十一

送客客竟去，容與乎楊林。春草碧連天，黯然傷我心。人生多離別，何時自消沉。客行雖云樂，前路多苦辛。但願早還家，白髮長相親。日飲百壺酒，同買湖邊春。

其五十二

吾身至微渺，渾若清池魚。游泳自爲樂，不受世綱拘。豈知江與海，波浪翻九區。豈知蛟與龍，變化昇天衢。悠然荇藻間，戲開腹中書。上言頗知足，下言聊自娱。

其五十三

我生日悠悠，安時而順處。閒門少人來，不笑亦不語。朝讀黄庭經，夜誦養生主。身世遂兩忘，焚脩自千古。藏刀十九年，不知在何許。薪盡火猶燃，飛空作雷雨。

其五十四

勞人慕清静，草草闢林園。正思免營窟，乃爲羝觸藩。人生貴適意，適意非無方。側身付天地，與世相低昂。何必自局促，投此無何鄉。富者不足齒，貧者亦士常。試看空中蓬，隨風自飄颺。

其五十五

秋風颯然至，落葉響空階。啓户寂無譁，忽忽無好懷。我生日以衰，物情日以乖。惟有杜康賢，庶幾可同偕。一醉聊當死，萬事東流水。死死復生生，千載亦如此。

總督三江

江蘇、安徽、江西三省，俱倚長江爲險要。其所以必歸總督兼轄者，下游則以江蘇之鎮江握其全，上游則以江西之九江扼其要，三省一氣聯貫，故自康熙二十一年歸并總督兼轄。鄱陽湖爲江西通省門户，周環數百里，僅有水師都師帶兵數百名，不足以資彈壓，惟賴兩江總督及松江提督、江寧將軍水師及各駐防官兵相爲遥制者也。

請賑

族祖贈公，諱人麟，武進人，以舉人大挑，官浙江知縣，任蕭山。乾隆甲子八月，西江塘圮，湮没田廬無算。贈公目擊心傷，遂赴省請賑。上官曰：『此偏災也，豈能入奏耶？』竟不準。贈公不得已，乃發庫銀三千兩，活人無算。其明年四月，查辦奏消，遂收禁監追，禍將不測。忽得京報，其長子維城狀元及第，上官意始解，命各屬攤賠，贈公旋告歸，不復官矣。後維城官至刑部侍郎,賜謚文敏,爲名臣焉。

養生

太和元氣,病從何生? 寵辱不驚,肝木自寧。動静以敬,心火自定。飲食有節,脾土不泄。調息寡言,肺金自全。怡然無欲,腎水自足。又云:毋以妄想戕真心,毋以客氣傷元氣,此養生真訣也。余年六十,尚無二毛,人有問余得何訣,余答曰:每食不飽則却病,却病則延年矣。易曰:『君子以慎言語,節飲食。』實養生第一法。余嘗有詩云:『若欲長無病,常時作病看。情歡宜自愛,味美莫加餐。樂道真良藥,安貧是達觀。一心爲主宰,六府盡平安。』

宋唐仲俊年八十五六,極康寧,自言少時讀千字文『心動神疲』,有悟也。平生不動心,故老而不衰。導引家云:『心不離田,手不離宅。』此語極有理。又云:『真人之心,如珠在淵。衆人之心,如泡在水。』

張桐城相國嘗言:『一身五官百骸,聽其與飲食煩苦相纏綿,而能獨守方寸靈府之地,製爲一城,堅閉四門,不許榮辱進退、死生得失之念闌入其中,或少踈虞,即時驅逐,仍前堅守,亦養生法也。』

養生家言人精氣,最要完足,老年獨宿,是爲上乘。亦有不盡然者。吾鄉有九十六翁黄雲峰,壯年恒獨宿,至九十餘,反近女色,不以爲累。嘗曰:『老年精血,猶一年之冬,水泉漸耗。

如精滿而行，雖老年，亦無害也。』其語甚通。

飯香菜美

余少寒儉，每飯不過菜羹一味，覺飯之香、菜之美，輒謂膏粱珍饌，不是過也。弱冠後，遊幕公卿間，日厭粱肉，雖羅列滿前，不堪下箸。嘗有詩云：『蔬水乃真士，膏粱若倖人。』嗚呼，世之人一朝富貴，而知飯之香、菜之美者，有幾人哉？

飲酒

梁山舟先生不飲酒，嘗論飲酒者如發酵饅頭，最易得病。蓋酒主散，飲酒則氣散；酵主浮，發酵則氣浮。散則不充，浮則不實，病因乘之，而嗜之者不察，何也？

吳門有道士，酷嗜高粱酒。一日大醉，吹燈就寢，將火氣吸入口中，積酒自焚，立時死。又山東某邑民居失火延燒，有二人正酣飲大笑，登高而望，忽火星爆入口中，同時燒死。又蕪湖繆方伯家有二僕賭飲，思吃煙，口出緑火，火盡而死。又嘉興馮鷺亭家有一僕，好高粱，日日痛飲，狀如泥塑。一日過量飲之，遂死，其尸兩日尚温。此酒本名燒刀，言酒中有刀也。而人必欲酷嗜之，殊不可解。

吃煙

吃煙一事，與飽暖全不相關，且自古以來，未有之事。既傷氣分，又費錢財，而人人嗜之，即嗜者亦不自解也。揚州李冠山比部詩云：『春睡乍醒欹枕後，午餐纔罷唤茶時。一般風味誰能領，最好臨文助搆思。』此亦善于吃煙者。近日又有鴉片煙、鼻煙、潮煙、水煙，愈出愈奇，尤爲可笑。

煙草出於吕宋，其地名曰淡巴菰，明時由閩海達於中國。以煙由福建來，故今猶名建煙，其味最沉。明楊士聰玉堂薈記云：『自天啓中調廣兵，乃漸有之。崇禎十二年，定例，吃煙者死。後洪承疇請開其禁。初以喫煙聲似喫燕，故惡之也。』李玉逋蚓菴瑣語云：『煙出閩中，北地多寒疾，關外人食之者，價甚昂，至馬一匹易煙一斤。初惟南兵北戍者喫之。崇禎末，閩浙兩省偏處栽種，三尺童子莫不喫煙矣。』康熙中，聖祖皇帝巡幸德州，傳旨：『朕生平不好酒，亦能飲一斤，然止是不用。最可惡者是煙。諸臣在圍場中，終日侍朕，曾喫煙否？每見諸臣，私在巡撫帳房中喫煙，真堪厭惡。况煙爲最耗氣之物，不惟朕不用，列聖俱不用也。』時濟寧道蔣陳錫恭紀云：『碧椀冰漿瀲灎開，肆筵先已戒深盃。瑶池宴罷雲屏敞，不許人間煙火來。』

巧拙

詩言：『惟鵲有巢，惟鳩居之。』巧者爲拙者所敗，自古而然。道光辛卯歲，余客袁浦之總河節院，窗前有大槐一株，上結鵲巢甚巨，未幾爲老鴉所據。鵲度不能守，遂日啣其巢而擲之，不十日而拆盡。老鴉仍啞啞不能營也。每見小人之害君子，君子輒以才智禦之，即小人亦無可如何耳。

紫薇雙照圖

乾隆甲辰歲，潘樹庭中翰與其弟芝軒尚書同遊泮宮，余爲作棣萼聯芳圖以賀之。事隔三十餘年，至嘉慶丁丑三月，中翰兩郎君亦復同遊泮宮，余又作紫薇雙照圖爲贈，系以詩云：『棣萼才名本出群，一枝先發上蒼旻。惟君獨享山林福，不作人間出岫雲。』又云：『三十年前事偶同，秀才原是舊家風。春來第一開心事，又見雙雙入泮宮。』可補入玉堂佳話也。

緑衣女郎

汲縣林午橋太守，未弱冠時，讀書於輝縣夏峰孫徵君祠。時在乾隆庚寅九月初七日，夜未二鼓，正欲解衣寢，獨坐卧榻，一燈自然。忽聞推窗聲，見有緑衣女郎，年可十四五，直至榻前。又退縮數步，遂坐定。啓硯匣，取筆作書，移時而去。午橋贍素壯，乃披衣出，呼僕持燈四照，門户寂然。見案上一紙，果有蠅頭細書，其筆細如毛髮，並無波折，映燈細閱，乃三絶句也。其詩云：『櫻桃花底認東墻，輸盡春風總斷腸。姤殺梁間雙燕子，年年海國覓王郎。』『一樹鐵花開未遍，火輪又是轉身時。蒼茫急覓來時路，及到回頭悔已遲。』『繁華銷歇古江南，舊夢重題總不堪。且喜永消無浄業，萬松林下老瞿曇。』亦異事也。

梅柳争春

偶聽小兒輩讀千家詩，至『梅雪争春』一首，不覺啞然失笑。余亦作『梅柳争春』詩，以博一噱云：『東風吹得柳稍青，萬樹垂垂夢乍醒。惟有梅花先索笑，笑他離别短長亭。』『柳笑梅花亦太癡，年年何事苦相思。我看爾已頭如雪，那管人間有别離。』二詩作梅柳問答，余爲之分解曰：『梅柳争春未肯降，我來點筆再評章。梅須讓柳千條緑，柳却輸梅滿院香。』

科名之盛

家鑄菴先生，名人麟，爲稼軒殿撰之父。嘗輯毗陵科第考，自順治乙酉起，至乾隆戊戌，計五十二舉鄉會試。其中中狀元者四人，榜眼者二人，探花者四人，又會元二人，解元二人，舉博學鴻詞二人，翰林五十六人，登宰輔者四人，尚書以下八座者二十七人，其會魁、傳臚并京堂、科道、主試、總裁、提學及藩臬等官不可悉數。自戊戌至今道光元年，又四十餘年矣，惜少暇，不能專書記之，以志一郡科名之盛。

三人同捷

乾隆癸酉，江南鄉試，太倉庠生王某將赴金陵録科。有同鄉友託其豫定考寓，以免臨期倉猝，某諾之。及到省下，寓已定，自居於前楹，以内房爲備後來者。越數日，暑甚，病痢，大劇，夜不能寐。一夕恍惚若夢見有如世所繪吕祖像者，長髯博帶，手托香橼三枚，自門而入。王起迎之，道人摇手微笑，直入内房。明日，同鄉友來，則三人也。場事畢，王病亦愈，同舟歸里。及榜發，三人同捷，一爲解元吴濬，一爲第八名吴一桂，一爲十一名吴鍔也。

過靶

汀州伊墨卿太守，工於漢隸，又得曲阜桂未谷用筆，遂稱名家，京師推爲第一，余亦深服之。此在嘉慶丙辰、丁巳間也。自己未三月出守惠州後，其書遂一大變，流入石門頌及李苞閣道題名一派，放縱自如，忽大忽小，伸紙必滿幅，幾無空隙處。一日，余在杭州，偶謁清平階中丞，大論隸書之學。中丞問余曰：『墨卿之書，子以爲何如耶？』余笑云：『譬如射然，墨卿射過靶矣。』中丞亦笑，以爲至論。推此而言，古今人工書者固多，而過靶者亦復不少。

汪拱乾

徽州人有汪拱乾者，精會計，貿易於外者三十餘年。其所置之貨，皆人棄我取，而無不利市三倍。自此经營，日積日富，而自奉菲薄，并誡諸子不得鮮衣美食。諸子亦能守成。然人有告借者，無不滿其意而去，惟立券時必載若干利。因其寬於取債，日積月累，子母併計之，則負欠者俱有難償之患。一日，諸子私相謂曰：『昔陶朱公能積能散，故人至今稱之。今吾父聚而不散，恐市恩而反招怨尤也。』拱乾聞之，語諸子曰：『吾有是念久矣，恐汝輩不克體吾志耳，是以蓄而不發。今既能會吾意，真吾子也。』於是檢篋中券數千張，盡召其人來而焚之，衆皆誦祝羅拜。自此以後，諸子亦能自經營，家家豐裕，傳其孫曾。今大江南北開質庫，或木商、布商，汪姓最多，大半皆其後人，當爲本朝貨殖之冠。

年汝鄰

年汝鄰，字寄濤，年大將軍羹堯胞姪。將軍敗事後，寄濤尚襁褓，隨其母流寓揚州，改姓王，蓽門圭竇，工畫能詩。詩追少陵，畫宗北苑。揚州故多鹽商，有求其筆墨者，輙拒之，而與山僧野老時相往來，以爲樂也。老年益貧困不能支，其弟子楊將軍大壯時周急之。余每晤將軍，寄濤常在座中，真可交之士也。

不信祈禱

先君子養竹公，生平不信祈禱。一日從吴門歸，舟至坊橋登岸，在烈日中行數里許，偶憩緑陰樹下者久之，歸而寒熱兩晝夜，左腿發一大疽，疼痛不安，實暑熱所致也。卜者以爲犯土禁，家人輩競禱之。是夜，出血膿一碗許，遂平復。偶以粗紙襯之，紙上血膿印出一『天』字，亦奇。

余亦不信祈禱。乾隆癸丑七月，自杭州歸，忽病傷寒，醫藥罔效。先太安人爲余祈禱。是夜，余夢中有數十鬼來，俱三五寸許，叩頭作謝。次日一藥而愈，蓋病本退矣。

余兩子曰奇、曰祥，亦不信祈禱。嘉慶二十年夏，有老嫗染時疫，卧數日，詎家人亦染之，張唇吐舌，胡言亂語，似有鬼聲啾啾，或空中作響，如開門出入者。兩子大駡曰：『吾家素不信祈禱，倘有鬼，急急去，毋妄想酒食也。』越十餘日病愈，不費一錢。乃知此事可信可不信，總在自己操持得定而已。

聾者能詩

楊景道，字薪傳，常熟田莊人，生而雙聾。聞其兄明經乘雲課詩，遂能爲韻語。每得詩，即命他人書之。有愚谷詩草一卷。有『除却詩書難了俗，過貪風月亦傷廉』之句。後以高年邀恩，賚冠帶之賜，年八十餘，尚康健如少年人也。

喫賑

大凡州縣官，賑濟之項，斷不可稍沾毫釐。如得之，報應最速，事洩則明正典刑，不洩則覆宗絕嗣。就余所見者，已有數人。内有一人報得最妙。所喫者不過五千金，先命錢穀先生將查賑原册重造報消，而與管賑房先生各分去千金，本官到手僅三千金耳。是年冬，錢穀先生疽發背死，而無後，管賑房先生者雖有子，其明年亦暴亡，惟本官陞任美缺而去。不一年，其舊書辦某遂將原册藏匿，揚言欲禀上官，而暗使其同儕送信，支吾者半年，詐其九千金而去，始將原册送本官銷毁，以滅其蹟，其事遂平。故天下事，欲討便宜，反至吃虧，往往如此。

瑞芝

江寧秦澗泉學士大士，乾隆壬申狀元，寓前門外半截胡同。至庚辰年，庭前忽生芝草。其長子尚書公承恩中進士，故號芝軒。庚寅年，又茁一芝，次子翰林學士公承業又中進士。時家蘀石先生爲禮部侍郎，爲畫瑞芝圖，同人唱和，有瑞芝軒集。甲子一周，至嘉慶庚辰年，宅復生芝。時陳芝楣中丞鑾正贅其家，又中進士第一甲三名，蕪湖黄左田尚書復爲作棠芝圖，蓋芝生於甥館海棠樹上也。一時士大夫復有詩，可謂玉堂佳話。

三典會試

本朝三典會試者，漢軍則范文程、甯完我，滿洲則剛林，漢人則高陽李霨、澤州陳廷敬、高安朱軾、桐城張廷玉、溧陽史貽直、大庾戴均元也。四典會試者，則諸城劉統勳、滿洲介福也。五典會試者，孝感熊錫履、滿洲德保、韓城王杰也。近日德公之子煦齋相國，亦五典會試。

葉樗農山水

葉樗農，名樹滋，長洲人。嘗官雲南司馬，又遷四川，居蜀十餘年。簿書之外，惟以詩畫自娛，尤工山水，在南田、石谷之間，近時罕見其比。自題畫册云：『走遍天涯蓬鬢稀，江山洵美不如歸。草堂松菊應無恙，擬著荷衣守釣磯。』其薄於榮利如此。余幼時曾見之。五十年後，家事中落，其子味三貧乏，所居齊門北街舊地，俱售之他人，至遷曹公橋丙舍。己卯冬日，携其先人所畫山水册三本索題，余賦詩於後云：『昔年曾過鄭公門，虀粥書廬記尚存。宦海偶然同夢幻，好山寫得付兒孫。千秋董巨留繩墨，一幅倪黄細討論。指點曹公橋畔路，春時來訪水雲村。』

僞聖人

有是仲明者,其學初宗宋儒,後貶斥之,以爲古有仲尼,今有仲明,一舉一動,皆學孔子。每出門,其徒數十人,進退揖讓,隅坐隨行,真如七十子之服孔子也。一時哄動,以爲聖人復生。陳榕門先生巡撫江蘇時,嘗親至其廬墓處。仲明著書甚多,得之者如獲聖經賢傳。後有一惡少,與之戲,探仲明將過,以白金兩大錠私擲路旁,遥見仲明四顧無人,拾置懷中,竟走。詭一人哭而追之,且曰:『吾賣女錢,將以付催租人,倘翁撿得,求還我。』言訖又哭,以試其心,仲明竟若爲不知者。頃刻間,諸惡少俱來,從仲明懷中搜得之,因此聖人之名大喪。袁簡齋小倉山房文集中,有與是仲明兩書,罵之甚快。

真孝子

有某孝子者,與是聖人同里,其學甚博,無所不窺,詩歌古文,特其餘事。孝子自幼失怙,家甚貧,嘗負米以養其母,爲某制府幕客。一日,聞母訃,即日奔喪。將至家,望城而哭。離家數十步,有鬧市,清水一泓,孝子又大哭,謂市人曰:『吾幼孤家貧,以衣食奔走,不能視母彌留,尚靦然人面耶?』遂欲赴水死,有救之。一市人感動,以爲真孝子,且有泣者。及抵家,憑棺號痛者三日夜,親戚咸勸慰之。自此齋宿于外,言動起居,一如曲禮、喪大紀,識者謂某君當不愧讀書人也。居喪不數月，其夫人忽有娠，孝子憂之，遂下藥打胎，夫人痛忍不止，乃慢罵曰：『遠歸同宿，夫婦常情。以我性命，博爾孝名。如我死，必爲厲鬼，以捉爾孝子也。』後幸無恙，至今鄉人尚稱爲真孝子云。

賊秀才

鎮洋縣捕快獲一賊，爲本學秀才許某。解于縣，縣令平公其政怒曰：『豈有秀才而作賊者耶！』重責捕快而釋之。後許又于七都龔姓家，黑夜穴壁，而偷箱籠衣服諸件，未及出而爲主人所覺，遂被執，亦解于縣。捕快禀曰：『今日秀才是賊矣。』平公卒曲意保全，不至黜革，惟鎖押而已。此康熙末年事。

狗和尚

康熙初年，吾邑有屠狗者，牽一犬行市中。犬踞地哀鳴不走。有僧見之，爲犬乞哀，屠者索千錢，僧曰：『易耳。』即募諸市中。市人以犬故，咸施與之，如其值。屠者去，僧祝犬曰：『爾將歸而故主乎？吾即置汝于放生池乎？抑隨我行乞，俾爾皈依乎？』犬摇尾，繞僧三匝不去。僧遂杖錫行，犬亦隨其後。僧或駐錫，犬亦蹲地，作跏趺狀。投之骨不食，與以蔬素者則食之。後此僧結茅北里，犬晝則隨行，夜則繞廬巡警，不少休時，人呼爲『狗和尚』云。

御下以寬

康熙某年，吾鄉秦赤仙爲家僮四人所殺，未詳其故，大抵虐下過甚，有以致之。陶淵明曰：『彼亦人子也，可善御之。』若御下以寬，則無此事矣。太倉王西田相國，性寬厚。一日退朝歸，欲洗足，先放足於盆中，童子以滚水沃之，痛不可忍。童子駭避，公徐云：『此童得毋驚乎？』不加呼斥也。

頑　疲

余年十二三，最頑疲，不肯讀書，尤不喜作時文。先君子訓誡綦嚴，至今猶以爲悔，所謂『少壯不努力，老大徒傷悲』也。一日命作文，題是『菉竹猗猗』，半日不成一字。日將暮矣，惟有一詩云：『千竿脩竹碧無涯，節影摇風隔絳紗。託體重雲惟自喜，盤根介石不開花。擬隨杖履稱君子，爲報平安寄阿爺。』誦到衛風淇澳句，沉吟閑坐夕陽斜。』先君子見之，大怒，痛杖不已。適表母舅葛公炳宗來，讀余詩，乃謂先君曰：『詩文一也，能用意如此詩，將來正未可量。』一笑而罷。嗚呼，泳一生不能自立，奮身科第，皆由不肯讀書作時文。而今老矣，尚何言哉！

諂諛

有某觀察，偶然弄筆，臨小蘭亭一紙，計三十三行，中間又筆誤數字。一門客遂以上石。後有某君題跋，以爲誤字斷不可易，古人常有之。其廿八行之改爲三十三行，引米南宮、董思翁臨本以爲證，殊可笑也。一日，觀察持以示余，余笑曰：『自昔歐陽率更、褚中令皆作廿八行，公何以改耶？』觀察始悟，乃知刻者題者之諂諛耳。

塞外狗

吾邑趙侍御璿，雍正初，發往西藏。寓邸生犬，侍御養其一，長毛潔白，甚愛之。每食，飼以所餘。踰年，侍御没，犬號哭守於尸前。既殯，卧棺下，不遠離。其僕扶柩歸，犬亦隨之行。歷山坂峻險數千里，或蹲輿中，或繞輿側，柩入舟則隨之舟，終日卧柩旁。舟既抵邑境，侍御夫人來迎，哭拜畢，犬向夫人摇尾，若得所託釋重負者然。家人具言其狀，夫人因取肉飯飼之，犬食畢，望北去，不知所之。余亦見吴門周春帆廉訪家有一犬，黑色，面如虎，廉訪出塞時所畜。既歸吴，犬不離左右。余偶謁廉訪于盤門里第，犬必隨主人出堂。主與客對談，犬亦坐于前也。余笑曰：『狗有忠心，僕鮮善類，人而不如狗，可乎哉？』

富家

前明富家甚多，如吾鄉華氏，世居東亭，田跨三州，每歲收租四十八萬，在洪武初年，至今尚有癈宅及五大墓，子孫無算。又有鄒望者，亦有田三十萬畝，僮僕三千人，四十別墅，而好訟致窮。其宅在今後宅鎮之東，地名南花園，橋道基址猶存，而子孫則無一人矣。蘇州齊門外有錢槃者，亦田跨三州，每歲收租九十七萬，今東永昌、西永昌皆其宅基。其墓在今漕河東張氏祠堂對河，地名朱行涇，墓門石柱尚存，四邊侵削，僅存半畝而已。余嘗過其墓，有詩云：『生前占盡三州利，死後空留半畝墳。堪笑世間貪益富，不知于我似浮雲。』蓋紀實也。又閶門下塘有尚寶卿徐履祥者，與其姪奉天府尹申，富甲三吴，宅大而廣。如今之長船浜，即其賬船所泊處；江西會館、陶家池、花步、十房庄、六房庄、東園、桃花墩諸處，皆其宅基也。今人俱無有知者。

西樓

西樓舊址，在今蘇城之因果巷四通橋，即袁籜菴所填傳奇中穆素輝粧樓也。攷籜菴本名諸生，以搶刼名妓穆素輝一事，褫革衣襟。至本朝順治乙酉，蘇郡紳士投誠者，浼籜菴作表，賫呈奏上。世祖嘉之，召以爲郎，以京官議叙荆州府知府，縱情詩酒，不理公事。監司謂之曰：

『聞尊署中有三聲：奕棋聲，唱曲聲，骰子聲。』袁答曰：『明公署中亦有三聲：天平聲，算盤聲，板子聲也。』監司大怒，因揭參，其略曰：『大有晉人風度，絶無漢官威儀。』由此落職。其傳奇有所謂沈時同、趙鳴鳳者，俱吴江人。沈係萬曆丙辰會元，趙係第六名會魁，以塲中換卷事發，俱黜革。沈亦作望湖亭傳奇嘲袁麻子，一時傳爲笑柄。

竹榻

某公爲浙江巡撫，夏日畏暑，欲得竹榻一卧。其屬官某聞之，急取舊檀榻，去其藤簟，命工人購線莊舊毛竹爲之，一夕而成，次早以進，聞者咸服其巧。偶見梁溪雜事載張江陵用事時，有邑人爲都給事中者，聞江陵畏暑難寢，召巧工製竹夫人，以寒玉、水晶、瑪瑙嵌爲蛟龍雲雨，五色璀燦，涼氣逼人，兩頭純用烏玉，所費不過千金，人巧天工，目所未覩，然此非一夕而成者。吾謂兩人之心思如此，用之治民，豈非循吏乎？

情死

祝簡田翰林，嘗爲上洋敬業書院山長，有妾能詩工畫，真才女也。時有邑人沈某女，嫁一吏，亦能詩畫，聞其名，訪之。兩女史甚相契愛，自此往來無間。一日，翰林出拜客回，妾忽不見，問閽人，亦不知也。次早，見兩女史衣帶聯結，同浮後園池中，不知何意。此殆以情死者耶?

絶對

宜興儲氏有僕人女,才貌俱絶,年三十餘猶未字,因自作一聯云:『鳥惜春歸,啣住落花啼不得。』且曰:『有人能對者,即嫁之。』今數十年來,並未有能對者。

巧對

袁簡齋先生小倉山房懸一聯云:『此地有崇山峻嶺,茂林脩竹;其人讀三墳五典,八索九丘。』余以爲對仗未工,久思拈晉唐人語對之,而未得也。一日,同王仲瞿遊雲臺山,憩法起寺,時唐陶山觀察、師禹門太守、許石華孝廉皆在座。仲瞿云:『晉許邁有與王右軍書云:「所在皆金堂玉室,瑶草琪花。」惟天台與此山足以當之矣。』余大喜,顧仲瞿曰:『右軍蘭亭序所謂「此地有崇山峻嶺,茂林脩竹」者,真巧對也。』舉座稱善。

朱蕉圃

友人朱蕉圃,名海,長洲人。少工詩,有『午陰茅店合,春漲石橋平』、『兩岸緑楊横釣艇,數株紅杏護山家』之句。比長,負才好俠,家資數千金,隨手散去。不得已,遊幕杭州,爲度支之術。有同鄉女校書紫綃者，善音樂，能詩，一時王孫公子，莫不傾倒。年未二十，積資萬餘金，遁跡湖上，所居甚宏敞。使用髯奴健僕，冒爲官眷，意在擇壻也。一日遇蕉圃，恍若平生，願侍巾櫛。蕉圃笑不應，有詩贈朱云：『負俠千金散，鍾情一片心。從今抱琴去，何處覓知音。』遂不知所往。蕉圃歎曰：『末路知心，不意出之若輩。』嘗賦雜感詩，有云：『長卿豈是長貧賤，千古文君眼獨明。』蓋指此也。

王小川

有王小川者，相於一麗人，欲娶之，不果所願。其人以事忽入空門，爲比丘尼。小川訪之，贈詩二絶云：『相逢無語淚空懸，羞向人前説舊緣。無限深恩酬一拜，只期來世月重圓。』『清磬聲中歲月閒，白雲深處隔塵寰。殷勤分付花陰犬，莫許劉郎再叩關。』

伸冤得雨

吴門蔣敬夫太守，名燾，攝辰州府事。辰人素健訟，蔣每聽事，先爲開導，繼之以勸，民德之，有當堂悔過，不願終訟者。瀘溪縣民婦廖氏寡居，有鄰邑庠生，遇雨避其門。暮雨不止，求借宿。闔人入告，婦以書生窮途，許之，令夫弟伴之食，婦與生並未覿面也。而是夕夫弟痧脹死，其族長誣婦與生通姦致死。問官鍛鍊誣服，將報部矣。蔣披閲申招，曰：『安有死者無傷痕,行姦無確據,可殺兩命耶? 昔我高祖參議公巡按天津,有崔得禄、崔得福兄弟陷于盜,在静海獄,已定大辟。參議公細察實情,乃捕役王姓與崔得禄争聘少婦,故陷之。立拘王姓至庭,一訊而服,即以崔之枷鎖移之,遠近稱快。參議公嘗曰:「凡有死獄,雖積年舊卷,不敢忽視,蓋此中有天焉。因當雪,或得其隙,我悉心求之,天人感應,在此一間耳。」」時篋中有參議公畫像,即潔治一室,懸像焚香,禱告曰:『急欲爲民雪冤。』禱畢,假寐於旁。是夕,夢參議公示以『姬相』二字。醒後凝思曰:『姬爲周姓,其人殆姓周乎?』而不解『相』字何義。太守五子名奇,年甫十二,性聰穎。聞父夢,悟曰:『七月爲相,其人殆周七乎?』蔣急召役,詢有周七否。役曰:『昨鳳凰營通判衙門爲賭博案,枷一棍,名周七,豈其人乎?』太守急告通判,拘周七至,曰:『殺人者,汝也。』蓋周七本里中惡棍,慕婦少艾初寡,囑鄰媪誘其改嫁而圖娶之。婦堅不從,蓄怨已久,其族長亦以强繼不遂,有憾於婦,乘釁合謀爾。遂定讞,以周七與族長置之法,而釋廖氏與生於獄。時正亢旱,甘霖大沛。後此生於雍正丙午科領鄉薦。

賣藥遇仙

錢某者,世居元妙觀東,以賣藥爲業,僅資糊口而已。室中懸吕純陽像,事之甚虔。一日有癩道人,襁負一嬰兒,造門化齋。與之青蚨一枚,不去。其狀頗穢,錢亦無可奈何。頃之,卧兒於櫃上,因遺矢焉。錢大怒,亟逐之。道人曰:『無妨也,吾去矣。』即抱兒起,旋以所遺之矢，徐納兒口中，笑而去。忽異香滿室，錢猛省其爲呂仙也。追之里許，見道人在前，所負者乃葫蘆也，忽不見。錢歸而鏇其櫃木，愈削愈香，用以入藥，效驗異常，求者如市，家道康矣。今子孫猶世其業。

張萍廬

婁東處士張萍廬，隱于醫，治疾神效。爲貧人診治，輒不受錢。年八十餘，步履如飛。好吟咏，有萍廬詩草一卷。臨終吟一詩云：『衣食盡行還造化，腹空無物証三生。白雲一片隨吾去，留得清風返五城。』既卒，有白雲出衾中，裊裊入半空而滅，人咸以爲仙去云。初，萍廬少年時，館于城外之河川塘。有茅山道士來化齋，張以斗米與之。道士臨行，贈以符一紙，曰：『來年二月，當有失竊，以此符置枕中可免。貧道以此報也。』如其言，至次年，已忘之矣。一夕，張于熟睡中大呼捉賊，賊聞聲逃去，鄰者皆驚，張尚在睡鄉，不自知也。旦起，視壁間有穴如斗大，始信其符之驗云。

天雷壇

揚州平山堂有天雷壇，在今小金山之後。康熙初，有某商者，祀呂祖甚虔，將立壇，祈于呂祖，乩示其地立之。某默禱曰：『是地常種菜，土甚污，不可立也。』乩曰：『吾當遣五雷將急擊之。』遂爲營度，擇吉開工。忽聞雷自地起，盡翻污泥，轉爲黄土，高七尺許，因結是壇。某居壇脩鍊者數年，嘗設羅天大醮七七四十九日，時有白鶴二十四隻蹁舞空中，繼有玄鶴四隻，亦飛來蹁舞良久，又有黄鶴一雙，摇颺半空，移時而去。闔郡士民見之，以爲靈感所致云。

祈雨

康熙四十二年，蘇州大旱。中丞宋公犖率屬赴元妙觀，延法師胡德果建壇祈雨。胡見宋公，長揖不拜。公笑曰：『如此大法師，定能祈得甘霖。如不驗，當何如？』胡大恐，請用月孛法。是日半夜，星月皎潔，觀者如堵。胡登壇，裸婦人，而仗劍指其私處，施符念口呪。一霎時，雲行雨施，雷電交作。胡急下臺，奔至三清殿，雷火霹靂隨之，鬚髪俱焚。胡急呼曰：『請大人接雨。』公率屬俱跪露臺，大雨如注，平地水深三尺，衣冠盡濕，踉蹌上殿。然未雨之先，此婦不知何來；既雨之後，此婦又不知何往。相傳此法尚易，但一動私念，立即震死，非正心誠意者不能。胡即施亮生師姪也。

邵北崖太史于雍正四年典試四川。七月七日，行至褒城縣宿。時天旱，自山西平陽至此，行赤日中幾千里，處處祈雨。是日，褒城令延紫柏山羽士某登壇作法，少頃曰：『今日當雨，但黑雲若從東南來，予不免矣。』須臾，雨果傾盆，而雲起東南，忽發一雷，道士竟殛死。

雷擊

余少時聞雷擊一人甚奇。有鄰近鄉人，往蘇城買糞肥瓜，偶泊舟大家後門，忽聞窗上倒一物，正在糞中。問『何物』，曰：『冷飯也。』一嫗大驚，言之主人。主人曰不難，急問鄉人此糞所值幾何。鄉人本千文耳，詭言三千餘文，乃如數與之，並加盤費六百文，俾其棄諸太湖。詎鄉人既得錢，仍以肥瓜。及瓜熟，上城貨賣，船正到岸，忽霹靂一聲，鄉人震死，一船西瓜，每瓜穿一孔，如線香大。臭之，氣如琉黄，不可食矣。此乾隆廿八年事。

半臂先生

江寧高晴江，名大椿，生而缺一右手，自號半臂先生。嘗與人言，其母夫人懷孕時，有濕疾，甚危篤。醫家云，若得全黑狗前足，煎藥飲之，或冀可愈也。果如其言。迨分娩時，其母夜夢黑狗追噬其前，驚醒而生。後大椿遊幕蜀中，入西藏，艱苦備嘗，當事延爲上客二十餘年。僑寓關中，甚愛客，尤提拔寒士，有『小孟嘗』之稱。

借尸還魂

山東長山縣徐姓者，家道小康，生一子，延師上學，至十八九歲，一字不通，遂廢業。忽一日病死，越夜復生，覺言語舉動，異于常時。自言『我是江南常州府西門内秀才衛某，何來至此？』遠近親戚，俱不識認，蓋借尸還魂也。越數日，弄筆作文，莫不驚異。次年遂遊庠，中某科副車。袁叔埜親見之，爲余詳述如此。

殺猪欓煮魚鍋

杭州武林門外有女，五嫁而夫輒死，鄉人目爲殺猪欓，言一卧於上即死也。又鄰近有一人，五娶而婦輒死，鄉人目爲煮鱔鍋，言一掩其蓋而即死也。於是有好事者爲之作媒，成爲夫婦，子女滿前，白頭偕老。此亦天然配合。

覆　舟

道光四年十一月十一垂晚，西北風甚狂，北望亭有覆舟，溺死者上下六口。有一童子，年十四五，躲在船頭，僅濕韈履，脱然無恙。先一夕，此童夢有金甲神飲以酒，是日如醉如迷，竟不知有覆舟之事也。

三種新聞

康熙五十二年，南濠姚家衖失火延燒，東至吊橋，西至普安橋，北至山塘。適藩司牟公從滸墅關入城，臬司干公出城救火，内外夾驅，渡僧橋畔蹂躪而死者以千計，當時有『干火冒，牟殺人』之謡。是年，有虎入城，跳入北街歸田園内，不知從何而來，鬧兩晝夜，人人驚懼，近鄰遷避。兩縣一府知之，急傳四營鳥鎗兵並獵户，進園放鎗打死。又，是年夏六月，滄浪亭乘凉者，于黄昏時見有一巨人，長三四丈，如開路神狀。次夜復見兩巨人，觀者如堵。有膽力者直前逐之，奔入林眉峰家。衆排闥而入，見有一客正剪紙爲人，急禀官差拿。客大笑，隨入墻中遁去。詢之，知爲業經正法之妖人朱方旦徒也。遂執林審問，備受三木，而終不知來歷。當時稱爲三種新聞。

王琨報恩

王琨，不知何許人。康熙四十年間來蘇，自稱趙將軍良棟麾下員弁，將軍付琨銀三萬兩，命其赴蘇置辦嫁粧綢緞之屬。一路花消，抵滸墅關，僅存千金，又與關吏訂交，僑寓未幾，流落不堪，畏罪未敢歸去，借居天庫前火神道院。其住持道士申某，人頗落拓，意甚相得。琨狀貌魁梧，有力如虎，傭工力作，不辭勞瘁，惟善啖，每日不飽，日向近處麵館、飯鋪、酒肆中乞殘羹冷汁，以充其饑。或憐之，或叱之，總置不較。每逢朔望，與各營相識者募錢若干，買猪首及肝腸心肺等物，煮于一鍋，又買麵若干，分爲四鍋，調成跎踏，始得暢然飽餐。一月中，惟兩次饜足而已。四十六年，適聖祖南巡，遇舊識者，謂良棟已死，事亦消靡，琨乃辭住持而去。後以從征臺灣有功，不次超擢。雍正初年，陞狼山總鎮，路過蘇州，詣火神道院，叩謝申某，畀以千金，餘衆各有所贈。舊嘗憐之者，各予百金，以報知己。一時傳爲盛事。

修志擅削人名

江陰蔡芳三寅斗，乾隆初，舉鴻博科，未與試。後中丁卯科舉人，官國子助教，名震江左。蔡嘗與修揚州府志，有明季都司某，曾降本朝，在名宦傳，并有專祠。蔡笑曰：『貳臣也，尚稱名宦耶？』擬削之。夜夢甲胄者揖而言曰：『予即都司某也。當日不降，則城盡屠矣。且投誠後有保障功，得以撫揖遺黎，安全百姓。上帝以我有功，故能血食于此。公其諒之。』蔡寤後，復笑曰：『臣無貳心，心既二焉，何心可諒？』遂削之，并告郡守毀祠撤主。蔡自謂懲逆勸忠，吾儒快事也。其後蹭蹬禮闈，至癸酉科會試，于闈中白晝見都司某，詈而擊之。蔡叩頭哀求，願改志文，修復祠廟。不許，入夜自縊。

鬼好名

雍正九年，邵北崕太史泰與黄宫贊之雋同修省志于江寧。時分較者二十人，俱名士。虞山陳進士見復、湖州戴孝廉炳分得『節婦』一門。陳公曰：『志貴簡核，上下江州縣，節婦約以萬計，宜比童子試例，府取減於縣，院取減於府，尋常節婦可不存，當録其事實尤異者。』黄與邵俱不可，謂試士選萃拔尤，自宜遞減。節婦乃閨門獨行，何從定其優劣耶？如謂省志人多，但當摘其奇烈者，節録數語，尋常完節，止載鄉貫姓氏及其夫名姓而已。衆諾之。壬子冬，戴君上公車。癸丑三月，忽命急足馳書至局，云在禮闈首場，夢見一婦，厲聲曰：『我一生苦節，何故于省志中削我名？』戴愕然，徐詢之，云是灊山縣某氏，『爾將我名爇飲矣』。戴不解其語，因憶在局時，案卷紛陳，時天寒，取紙引火薰酒瓶。灊山節孝卷册，或有悮以爲廢紙而爇之者。昏瞀中叩頭祈請，婦怒稍解，囑曰：『此時書局猶未竣，尚可補録。』語訖而去。至二場，復夢前婦責曰：『爾出場，不即馳書補我名，先顧自己科第乎？我斷不令汝成進士。汝速出馳書，姑貸汝。』戴以是不得完場，因特札告知志局，速向灊山補求節婦册，無遺一名爲幸。黄與邵亟從之。邵笑曰：『若如陳君所言，爲祟者豈止一節婦乎？』鬼之好名如此。

夢叙年誼

康熙甲子，江南鄉試，蘇城蔣助教坦菴先生，名文源，已定第三名，登草榜矣。因房考必欲中元，拂主司意，遂擯去。榜後悒鬱甚。一夕，夢至古三皇廟，見黄帝有熊氏招而語之曰：『汝賢子也，他日吾與汝當叙年誼。』蔣再拜而醒。醒後，以爲夢境恍惚不足憑。及乾隆己未會試，蔣之孫應焻中會魁，榜首會元乃軒轅誥也。先是，郡中表章先賢，學宫增祀蔣之父榮禄公名之逵，得入祀長洲縣學鄉賢祠，則賢子之稱，亦預爲之示矣。

培福田

蔣封公名之逵，字佚圃，由恩貢授縣令。以母盛氏苦節未旌，不赴選。康熙己未，巡撫慕公鑒其純孝至誠，爲盛氏題旌，重公文行，事必諮訪。嘗特疏題免吴中夫役，從公言也。公即捐資，勒疏於石，建碑亭於胥關，吴民至今賴之。生平善行甚多，尤重倫紀。康熙乙丑歲，有家人某侵蝕萬金，人勸公鳴之官。公猶豫間，盛太君曰：『業已侵蝕，鳴官何爲？盍爲六十年後培福田乎？』公受命，即置不問。夜夢金甲神語曰：『救人一命，報汝一品。』公由縣令改中翰，子孫貴顯，十遇覃恩，累贈榮禄大夫，崇祀鄉賢，乾隆乙丑會元元益，其曾孫也。則盛太君所云『六十年後培福田』一語，似預知之。

名賊

嘉慶十八年秋，吴門朱家園茶坊中有一人，美髯白面，鮮衣華履，常來喫茶。與人接譚，則吐屬風雅。詢其所寓，在左近一空房中，並無他客也。有元和縣捕役平桂者，頗疑其人。每至静夜，伺其出，將獲之。守至三四宵，絶無影響。一夕，忽見屋上黑影一團，其疾如燕。平追之數里，越高墻而去。次日早起，平卧内並未開門，有空書一函，洋銀二百番，刀一把插平枕上，平不覺也。異哉，此等絶技，不用之於正道，而乃爲偷兒，可惜已。

九王崖

利州九十九峰，俗謂九王崖。嘉慶六年三月初一日，參贊將軍德公遇賊於九王崖。德公所統，皆香山勁旅，前敵又是新勇，能洞悉賊中情形，由南江之木門道探聽而來。賊兵三千餘人，黎明齊至九王崖，正在空屋内造飯，不慮官兵驟至，三面兜勦，斬盡無餘。是日午後，經略大臣額公又從東來，兵勢益壯，兩帥會合，各派兵弁，分投截殺。初二日辰刻，賊目王四虎隨帶戰手五千人爲前隊，一切難民暨賊營眷口六千餘人爲中隊，而大頭目張漢朝，帶精兵壯士五千餘人以殿其後。適大營傅參戎所統提兵來，卒遇賊於大石板，幾爲所敗。賴索倫總領恒公繼至，鳥鎗弓箭，百道盡發，賊少却。賊中隊將至崖下，遇額經略大隊前來，未交而遁。官兵人人自奮，呼聲動天，響應山谷。賊人大恐，自相踐踏，致前後兩隊，一時盡敗，斬賊首七千餘級，生擒賊目張漢朝回營。各官兵自勦滅川匪，此役最爲痛快。余族弟小癡在軍營，親見其事。

刮耳巖

四川崇化屯屬之刮耳巖，爲大金川要道，棧路蜿蜒，約長三里許。山巖削立，石壁峻嶒，俯視大江，濤聲如沸。往來之人，皆捫壁附石，轉側傴僂，偶一顛蹶，便不可測。自阿文成公桂奉旨平定噶拉依，嘗循巖際築石爲欄，行人莫不感頌。北行七十里，地名龍登碉，即福貝子駐兵處。初，貝子年十九，以頭等侍衛統兵，隨定西將軍温公福征勦大金川叛酋莎羅莽，進駐龍登硐，兵潰，且戰且退，行至刮耳巖，痧暴發，貝子墮馬。家人恐，諉之而遁。時有重慶營戰兵王貴者見之，奇其貌，背馳七十里，始抵沃什站。適阿文成公自西路撤兵至，大驚，急令隨營太醫診視，一面備暖轎，送貝子入關。此乾隆三十七年事也。至五十年四月，貝子節制全川，閱重慶兵，憶及王貴事，飭鎮將物色之。詎王貴退糧已久，孑然一身，作皮匠爲業。貝子召至，擬拔以千夫長，貴力辭。貝子知貴性嗜酒，乃以千金爲置一酒鋪報之。貴既無妻子，年老龍鍾，日置酒歡呼爲樂，以此自終。蜀中人至今傳爲佳話。

巫山十二峰

巫山縣在陽臺之麓，遠眺神女諸峰，歷歷如繪。高唐觀在城西三里，濱臨大江，山門上一題曰『癡人説夢』，真妙絶也。所謂十二峰者，在城東明月峽口，一曰望霞，二曰翠屏，三曰朝雲，四曰松巒，五曰集仙，六曰聚鶴，七曰浄壇，八曰上昇，九曰起雲，十曰飛鳳，十一曰飛龍，十二曰聖泉。然峽中祇十一峰，其一在巴東北岸也。

大佛崖

漢嘉淩雲山之大佛崖，瀆、沫、濛三水會源於此，悍流怒浪，不敢逼視。唐開元中，僧海通于水濱鑿山爲彌勒像一區，高踰三百六十丈，建層樓于巔以覆之，至今尚在。稍南即爲郭景純爾雅臺，其下産黑魚，巨口細鱗，食中美品。

八陣圖

諸葛武侯八陣圖有三處：一在沔陽之高平舊壘，二百五十有六，下營陣法也；一在新都之唐家市，二十有八，當頭陣法也；在夔州者六十有四，方陣法也。高平舊壘，遺蹟久湮不可問。新都唐家市，地當孔道，陣法在市西栅口，壁壘整齊，圍以土垣，其石皆猙獰奇峭，相傳至今常有殺氣自陣内沖起，如濃雲然。其在夔州府魚腹浦者，圖在江滸石磧上，正當瞿塘峽口。每歲夏秋，江水暴漲，巨浪沖激，石隨水下。及水涸往視，屹然如故。二千年來完好不動，亦奇事。杜少陵詩云：『江流石不轉，遺恨失吞吴。』蓋紀實也。

東閣官梅〔一〕

四川崇慶州署花廳前，有古梅一樹，相傳爲千百年物也。杜詩『東閣官梅動詩興』，即此。又有古柟一株，亦唐時植。

校勘記

〔一〕此條原删。

酆都

酆都，舊名南賓縣。康熙間，忠洲教匪陳坤滋事，城陷印失，隨奏改爲酆都縣。縣東北五里許即平都山，山上有二仙樓，漢王方平、陰長生修煉處，至今丹井尚存。雍正間，有道士欲附會酆都地獄之説，以聳動愚人耳目，遂募資建閻羅天子殿於山麓，指丹井爲酆都地府門户。殿内鬼判皆極狰獰，復施機楗於四維，其各種鬼魔俱能行走。

眼淫

冥司亦有律例，與陽間不同。賞之最重者，忠孝節義。罰之最重者，奸盜邪淫也。浙中有某進士，平生無大罪過，而喜於看女人。每當春秋佳日，與一二輕薄少年，往來於西湖之上。一見紅裙翠袖，便爾逐隊隨行，以爲樂也。一日，夢至陰府，冥司謂之曰：『汝眼淫一事，折盡福禄，例杖八十。』遂受杖，似不甚痛，命兩鬼押下。忽見遊女，仍看如故。兩鬼大笑曰：『受杖未頃，過猶不改，尚爲讀書人耶？』又扭以禀冥司，復杖八十，則痛不可忍。遂醒，覺煙火彌目，床帳焚如，急呼家人撲救，而兩腿已燒爛矣。醫藥數年，終未全愈。常以此事告人，警戒後生。三年而死。老友鮑渌飲先生爲余言之鑿鑿。

席孚若

虞山釣渚渡有席孚若者，以耕讀爲業。家有良田五千畝，每至七八月稻禾齊秀之時，見有茂盛者，召其佃來奬賞之，荒蕪者，則吐罵之。俱記其名姓，至收租時，爲之賞罸。是以一鄉之人，莫不勤儉以治其田者。數十年間，家家温飽。案新唐書，張全義尹河南，出見田疇美者，輒下馬與僚佐共觀之，且親至其家，悉呼老幼，勞以酒食，賜以茶綵。有田荒穢者，集衆杖之。或訴以乏人牛，則召其鄰里，責使助之。由是比户豐實，遂成富庶，即此意也。

狗乳小兒

武進西南鄉石佛新橋地方，有王姓者，頗饒裕。主人死，無子。其婦有遺腹，族人覬其産，以五十金賂催生婆，曰：『如男也，急刺殺之。』催生者如其言，旋埋於荒岡之上。其日，王姓有母狗倏不見，越七日而歸，則望産婦摇尾，啣其衣襟，若欲指示之者。婦異之，隨其行，直至埋所，忽聞小兒啼哭，大喜，抱之歸，蓋此狗已爲小兒乳數日矣。國朝康熙間，年大將軍羹堯初生時，爲嫡母所妬，棄諸猪圈，母猪爲乳月餘，其事相類。

中

乾隆乙丑會試前，蘇州韓瀝芳洗馬，夢射果子，懸一大錢爲正鵠，射者千人，莫能中。後有一人連發三矢，悉貫錢孔。視其人，即蔣時菴元益也。是科果中會元。又時菴于場前主堂叔方槎員外寓中，方槎期望甚切。夢至野田間，一儒者上坐，一儒者侍側，皆古衣冠。頃間，時菴進，即跪于前，上坐者以手模其首。未幾，上坐者去，侍側者又與一簑笠農人語。方槎詢之，曰：『上坐者，至聖先師。侍側者，仲夫子。簑笠者爲荷蓧丈人。』且曰：『今日相會，特爲先生報喜。他年再值，喜氣重重也。』方槎醒，即誌之。是年會試題是『孰爲夫子』三句，時菴遂以第一人館選。閱五年，方槎之子復焆舉庚午北闈，次題爲『發憤忘食』三句，又在孔子與子路言語中。後時庵官至兵部侍郎，復焆爲刑部郎中。

端　公

蜀人尚巫，不喜醫藥。巫名端公，有疾則延至家，必于昏夜。鳴金擊鼓，跳唱終宵，辭語鄙俚。然竟有邪術，可以駭人聽聞者。能以利刃將頭劈開，一手拔刀，一手用符水向頭上一抹，頃刻長平，全無痕迹。或用鐵犁，烈火煅赤，跣足踏上，青煙直起，絶無所損。或以鐵索燒紅，繞頸臂上。或用尖刀作梯，跣足行刀尖上，行步如飛，全無所損。種種惡狀，不可勝記。然用之治病，絶不見效。惟外瘍及跌打損傷，頗有驗。人患外瘍，能移於樹木或雞狗身上，雖至腸出骨斷，亦可頃刻而愈。或身被三木，反熟睡毫無所苦。甚至踝骨敲碎，亦能將骨剔出，用碗沙團作踝骨形，嵌入而愈。官吏不能禁也。有犯罪應死者，當道將脚筋割斷，姑存其命。而被割者反深慶幸，云幸得割筋了事，如荷校則困矣。總恃邪法可療，是真梗化之頑民，堯舜所不能治也。據蜀人云，此術渡江則不靈，故但能於本處行術餬口。予友周竹珊司馬，嘗隨其尊人勗齋太守官蜀中，親見其事。有跳端公新樂府，頗有懲戒。

田三姑娘

宗懔荆楚歲時記、劉敬叔異苑、沈存中夢溪筆談以及歲華紀麗、白孔六帖、顯易録、稽神録、遊宦紀聞、睽車志、夷堅志俱載有紫姑神。常以正月十五夜祀之，俗稱坑三姑娘者是也。吾鄉又有田三姑娘者，亦以正月十五夜祀之。其禮，命童男女三人，持飯箬箕一隻、銀簪一事，一人照燈，向東南方田中坐定。一人細語，問大姑娘『在家否』，一人代答曰『不在家』，又問『二姑娘在家否』，答曰『不在家』，又問『三姑娘在家否』，曰『在家』，因請曰『乞梳頭』，又曰『乞裹足』，『乞肅粧』，俱應聲。然後將銀簪插箬箕上，緩緩而行。行至内堂，置案上，以香燭陳于前。問其桑麻之豐歉，人事之吉凶，年紀之大小，無不驗也。問畢，仍照燈送原處。以此爲兒童嬉戲之事。又嘉興風俗，以淘籮迎神，名灰七姑娘，亦此類。

死而復蘇

乾隆丙子歲，吴門大疫。有黄慎明者，住王洗馬巷，年逾弱冠，染疫死，半日復蘇。自言入冥時，路遇亡友，謂：『汝禄未盡，何以來此？』鬼差引入一室，見衆囚被縛，號呼甚慘。慎明因朗誦大悲咒一遍，見諸囚縛者皆自解。居有頃，内有一吏大呼而出曰：『此人無罪，何得拘來？』叱鬼差，每一鬼杖二十，遂放還。黄素行本醇謹〔一〕，自此益脩仁積德，壽至七十餘而卒。

校勘記

〔一〕黄，原作『王』，據上文改。

放黿

康熙間，有丁先生者，以課徒爲業。十二月廿四日，解館回家，路過村莊，見有人一叢，老少聚觀，是大黿也。問之漁者，索價五千文。丁探囊中，惟有四千，躊躕未買。有鐵匠某亦來觀，慨然以一千文爲助，遂將此黿送入太湖。頃之，黿復起，浮水回顧，須臾而没。丁至家，其妻待以過年，貧窘殊甚，丁爲别措之。至元旦夜，忽夢黑衣人來謝，且云：『北門外某號行有鐵稱錘三百担，君爲買之。』丁至行，果符所夢，遂傾家購之。隔數日，丁偶遇前鐵匠，遂倩其鎔銷，皆白金也。丁以是致富，鐵匠亦分潤焉。其子孫世居錫山，至今猶盛。

救鱔

休寧吴期安，販木浙江，夜夢有尖冠黄衣人兩船叩頭求救。是日適見鱔魚二舟，期安忽思所夢，以四千錢買之放生。其明日，所載木簰爲大風龍陣吹散，使人打撈，得數十萬株，皆別家物也。從此得利爲巨商，富者三世。

父子不相類

王峨園中丞師，山西太原人，蘇州顧吏部予咸之外孫也，幼育於吏部家。乾隆十二年爲江蘇布政使，慈惠恭儉，爲安撫軍劾去。十五年，公巡撫三吴，禁止加派夫船，按籍給值，胥吏無由需索，民人悦服。次年夏，少雨，步禱赤日中，日行數里，復以米價騰躍，積憂成疾，遂不起。彌留之際，猶目視所親，笑曰：『生於蘇，死於蘇，命也。』子亶望由甘肅布政使陞浙江巡撫，以捏災冒賑事正法。父子之不相類如此。

婚姻大劫

康熙四十五年，蘇、松、常、鎮一帶，訛言有司奉文點秀女千人，解京賞邊。于是遠近閧傳，有女之家皆倉皇無計，不論門楣，不擇佳壻，幸結絲蘿，如釋重負。有朝問名而夕合巹者，有纔締姻而即成婚者，有張家女而悮擡至李家者，有李家子而悮贅于張家者。鼓樂之聲，晝夜不絶。一時綵緞綾羅、粧奩茶果等物價增數倍，轎夫執事人役奔走不遑。或有僞稱受聘而以糕果分送親鄰者，其實並無此事，真婚姻一大劫也。

顧少司空

京師地形高燥，灰土素多。舊例，順天府向五城要潑水夫，每城索錢七八十千不等，街坊總甲遂科派鋪户斂錢，以飽其欲。雍正五年，吴縣顧芝庭祖鎮官給事中，巡視西城，即令指揮將索錢差役拏解，枷號示衆，由是五城概不復與，而陋規革除。又五城于冬月設飯粥廠，顧黎明親往，風雪無間。一日，總憲下廠，其家人轎夫等横索錢文，顧召而語之曰：『若欲錢乎？脱我裘質庫可也。』其人叩頭乞罪，不敢復言。有孝廉某者，專以假裝失事報坊，訛詐良民。顧即奄至其寓，廉得其情，孝廉情窘畏法，哀求而去。顧後歷官至少司空。

請客

余於乾隆五十七年始入京師，其時士大夫俱尚豪華，喜於郊遊。每請客，必用海錯，如燕窩、海參、魚翅之類，以豐爲敬。至一席菜用白金一二十兩不等，争相角勝，必邀客一贊爲榮。

至嘉慶四年，以國喪例禁，此風漸漸衰息。近則物力愈貴，價值愈昂，而豪華者亦變爲儉樸，請客亦漸漸少矣。

丹陽驛亭題壁詩

庚子十月，有士人自金陵歸，夜宿雲陽驛，見粉壁上有七律數章，似仿少陵秋興，字蹟模糊，僅記其一首云：『七年之病可憐生，一卧煙雲午未醒。忽夢東瀛翻緑水，豈知南國信青蠅。盧龍已去無消息，蒭狗咸來當甲兵。安得樓船三百萬，乘風連夜斬長鯨。』味其詩意，不知所云何事，似是喫煙詩。

納糧

昔吴中漕糧，屬民間收兑，貽累不小，以此破家者十之八九。至雍正間，吴民徐允武、陸在新二君首唱條議，請行官收官兑之法，當事允從，至今賴之。然日久弊生，莫能禁止。兹以蘇、松、常、鎮、太四府一州而言，糧户苦于官之浮收，官又苦于運丁之需索及土棍之漕規，至拆毁官廳，毆官搶斛，訟獄連年，以此貽累破家者亦十之八九。今欲再求良法，不可得矣。

運丁

國初運丁桀驁，官不能制。順治辛丑冬，借運糧之名，斬伐河濱墓木殆盡。吴門蔣光禄墓，在婁門外壩基橋，大樹數百株，亦遇其厄。有廩生名揆者，光禄六世孫，素有肝膽，聞之大哭，即偕從叔進士德埈、從弟中書之逵告之縣官會勘。運丁千餘人，蜂擁挺擊三人，體無完膚。有義僕某，即日徒步至京控部上聞。有旨命總漕會同巡撫嚴審，遂殲渠魁于塋前，以示懲誡。自此運丁漸漸安静，而諸大家墓木克保無虞。康熙中，揆由恩貢朝考一等，引見時，有大臣言於聖祖曰：『此即懲運丁以保墳墓之蔣揆也。』

八分

今人每以八分與隸書渾而爲一，其實有二道焉，在秦漢時分隸已兼有之矣。唐張懷瓘書斷云蔡邕八分入神，隸入妙，又云張昶八分碑在華陰，即隸釋所載華山亭碑是也。八分者，秦羽人上谷王次仲始作，用方筆作書，較篆爲簡易，以便急速之用，故又曰隸書。漢和帝時，賈魴用隸字寫三倉，隸法由兹而廣。蓋八分爲小篆之捷，隸又八分之捷也。其贊八分曰：『龍騰虎踞兮勢非一，交戟横戈兮氣雄逸。』其贊隸則曰：『摧鋒劍折，落點星垂。』推其説，則出鋒者爲分，藏鋒者爲隸也。東漢一代之書，有分有隸，亦有分隸參半者。至鍾太傅則全用隸法，晉唐真書皆出於此，故顔魯公楷書猶稱隸書也。

宋搨蘭亭

蘭亭之刻，始自開皇，唐文皇繼之。至南宋時，翻本已至千餘家，紛紜聚訟，浩如煙海。宋理宗内府所藏者，百十七種；賈秋壑所藏者，八百種；陶九成輟耕録所載者，一百七十七刻；桑世昌蘭亭考所載者，又數百種。俱不可得而見矣。嘉慶三年三月，在吴門陸謹庭孝廉家，見宋游丞相家藏蘭亭，編次甲乙，前有藍籤標明，後有丞相手書題識。一爲向子諲所刻高廟本丙之四，一爲向氏麻道崇本丙之五，一爲復州本戊之一，一爲九江本辛之三，一爲桂林本辛之十，一爲唐安本壬之三，一爲續時發本壬之十，一爲家藏石本癸之三，一爲范太師本癸之六，一爲唐陸柬之蘭亭詩癸之十，一爲得自玉泉僧本，失原識甲乙。蓋丞相家藏本有百種，此其十中之一分耳。國初爲真定梁蕉林家所藏，後歸商丘宋牧仲中丞，又爲桐城張晴嵐侍郎所有，既復歸商丘陳望之中丞，中丞出塞時嘗携以自隨，爲千金不易之寶。前有『晉府圖書』，明時本藏晉藩，相傳宣廟時曾進内府，以鼎革後散布人間者也。

嵩山古柏圖

張墨岑，名宗蒼，吴縣篁村人，善畫。高宗南巡，在揚州平山堂見宗蒼所畫，稱賞，特召爲畫苑總裁，留京師者十餘年，名聲甚著。墨岑嘗遊嵩高山，見漢時所封大將軍古柏一株，高不逾三丈，而圍抱過之，鐵幹霜枝，拳曲可愛。因畫巨幅，攜歸吴門。適同鄉蔣繡谷六十壽，因以爲贈。事隔七十餘年，畫失去久矣，繡谷孫立崖司馬從肆中得之，嘗賦詩記其事。嘉慶戊寅歲，余偶見此幅于山陰陳十峰中翰家，則知司馬没後又爲中翰所有。因倩錢塘沈君六芳借臨一幅，仍還之，俾爲世寶云。

鄒二癡

吾鄉鄒二癡，名德基，字公履，自號磨蝎居士，爲前明迪光子。工書，出入平原、北海之間，至今尚有藏其筆墨者。二癡爲佳公子，不肯應試，亦不肯與時輩相頡頏。每日書數十紙，書就輙燒，見者絶少，故亦不甚著名。其書縱横馳驟，尤長於碑榜之書，實在文衡翁、祝枝山之上也。余嘗見其題壁詩云：『鬚眉誰不具，品則天與淵。或爲物所惡，或受物所憐。見惡斷人情，乞憐看人面。人情何必聯，人面何忍看。是故烈丈夫，可殺不可玩。萬靈貴間氣，大道去僞善。姑舍聖之和，效法狂與狷。顛倒醉夢中，誓不步鄉愿。挺身聽百折，立意拗一便。涕笑皆至理，衾影亦光燄。燒書薄腐儒，求昏入酒伴。嘔心進知己，覓頭養寶劍。景已迫桑榆，肯作瞌睡漢。縱減床頭色，豈以家爲念。國手非不奇，良方未經驗。風靡巾幗尊，道喪男兒賤。雄心雖甚熱，市道安作羡。高官衆所矜，厲鬼吾之願。一任嗤者嗤，兼憑嘆者嘆。聲名死後多，放逐生前欠。駱駝腫馬背，多怪由少見。』余觀此詩，則知二癡非真癡也。

仇十洲募驢圖

明朱性甫嘗倩仇十洲畫募驢圖卷，今藏歙縣吴子華家，是仿李龍眠白描法。畫朱性甫小像，前有一僕牽驢而至，性甫熟視，如相馬然，無補景也。徐昌穀爲作募驢疏云：『稅驂贈友，昔者聞之；有馬借人，今已亡矣。朱君性甫，白首窮儒。宴息中林，時思放蹟，蕭閑布褐，自愛騎驢。欲削袁文，封曰匡廬處士；深然漢志，宜于山谷野人。無囊可探，歸空問婦；丐言雖拙，仰欲謀朋。老者安之，惟仁人爲能布惠；傷哉貧也，故友道重夫通財。市轡既藉乎高賢，執鞭何辭于賤子？訪交吕氏，行將特特以臨門；好酒李生，會見騰騰而過市。庶垂明覽，不鄙微言。』後題『弘治己未季冬望後一日，東海徐禎卿撰』。

普渡寺[一]

陝西永壽縣城西五里靈覺山下，地名堅固莊，有觀音普渡寺。其寺依山營構，山根靈泉湧出，流注佛座，滙爲湫池，由來已久。乾隆五十一年五月，亢旱，大田望雨甚殷。時元和蔣肯菴刺史基爲知縣，率屬齋心虔禱，憂勞備至。一夕，寺中老僧夢大士告曰：『蔣縣令讀書君子，汝速告知，於吾蓮座前湫池取浄水，供置雨壇，則甘霖滂沛矣。』五鼓，僧至雨壇，見縣令已匍匐壇前,即以夢禀,蔣大喜,自至寺中取水,到壇焚香頂禮,頃刻得雨五寸,是歲轉歉爲豐。中丞芝軒秦公承恩異其事,作普渡寺靈湫志,合省官員各有詩文紀。

校勘記

〔一〕此篇原無標題,據全書文例擬補。

么姑

么姑者,爲貴州大定府猓猓世襲土守備吴玉堂之女。玉堂曾中某科武解元。么姑年十四五,美艷絶倫,許字水城土官子某。猓猓風俗,凡女字人,必張樂設宴,邀賓客,大會於家,女盛粧,使兩婢扶掖,出堂行酒,以爲常也。有武生陸文鳳者,爲吴玉堂外甥,與么姑爲中表兄妹,見而心艷之,遂投府告狀,詭言母舅賴婚,此女在腹中時已與結姻矣。太守王某受陸賄,竟斷歸文鳳,尚未成婚。會嘉慶元年苗匪滋事,水城土官子奉調守禦,死於軍。玉堂不得已,又改字故家子菉王瑞。然文鳳思么姑,終不能得,乃率領百人黑夜持刀,直入母舅家,扎傷一婢一僕,擊搶么姑而去。玉堂聞其變,遂大怒,急部集手下千餘人,追至三十里外,復搶么姑而還。文鳳益控告不已,案延四五年不結。王太守故糊塗,遂詳上官,妄斷配文鳳,押令成婚。上官某亦聽太守言,至吴玉堂革職收禁,杖斃玉堂弟玉綸,有冤莫能申也。時汲縣林公溥正爲安順府，奉委審訊，平其獄，仍以么姑配菉王瑞，當堂結親。罪文鳳徒三年，復玉堂官。其杖斃事亦不能辨也。公嘗賦么姑曲云：『蠻部妖姬年十五，紅錦束腰花抹乳。嬌倚春風猶未嫁，父長千夫錦衣户。一朝奇禍起蕭墻，么姑真欲成妖蠱。女戎禍水古亦有，不聞池殃及父母。中宵排闥劫珠孃，侍婢蒼頭血濡首。馬上横擔玉一枝，罽袍革帶裹凝脂。阿翁聞變肝腸裂，夜半鳴鉦集健兒。躡跡飛馳三十里，遥天欲曙前徒止。千金趙璞獲全歸，骨肉重逢悲復喜。豆蔻葳蕤僥倖完，驚魂初定涕汍瀾。戟門冒死陳哀狀，嚙血題冤達上官。衙鼓沉沉短主簿，能令公喜能令怒。黄金不屑贖娥眉，强項東君强作主。五花親判促乘龍，忍辱忘讐誓不從。家難未平官訟起，終朝鞭朴索情儂。鋃鐺聲慘烏臺畔，縲絏羈魂腸寸斷。古言養女勿悲酸，今爲門楣死生判。紅顔白骨兩拚休，别有飛章搆秘謀。季父喪身猶告密，阿翁褫職尚誅求。於戲循良二千石，天鑒民巖在咫尺。自古原無鐵鑄錯，清議翻爲使君惜。君不見，蝗辟境，虎渡河，善氣感召禎祥多。曾聞苛政猛於虎，無寧政拙培天和。又不見，明妃村，緑珠井，尤物妖身致災眚。匹夫無罪重懷璞，冶容謾藏戒宜省。君看陌上農桑女，饁畝蠶繅春晝永。夭桃灼灼出東鄰，空引銀瓶悲斷綆。』

榷關

嘉慶五年，阮雲臺先生爲浙江巡撫。杭州有北新關，向例爲巡撫所榷。前榷關者，每年賦税常闕，賠墊累累，視爲畏途。先生甫下車，即召關吏謂之曰：『爾等知賦税之所以缺乎？皆由汝等過于苛求，故商賈之不至耳。』遂手書一聯，拈于税廳，上云：『上古關無征，後世不得已而榷關，當知此意也。』其下聯云：『朝廷賦有式，小民如其分以納賦，可使之怨乎？』從此關政頓寬，未一兩月而商賈雲集，不特賦額無缺，而有贏餘，人民感頌。

良友

乾隆中，大金川滋事，旗兵有伍某者，將隨大將軍阿廣庭相國出京。家惟一妻，少艾而美，臨行，託其友德某曰：『倘有缺乏，必求貲助。』德允諾。及伍啓行後，不過贈其千文，並無所謂貲助也。伍妻託人再求之，則謝曰：『汝家薪水，恃我一人，終非常局，盍他求之。』而潛使一老嫗往伍家曰：『老身與德爲鄰，無子女而衣食尚豐足。素知大娘寂寞，來作伴可乎？』伍妻曰：『貧無食，奈何？』嫗曰：『易也。老身佐大娘作針黹，便可度食，毋憂也。』伍妻喜，遂許之。及嫗至，帶一篋甚重，啓視之，則綾羅雜緞，長短不齊，及青蚨數千而已。乃延之同居，如姑媳然。每繡成一件，嫗即持之市，往往倍值。如是者數年。後伍以功補守備，始回京。妻告之故，伍大恚曰：『吾原知託人無益也。』德知伍歸，往拜之，謂伍曰：『君自出門，家中無凍餒憂，君知之乎？』便以其妻所繡者盡還之，且曰：『余之晦言尚施者，所以示艱苦也。余之絶跡不顧者，所以别嫌疑也。使之自食其力，所以誡他志也。』伍夫婦始感悟自慙，惟拜謝不已。伍後官至參將，生一子一女，女即配德之子，以筆帖式出爲同知。嗚呼，世之論交者，多以勢利爲心，反眼若不相識，天下皆是也。乃有始終仁信，委曲矜全，俾投軍旅者無内顧之憂，守閨幃者無呼庚之患，施其德而不言其功，用其謀而不失其智，如德者，可謂良友不負所託者矣。

馬營壩合龍

東河馬營壩漫口事，在道光三四年間。有參將盧順者，自江南河標調工辦事。一夕，月色微明，忽狂風四起，鬼燐畢集，見壩臺上立一獸如黑犬，金眼長尾，徧身火星，不啼不躍，逾時而去，諸鬼燐亦旋滅。是時已三更，壩心陡裂，在工官兵人夫數十百人，莫敢前者。惟順有膽略，用竿試探，隨塌落水。衆方驚駭，而隄合矣，深厚堅固，不勞人力，豈非有神人護持者耶？河帥某公以實奏聞，照陣亡例，贈副將銜，廕一子，授雲騎尉世職。

爽約

乾隆甲寅歲，嘉興王仲瞿流寓金陵，窮迫異常。有秦淮女伶贈之三百金，速其鄉試，曰：『君如得捷音，當嫁爾爲妾。』是科果中式。袁香亭太守有詩云：『司馬才華新及第，文君風度正當年。我來願做絪緼使，可要紅絲一線牽。』而仲瞿竟爽約，乃又娶紹興金氏女，能畫工詩，不十年而死，仲瞿亦坎坷終身。

漢裴岑紀功碑

巴爾庫爾關帝廟中，有漢順帝時燉煌太守裴岑碑，字蹟模糊，後有『立德祠以表萬世』之語。或曰『德』字當作『海』字。嘉興張叔未解元曾重模一本，亦云『海祠』。余遂問叔未『海』字作何義。叔未云：『海，大也。』後見紀曉嵐相國筆記，謂裴岑碑在巴爾庫爾城西十里海子上，乃知實是『海』字，謂立祠于海子上，故曰『海祠』也。相國嘗出塞，親見此碑，是不誣矣。

前生作孽今生報

余弟子華士儀，字季汾，年未弱冠，絶世聰明，多才多藝，在余家從事筆墨多年。後往閩中省其父，遂習度支之術，亦甚領會。不二三年，遂得一館，每年修脯六百金，可以爲衣食矣。到館未匝月，忽自縊，闔署驚駭，不知何故。及啓其箱，有自書十一字曰：『前生作孽今生報，竟有此事。』究不知其作何孽也。可知作孽者雖前世亦必報，況今世耶。

扑作教刑

嘉慶十六七年間，善化盧麓西觀察爲蘇州太湖廳。山中有不孝婦虐其舅姑，事聞于廳尊，盧便喚其婦而責之。婦仍譁辯，乃笞之數十。婦號泣曰：『自今以後，弗敢弗孝矣。』即釋之。越十餘日，盧忽召其舅問：『爾媳近日能改過否？』曰：『謝公訓責，大改前轍。』自此東洞庭山一鄉之婦，莫不警惕。尚書曰『扑作教刑』，此之謂也。

靈光

相傳神佛頂上俱有靈光，高尺許，見於佛書，見於畫像。余不甚深信，而不知凡人頭上亦有靈光也。於何見之？試于四五月夜，秧針初齊之候，散步看月，在秧田上小立，自顧其影，頭上乃有光一圈，其色略淡，若於他處則無之，即所謂靈光也，不知其理。紀曉嵐相國云：『凡人天良未泯者，其頂上必有靈光，鬼神所畏。天良澌滅，則靈光自息，鬼神近之矣。』未知確否。

預知劫數

乾隆五十二年十月，余始出門負米。出鎮江，至蕪湖，從巢縣、盧、壽諸處，而遊汴梁。適遇鉛山張廉船先生同行，過壽州時，説及見任知州蔡必昌，紹興人，以名進士而爲陰府判官。嘗言十年後，湖廣、四川一帶當有大劫云云。越二三年，蔡君署太平府事，至蕪湖審案，余適在蕪湖，遂與晤於于湖長春園席上。觀其爲人，和雅善談，而兩眼無光，若夢初醒者，亦不甚怪之。至嘉慶元年，湖南辰州苗匪滋事，擾攘年餘，而四川達東教匪群起，遂至蔓延數省，蹂躪七載，殺人如麻，果應蔡君言，蓋冥中已預知之矣。

染毒

同鄉有王生者，家道小康，年二十餘，甚老誠，貌亦出衆。以急於功名，遂入武庠，從無狹斜之事。一日，與其戚遊吴門，不過在青樓一宿，即染毒瘡。歸而又染其妻，遂大發潰爛，呻唫歲餘，至耳鼻皆無，臭穢之氣日甚一日，懨懨將死，雖婢媪皆不敢近。王生遂大哭曰：『是吾一念之差所以害之，豈忍見其死也？』忽自經。家人驚覺，妻聞之亦氣絶。嗚呼，嫖之爲害，至於此耶？故後生家，能於此一念中立定，便無此慘毒之禍矣。相傳晉阮籍兩子皆染淫毒，延及一門，真所謂『自作孽，不可逭』也。

以直見伐

余三四歲時，舊居後門有大槐一株，能結子，遂出小槐二，長寸許。同時又有皂莢樹一，亦寸許。先君子愛之，俱種于庭砌。不三四年，其高如人，又移種于於東皋之上。又隔三四年，槐與皂莢皆長成。其皂莢則爲工人薙草，誤傷其枝，拳曲臃腫而不成材。槐則清修茂直，緑陰四布，居然成大樹矣。一夕風雨，爲偷兒所伐，先君甚惋惜之。不十年，其根上各發一株，偷兒又竊去。蓋此槐如父子兩代，俱遭無辜，而皂則猶卧草中，依然無恙，與荆棘爲伍而已。以直見伐，以曲得全，可勝浩歎。

梅

余家報春亭後有梅一株，不過尋常野梅耳，非有硃砂萼綠之異也。有園丁携來經汁一瓶〔一〕，即經年之宿糞，其力最肥，凡接花果樹俱需用此。僮僕不知，遂澆於此梅之根。次年發花，蕊密而朵大，瓣厚而香濃。如是者十年，後遂絶不開花。因悟盛極必衰之理，富貴貧賤亦如是也。庚子山云：『樹猶如此，人何以堪？』然吾知其數年之後，必當發花，其理如此。今年驚蟄，果大放如昔，滿院皆香。

校勘記

〔一〕經，疑當作『金』。

見鬼

汲縣林午橋，名溥，乾隆庚戌進士，以刑部郎出知貴州之安順府。因事鐫級，復起爲江蘇川沙同知。罷官回籍後，復來吴門，欲緩急於同寅，莫有應者，遂大困。商于余，余爲周急之。借寓余家之東鄰施氏，有内室四五間，偕其兩妾，索居守困而已。進屋之第一日，忽見有好女子年二十許，見林起立，與之語，偶回眸，遂不見。遍問爲誰，本宅近鄰皆無其人。未幾，至蘇州吊其戚,又見死者之故父向之泣,並道二十年前事者久之。午橋歸,告余如此。余深慮其白日見鬼爲不祥,急寄書衛輝,告其子迎之歸。回汲後,三年而卒。吾聞凡人見鬼者,其神必衰,神衰則不久,何能復至三年耶?

西　苑

西華門正對西苑門,夏日荷花盛開,比西湖尤盛。嘉慶乙丑六月,余在京師,偶與西曹諸公約遊萬善殿,由西苑門而入,緑槐夾道,紅藕如船,真仙境也。殿後有圓亭,與諸公脱衣雜坐,喫馬乳葡萄,其甜如蜜,而遥望金鰲玉蝀橋上車馬往來,如坐趙千里仙山樓閣中看人間,而馬上車中之人,亦猶從人間看趙千里仙山樓閣也。佛家有天堂地獄之説,余謂此處即是天堂,第凡人不能輕易到耳。

滅　口

浙江巡撫福崧,以兩淮鹽政全德參劾運使柴楨,搬兩淮庫墊補兩浙虧空一事,遂牽連拿問,並非大奸極惡,何至沿途正法?實和相得福賄,而恐其回京説出,遂下此毒手,以滅其口耳。未幾,柴運使亦解至杭州正法。二人之枉,皆出自和相,安得善終哉?此乾隆癸丑年事。

忘本

吾鄉有某孝廉者，以教讀爲生。家奇貧，不能鄉試。東人贈以金，是科竟中式。又贈以金，得赴禮部試，自此留京有年，遇大挑，得知縣，分發粵東，遂大獲，告病歸。偶過東人家，時東人産業俱盡，窮苦無依，狀如乞丐，而孝廉若弗聞也。越一二年，再謁選，得雲南，又大獲。其子亦有私蓄，恐爲父所覺，乃换金葉子，屬其妹縫小襖中，著以自隨，人無知者。及歸家，忽大病，醫者云寒氣入骨，無藥可治矣，未幾死。時孝廉年已七十，既無子，又無孫，亦旋卒。後是襖爲其女所取，適是年出嫁，其壻亦孝廉，赴京會試，宣言曰：『今科不中式，吾必捐中書，帶素珠而回耳。』其金已取出，置枕中。比至京，則又爲其僕所盜，不知所之。嗚呼，忘本之人，一至此耶？財之爲累，一至此耶？

求籤

余生平不甚信者，求籤占卜也。惟于京師正陽門外之關帝廟則信之。不特余信之，當世士大夫亦信之，以爲靈驗，前人小説中載之詳矣。嘉慶十四年七月，余以事在京。其時先太安人年已九十有二，甚康健，雖不日即欲回南，然心常思戀不置，求帝君示一籤，云：『朔風凜凜正窮冬，多羡門庭喜氣濃。』不解其義。至八月十七日到家，則太安人甚喜悦，知已爲第二子擇十二月初十完姻。是年冬冰雪嚴寒,自十一月廿三四大西北風,河道遂凍,至十二月二十間,猶未解也。籤上祇示『喜氣濃』三字,則太安人之康健可知,其在十二月嚴寒時完姻一事又可知矣,異哉。

禾不受傷

前余作叢話,『祥異』一門中有白蚘者,每當秋禾成熟之候,四更時忽起大霧,霧中宛宛如白龍,或一兩條,此物一過,轉熟爲災,最爲民害。後見紀相國槐西雜志言此陰霾之氣,聚而如龍,非真有其物也。其説甚通。云西北亦有之,如北地産棗,其氣一至則瘠,僅存皮核而已。山陝亦産禾稼,初熟之時,有黄雲暴起,則以鳥鎗迎擊,其氣自散。或有大蝦蟆墮下,皆陰霾之氣也。蓋陰氣遇陽即散,誠能使農人防之,每當大霧初起之時,使男人數十輩放鎗、放爆丈,或流星雪爆,或火把照耀,則其氣自散,而禾不受傷矣。

姑　惡

余南鄰馬姓,有養媳,爲其姑所虐,無日不鞭撲之,至於身無完膚,且不與之食。媳既負痛而逃,又飢而無告,每在余家後門外掩泣。先太安人聞而傷之,與之飯,如是者二年餘,其媳竟虐死。馬故貧,難于再配。鄰里聞其姑之惡,亦無敢與女者,後遂娶一再醮婦。不意更悍於其姑，每日絮聒不得休。至飯時，先自食，不知其姑之凍與餓也。其姑亦掩泣於余家後門外，先太安人又憐之，亦與之飯，且數之曰：『爾前虐媳過甚，所以有今日也。』姑默然。未幾，姑以鬱鬱死。其後悍婦生二子，先爲長娶一媳，甚作家，其夫寵益堅，而亦虐其姑，與其祖姑之虐其媳者尤甚焉，姑亦鬱鬱死。不一年，其媳以生産暴亡，劫始盡。嗚呼，天道好還，其信然歟。記前人有妾薄命詩云：『姑惡姑惡，姑不惡，妾命薄。』可謂忠厚之至者矣。

狐鬼

北地多狐，南方多鬼。鬼之求爲人尚易，以其氣息相通也，一轉輪間便是。狐之求爲人甚難，須要工夫深，養氣定。若守持不定，一入邪僻，則上干天律，前功盡棄，不但不成仙，即鬼亦不可得，緣其中有人獸之關相隔也。何以謂之工夫？一曰修鍊，二曰拜月，三曰採精。三者俱所難，譬如儒家學而知之，困而知之，勉强而行之者也。然亦必得清修千百年，始可煉形而爲人，亦猶人之勤學好問而得巍科碩望，方能列於仕版也。既能鍊形成人矣，又須吐納導引修德行仁者千百年，久之自然圓滿，始稱爲狐仙，亦猶人之先得科第，而後能致君澤民，立德、立功、立言之稱爲聖，稱爲賢也。以此言之，狐之爲人爲仙，若是其難，非一朝一夕之所能致。今人談及狐，輙曰狐仙，談及鬼，輙曰鬼神，亦謬矣。夫神仙豈易言哉？聰明正直之謂神，通靈變化之謂仙。今北地之狐，千百爲群，靈蠢不一，豈皆能通靈變化乎？南方之鬼，千態萬狀，亦賢愚不等，又豈皆能聰明正直乎？然則世間之勤學好問而得巍科碩望者，亦豈皆能致君澤民〔一〕，立德立功立言，而遂謂之聖人賢人乎？夫狐、鬼一也，而人亦猶是也。蓋天生萬物，於人最靈，故禽獸冀學爲人，以成其正果。吾儕既得爲人，豈可反學爲禽獸，以墮落九泉乎？

校勘記

〔一〕「皆」，字原脱，據文意補。

安南國貢使

安南黎、阮兩姓搆難，事在乾隆戊申年冬十月。有旨命兩廣總督孫士毅討平之。其明年七月，國王阮光平遣其弟阮光顯，與其所謂駙馬黎某者，入貢京師，路由楚豫。時余客兩湖總督署中，見貢使皆戴紫金冠，錦袍玉帶，面黑高顴，聳鼻深眼。從官八人，皆烏紗帽，雜色綾袍，俱用角帶。進署參謁者僅十人，見督撫亦用手版行外夷禮，惟叩頭而已。至壬子歲，余至京，寓中書舍人司馬達甫處，偶同至内閣，見故紙中有阮光顯賀稟一扣，是上阿廣庭相國者。用大梅紅帖，高一尺二三寸許，文係駢體，辭句鄙俚，真行錯雜，而字如錢大，從來無此款式。中國奏章稟帖，俱以字小爲敬，豈安南以字大爲敬耶？邊徼之人，乃不知禮法如此。

外夷服色

嘉慶三年冬，余在京師。嘗于十二月廿五六日，與童鄂君、陳雲伯、阮小雲輩詣乾清門，觀朝鮮、琉球、暹羅、回部諸貢使，宛看梁元帝番客入朝圖也。朝鮮正副兩使，頭戴烏紗帽，加以貂冠，著油綠紗袍，仙鶴補服，玉帶，方頭靴，尚如唐制。琉球正副使，則頭戴紫綾巾，衣紅袍，金帶，皂靴。其從官俱紗帽錦袍，與朝鮮略相似。暹羅則戴鎦金冠，狀如牛角，身著織錦大花紫袍，如中國之蟒袍。腰束織就花闊帶。其頭有垂鬚，絶似中國皂隸所用者。惟回部諸王貝勒，服色與中國相同，亦用紅寶石頂、孔雀翎。有紫禁城騎馬者，其從官仍本國服色，長袍尖帽，與回子營諸回回無異。

妖不勝德

余西鄰張雨帆有愛女名鳳官者，年十七八，將笄矣。一日早起，謂其母曰：『兒殆將死。』母驚問何爲，云：『今早夢有前世冤家來，是一女子，年可二十餘，貌絶美，向余泣曰：「汝竟投人身在此耶？」看其綉領間有繩，必縊鬼也。』言未畢，忽頭眩惡心，兩手如冰，若昏迷者。舉家大駭，醫禱兼至，喃喃自言者五日夜，始悉其前生是男身，與表妹馮氏私，將嫁而有娠，羞憤自經者，言之鑿鑿。適余家有傴婢二人，往視其病。見此女閉目坐牀上，惟一氣尚未絶。余忽發議論曰：『陰陽一理，此種案件，依律斷之，不過笞杖，有功名者革功名，不能抵也。然幽明之隔，非人力之所能施。』遂書一紙與雨帆曰：『吾聞妖不勝德，人定勝天。今一女鬼耳，豈能勝人耶？凡人有冤業者，惟「修德行善」四字足以解之。宜亟亟告祝神明，令是女愈後立行善事三百條，尚可挽回也。』雨帆是夜即告祝如余言。至次早，女鬼忽言曰：『我且暫去，俟半月後再來。』至期杳然，竟漸漸向愈。今出閣又五六年矣。

輪回

元和蔣容谷，名昌期，爲名諸生，有聲庠序。其論輪回之説甚通，謂輪回爲必有者，佛氏之妄論也；謂輪回爲必無者，宋儒之偏見也。列子云：『有死于此，安知不生于彼？』又云：『死之與生，一往一反。』則佛氏未入中國以前，已開輪回之説矣。蓋天地之化，往者過，來者續，來而復往，往而復來，故曰輪回也。

同榜

彭雅泉太守希鄭，乾隆己酉會試，舟至丹徒閘，水淺阻滯。見鄰舟有一人，狀貌秀偉，顧盼自雄，疑亦應試者。詢之，乃錢塘庚子孝廉許元淮號桐柏也。桐柏善風鑒，兼工星學，與彭一見即曰：『吾兩人當作同年。』又將彭八字推算，曰：『無疑矣。』是科果同榜。

城隍起立

蘇州徐達夫殿撰陶璋爲孝廉時，授徒陳永年家。里中有城隍會者，永年邀陶璋往遊。甫入廟，陶璋見城隍神忽起立，心訝之，疑神爲永年而立也。至明年，陶璋臚唱第一。徐山民《黎里雜録》載其事。

以子盜母

虞山有某甲者，少無賴，好博奕，家事日壞。聞其母有私蓄數千金，欲畀其女，若倚以終身焉。某知之，遂指揮奴僕輩，以墨硃塗其面，持燈直入。某詭哭，謂其母曰：『盜至矣，奈何？』急負其母出房，所蓄爲之一空。異哉，以子盜母，古今未聞。

鯽魚叫

道光癸巳十二月，無錫諸生有趙子美者生子。俗例，生子三朝，齋獻監生娘娘，必用鯽魚爲敬。遂買得一尾，其重不過七八兩，烹熟，獻于神前。忽聞是魚大叫，喈喈有聲，莫不驚異。或將雙箸撥開，鮮血淋漓，不知其故。

新郎投井

吴門有娶婦行親迎禮者，其女家在婁門外之唯亭，俗名彝亭，遂乘雙槳，僕從如雲，護新郎而去。至薄暮回家，新人之舟亦隨到門矣。其時鼓樂喧闐，觀者雲集，正欲成禮，而新郎忽不見。遍招無影，上下惶惶，莫解其故。至次日垂晚，乃在自家後門外智碗井中。惟念新人因此在男家守貞歟？抑仍回母家再字他人歟？俱未詳也。乾隆四十五六年事。

海魚

乾隆二十一年四月，崇明縣北海捕魚者網得一物，其形如鼉，高二尺許，兩旁皆花甲紋，頭上有黑肉如帽，叩其背，則作銅鼓聲，聽人言，似有知覺者，或持刀視之，即下淚如雨。不知何物也。觀者以爲靈異，竟釋之，赴海而去。

嘉慶二年六月，寶山縣吴松江口時作大浪，漂没行船，人以爲患。至七月初十，忽起大風，吹上大魚一尾，長八九丈，如黑魚而有鱗甲，似即所謂鰐魚也。其頭如刀斬去者。自後不復作風浪矣，異哉。

寓言

觀奕道人每言人死後，忽見故人，訝其已死，始知爲冥府云云。吾以爲此皆寓言，不過以此警世，非真有其事也。蓋鬼之與鬼，猶人之與人也，燈光燭影，一滅便了。譬如人做夢，並不自知其爲夢，豈人之死，而遂自知其爲死哉？余雖未死過，推其理如此。故知其皆寓言，非真有其事也。

朗城

朗城在常熟縣之唐墅西，有一庵，前明嚴文靖公訥讀書處。聞庵内舊藏趙文敏公手書法華經墨蹟。又有梁時古桂一株，花時極盛。余遷居虞山三十餘年，終未一到訪之，不知猶在否也。

禦盜良法

姑妄聽之記有群盜劫一富家，白刃如雪，一家數十人，俱不敢號呼。有竈婢年僅十五六，乃密持火種，燒其積薪，闔家驚起，鄰人聞之，亦來救視，大衆既集，群盜遂散。此婢可入智囊。余親串中有孀婦獨處，忽見數賊持火，將上樓房。此婦私念：『當此冰雪嚴寒之夜，誰肯披衣冒冷而爲我家逐賊者?』潛起登樓,大聲救火,左右鄰居,莫不驚起接應,賊衆奔逃,亦此意也。

年大將軍

年大將軍羹堯,聲威赫奕。嘗延請一西席,每日供奉甚豐,有十二簋、八盆、四點心。西席某君者,係寒士,每食祇動一兩色而已。一日,將軍偶入書房,見之曰:『此菜必少味,故不食。』遂將厨人殺之,持其頭以獻。西席大驚詫,不彌月,託故去。嗚呼,此種作爲,安能長保其富貴哉!

病蝶詞

長洲蔣硯畬,名耕堂,年未弱冠,以第一名遊庠。性愛蝶,嘗喜種花木,招之使來,以爲樂。自作病蝶詞曰:『腸斷三春翅粉輕,苔荒徑冷若爲情。花前一宿真如夢,不是莊生是馬卿。』未幾死,年纔二十耳。

風龍陣

道光壬辰八月初一日,蘇州城内有風龍陣,自西而東,先吹折布政司旗杆,遞至吴縣衙門,申明亭忽飛上天。監獄四面高墻,一齊坍倒。又有四人看牌,屋傾,俱壓死。醬缸一隻,連醬飛去。有豆腐店，養大肉猪五口，俱吸上雲中，數十里内不聞有墮者。其餘老樹古柏，連根拔起，不計其數。直至新學前，到東城垣而止。其明年癸巳，江南秋禾大熟，咸推有十分年歲。詎於九月二十間起，零雨間作，霧氣迷濛，陰霾四塞，無三日晴。至十月之廿四五日，則雷電，大雨傾盆。自此河水汎溢，徧處渟泓，高田既莠而不實，低田則一片汪洋，俱從白水中收穫，亦霉爛不堪，不可收拾。米價自此騰躍，至每石四五千文不等。先於七八兩月，大江之水暴漲，自安慶以下沿江之田，如當塗、上元、江浦、儀徵、瓜州、丹徒等處圍田，一齊俱破，亦湮没無餘。民皆逃亡，至人相食。是時，余往清江，俱所目覩。

王文成即席詩卷

王文成公道德文章，爲有明第一人，非空譚性命者可比。其書亦清勁有法，在山谷、元章之間，真所謂『快劍長戟森相向』者。陽湖趙季由太守官吴興時，曾以此卷贈烏程令鍾祥彭毓圃，毓圃示余，爲刻諸石。余檢陽明集中，三詩俱所不載，想是一時落筆未及留藁者也。後題云『即席陽明山人王守仁次韻書』，下著一小印『伯安』二字。其詩云：『尋春載酒本無期，乘興還嫌馬足遲。古寺共憐春草没，遠山偏與夕陽宜。雨晴潤竹消蒼粉，風暖巖花落紫蕤。昏黑更須凌絶頂，高懷想見少陵詩。』『積雨山行已後期，更堪多病益遲遲。風塵漸覺初心負，丘壑真於野性宜。緑樹陰層新作蓋，紫蘭香細尚餘蕤。輞川圖書能如許，信是無聲亦有詩。』

『不顧尚書此日期，若爲花外板輿遲。繁絲急管人人醉，竹徑松堂處處宜。雙樹暗芳春寂寞，五峰晴秀晚葳蕤。暮鐘杳杳催歸騎，惆悵煙光不盡詩。』

科場

順治十四年丁酉科江南鄉試，主司與房考俱賄賂公行。榜發後，大半皆紈绔子弟，喧傳都下。御史參奏，事聞，主司及分房俱棄市，特命新科舉人臨軒親試，黜者數十人。時常熟與試者四人，錢陸燦第二名，廷覆改第一；陳溯潢三十一名，廷覆拔第二；孫暘及副榜趙瑞南，俱流上陽堡。

康熙五十年辛卯科，江南主考左必蕃、趙晉，以榜發多富人，金陵、姑蘇遂群聚而譁，有『左丘明有目無珠，趙子龍渾身是膽』之語。甚至抬藩署前之財帛司，供於府學明倫堂，而金陵貢院匾額改爲『賣完』二字。左必蕃自行檢舉，具疏以聞。監臨葉九思先期病卒。上遣工部尚書張鵬翮及總督噶禮、巡撫張伯行會審於揚州。噶禮素與趙晉有首尾，由是督撫成仇，真情無由而得。上復命户部尚書穆和倫、工部尚書張廷樞覆審，蒙蔽滋甚，張撫軍以此解任，人心益不平。十一月，奉上諭云：『朕素知張伯行爲天下第一清官，著加恩仍復任。』旋調倉場侍郎，而以噶禮革職。士民歡呼稱快。次年十二月十六，斬趙晉及王曰俞、方名於揚州，左必蕃削職，吴泌、程光奎等俱擬絞監候。時閩闈亦以夤緣事敗，主考劉儼及同考官俱立斬，餘人擬絞有差。

明察秋毫

康熙中，内大臣明珠侍聖祖宴，梨園人演追信一齣，唱曰：『幹功名千難萬難。』聖祖曰：『幹功名有什麼難，求了明珠便不難。』明珠大驚，俯伏不能起者久之。乾隆五十三年，福貝子康安平定臺匪林爽文還朝，有海公蘭察者，佐福公爲偏將軍。海公頗愛財，所過江浙，地方官微有餽送，事誠有之。高宗知其事，及紅旗奏捷，紫光閣賜宴，演新戲，有花面插科云：『聽得有什麼海公爺，狠要兩個錢，就高興起來了，一跳就過了海，把林爽文一個指頭拿勒來了。』旁一人詰之云：『你那裡看見？』花面云：『聽見他們回來的人這麼説。』高宗大笑，左右亦大笑，時海公亦與宴也。仰見聖人明察秋毫，有如此者。此奇麗川中丞在内務府時所親見，爲余言之。

草奏十二條

嘉慶四年春，純皇帝賓天，大開言路。有不識姓名男子，草奏十二條，擬乞某大臣奏進。第一曰整飭吏治，第二曰敦樸民風，第三曰平准漕務，第四曰清理河工，第五曰減裁鹽政，第六曰肅清選舉，第七曰請輕關税，第八曰嚴禦吏役，第九曰訓練兵防，第十曰停止開捐，第十一曰添行團練，第十二曰令民開墾。某公不爲上，竟不果行。此人亦奇士也。

水怪

雲間沈綺雲司馬往安慶，送其從兄銀槎官眷至省城，在江中見一物，魚身人首，又有若白狗者數頭隨其後。因問之舟人，舟人惟摇手不敢視。是日風大作，眷船覆，幸上下十餘人皆得撈救。比至省城，則銀槎已於五日前病死矣。又吴興孫南莊往江右，繫舟大觀亭守風。偶登柁樓，遥見江心有兩大魚，各數十丈，脊出水面，向東而行。魚既去，舟師曰：『此白鱀也，出必大風雨。』至晚，風愈狂，吹翻鄱陽湖糧船二十五號，溺死一百餘人。江湖異物，見者不利，此其驗也。道光十三年，九省水災，沿江漁户見有無數水怪，五色陸離，不可名狀，俱向東遊，又不知作何驗耳。

小人

康熙間，蘇州南濠有閩客携來兩小人，男女皆長七八寸許，鬚髮皓然，如五六十歲人。居以雕籠，每日食川松米數十粒便飽，渴則飲以水，亦能食飯。坐卧行止如常人，其音啁啾不辨。據客云，曩在海舶，漂至一島，見淺草中相聚以嬉者有百數，得其六，今僅存此矣。一時鬨傳，來觀者日以千計。

長人

嘉慶十八年，柳太守邁祖知寶慶，有卲陽人廖武生者，身長九尺，群呼爲廖長子。每一餐可食一斗六升米，肉十斤。太守召入署，賜之食，果然。後往來於廣西、湖南之間，每至一處，人必聚觀，詫爲奇事。道光六年四月，余偶至嘉興之王店鎮，看所謂關帝會者，亦有一長人扎扮周將軍。身長官尺八尺五寸，觀者萬人。其人姓謝，江陰之周庄人，爲海船上舵工。

評詩

常州史衎存，嘗仿隋僧智果評書之例，評國初諸公詩云：施愚山如山雪初消，園梅乍吐，踈花冷蕊，觸袖馨香；宋荔裳如豪家張宴，錦幕銀尊，華采奪目；王西樵如溪光透徹，山色清華；王阮亭如上苑春花，瑶臺秋月，芳菲滿樹，光景照人；朱竹垞如河陽重鎮，獵獵旌旗，自令敵人望而心戰；程周量如月下橫簫，聲多嗚咽；吴漢槎如胡琴羌管，獨奏邊春，動人處尤在落梅一曲；陳伽陵如公孫大娘舞劍器渾脱，瀏灕頓挫，炫人目睛；王幼華如秋江夕照，雲物奇麗；孫豹人如西人彈琵琶，音節慷慨，特多秦聲；陳元孝如吴下名山，峰巒苕秀，少巉巖岞峈之觀；吴天章如漁人入武陵源，流水桃花，杳非人境；梅耦長如清露晨流，新桐初引；彭羨門如漢宫新柳，臨風綽約，有三起三眠之致；周櫟園如雨洗修篁，娟娟可玩；潘南村如蟲吟籬畔，蟬響林皋，音韻蕭然，不耐久聽；湯西崖如伶人當場，儀容楚楚，而哀樂不真；陳子端如吳人作洛生詠，時帶老婢聲；宗梅岑如穠李夭桃，未離凡艷；宋牧仲如村醪初熟，風味劣薄，不能醉人；嚴蓀友如雨過花枝，香微色澹；田綸霞如傀儡登場，舉止儼然，殊無生氣；顧梁汾如一曲清流，蘭芳堪擷；李武曾如盆中綠萼，風致嫣然，止宜于案頭作供；汪鈍翁如秋原平曠，叢長蘼蕪，頗有黄花點綴；王孟穀如重巖飛瀑，一瀉千尺，寒氣淩人，不可久睞；汪季甪如初地談禪，名理不無入處，而心地尚欠空明；吳園次如弱柳迎風，不堪攀折。歷觀諸論，自是確切不移，可謂形容盡致。

王阮亭先生晚年以司寇家居，詩名益盛。有門下士獻諛於先生曰：『從古詩人，不論名家大家，讀其集俱未免有俗句、累句及不成句處。惟先生則無之，可謂前無古人，後無來者矣。』公曰：『噫，此正我不及古人處也。』斯士聞之，乃爽然自失。

有歙人汪某，選本朝閨秀集，分閨女、婦人、太夫人爲三等，見者莫不竊笑。每見選詩家，有寔有可傳之作，因其人現存，礙于體例，不入選。然則刻集方畢，而其人即死，將不有遺珠之嘆乎？此亦蹈閨女婦人之誚矣。

作詩之訣，用寔不如用虚，用繁不如用簡，用假聲調不如用真性情。此晉陵湯緯堂之論也。又曰：『學王、孟不成，所謂「刻鵠不成尚類鶩」者也。學昌黎、昌谷不成，所謂「畫虎不成反類狗」者也。』

人有鄉黨自好之人，文有鄉黨自好之文，詩亦有鄉黨自好之詩。詩文至此，便不可救藥矣。

援盜贈金

山東有李姓者，兩家俱巨富，其所居相距亦甚近。甲日充盈，乙漸中落，而屋舍之壯麗仍相埒焉。時有無賴少年，聚夥爲盜者三十餘人，聞兩家富有，夤夜先入乙家。適甲之僕經過，知有盜警，急歸家告其主。主曰：『彼已窮，無可盜也，何不到我家來？爾其往招之。』僕訝曰：『盜不來幸矣，何反招之？』甲曰：『是非爾所知也。盜之志在財，如無所得，不旋踵而至吾家矣。與其俟彼之來，不若預招之妙。』僕堅不肯行，甲即命家人備酒食，自往乙家，而盜已至，適遇之途。因告盜曰：『諸豪客之來，想平日偵知吾兩家有財，而悮入彼家耳。彼無長物，而我尚有餘，願諸豪客星夜到舍下一飯可乎？』群盜初駭之，終恃其人之衆而從焉。盜既入門，甲遂肆筵設席，請醉飽而後言。當是時，群盜各以器械自衛，亦不懼，且欲觀其所爲，竟坦然入座大嚼，惟不敢醉耳。既撤席，甲乃北向拱手而言曰：『吾觀各位皆年富力强者，世間何事不可爲，而乃作此勾當耶？試看古今來作此勾當者，無不破，破則徒流斬絞，子散妻離，是以人懼之而不敢爲。果可爲而能保萬全，則業此者多矣。吾今以善相勸，每位贈百金，聊表微忱，願各位從此洗心易慮，或貿易，或農耕，俱可覓利，尚不失爲良民，不知各位以爲何如？』因命僕將元寶六十餘枚陳于桌上。群盜聽言方畢，而見此雪白之銀，不覺五體投地，不約而同，各懷之稱謝出門去。主人計所失，不過三千餘金耳。嗣後十餘年，安然如故。一日，甲有質庫在鄰邑，驅車往稽賬籍。日已夕矣，遂投宿。忽有兩三人睨視之，頃之，又數人來視良久。甲疑焉。既而三十餘人皆至，長跪于甲前。甲大驚異，莫知所爲也。乃援諸人坐而問之，僉曰：『曾記昔年蒙公贈金之事乎？吾等承惠受教，各事生涯，今俱成家矣。飲水思源，不忘寢食。今者天假良緣，高蹤臨莅，敢屈寬留數日。』因將甲行裝各持去，至其家，設酒殺雞作食，其妻子亦咸來謝。甲不能强，于是各以朱提照數納還，甲不受。頻行時，復持來，長跪求納，仍擲于車而去。異哉，人而至爲盜賊，何足置論？而能悔過報恩如此，即君子亦當許之。特是甲之設想，實有出人意表者。使甲當時聞乙家被盜，即集家人戒備，以待其來而禦之，勢必兩相格鬥，盜勝則席卷而去，受傷必多，甲勝則事聞於官，非錢不辦。誠不若招之來，以示勸誡之意，惠之財，以成慷慨之名，尚可冀其轉意回心，保我席豐履厚也。然此皆事後推原之論，而甲竟於倉卒間得之，其智量實加人一等矣。故有守財之福者，亦當有守財之智量，而後可以守財。

仙佛

古來言仙佛者，大都寓言以詫異聞，或點綴風流以作佳話，未必盡是真知灼見者。即有一二傳聞異詞，恐是妖狐靈鬼，或山魈木魅之屬也。至如神仙傳所載劉、阮天台一事，余以爲神仙必無是理。畢竟靈鬼妖狐所爲，爲當時傳述耳。

王孟談

常熟有王孟談者，少讀書，頗明理，習岐黄術。晚年教授晉賢涇上。其時孟談父母妻子俱亡，孤苦特甚，一歲所得，僅給衣食。乃節嗇十餘年，蓄銀二十兩。忽買舟抵大河，云故父往日曾貸其姨銀二十兩，必欲還之。及至，姨已物故數載，而姨之子亦不知其事也。且家甚富，竟不受，相讓者久之。孟談大怒曰：『吾聞負人財者，死後當爲犬馬以償。若欲犬馬吾父乎？』擲銀於其家而歸。此康熙中年事。近時有人焉，亦其同邑，在京師考試，貧窘異常。是年適中進士，授翰林，欲向其鄉先達某挪措百金，拒不見。有一寒士聞而作色曰：『彼富翁也，而吝若是，吾當爲張羅之。』乃轉借其友人書帖，直百餘金，以濟其急。後是公得京察，陞侍御史，出爲河南觀察使，有隆隆直上之勢。寒士屢索之，至二十五年終不得，反有怨言。嗚呼，此二人者其相去何如也？

地師

地師之説，漢時已有之，見于劉向七録，不始于郭璞葬經。詩云：『山川而能語，葬師食無所。』原在可信可不信之間，獨不宜溺信之耳。先高祖耕麓公墓，葬于康熙初年，東向。其西十餘步,有同里曹姓者,見余家隆隆日起,亦造一墳,則北向。既而聽地師言,於其東開五池,脉絡相連,謂之『五星池』,以斷余家之來龍,則曹氏興矣。開浚之日,恐余家阻撓之,預集鄉愚百餘人以備鬥毆,而先以一刺來拜。時先君子出,見其狀甚凶猛,遂怡顔告之曰:『君家造葬開池,吾豈能阻抑乎? 惟此池一開,右脉已斷,恐不利于己耳,於吾家無礙也。』其人以爲紿己,遂大開其池而去。乃未三十年,曹姓果絶嗣,近則犁爲田,惟存一二塚,藏荆棘中。而先高祖墓木已拱,望之鬱然,至今無恙。故凡天下事,能利人即利己,欲害人即害己也。

脩德行善

余幼時嘗聞老輩言,明嘉、萬間,倭寇之禍,流毒七省,而尚有巡視重臣如朱紈、周亮、王忬、李天寵、張經、胡宗憲、陳瑞諸人,爲之經略南北,保護人民。諸將則俞大猷、戚繼光、劉顯、李如松等爲之披堅執鋭,攻破賊匪。至天崇間,流寇一起,海内冰消瓦解,而出周延儒、温體仁、馬士英輩爲相輔,天下安得不亡哉? 其時官吏之貪虐,盜賊之縱横,關津之苛暴,士習之澆漓,人民之詐僞,婦女之奸淫,下伏怨毒,自上干天怒,雖曰劫數,亦由人事使然。論者謂有明之亡,不亡於天崇,而實亡于嘉萬。以此言之,原非一朝一夕之故也。或問曰:『設使我輩生于是時,將奈何?』余曰:『秖有修德行善,飽食暖衣,避處深山,仰望太平而已。』

仙狐鬼怪

紀曉嵐相國博學多聞，無書不覽，生平著作甚多，而尤以小説著名，如灤陽銷夏録、如是我聞、槐西雜志、姑妄聽之之類。吾友盛松雲員外曾一并刻之，名曰閱微草堂筆記。後松雲以刑部侍郎廣興事牽連落職，奉旨查封，自此板片散失，而間亦有坊家翻刻者行世。此種筆墨，本朝自蒲留仙聊齋志異外，無有出其右者。然所談者皆仙狐鬼怪，借爲莊生寓言，亦作灌夫罵座，以此勸懲，以此醒世，辨析名理，妙極精微，引據古籍，具見根柢，實有功于學問文章，又非蒲氏所可比倫也。嗚呼，天下事竟有出于仙狐鬼怪之外者，相國又豈能一一道之耶？

夢中殺賊

先太安人有從妹，嫁長洲俞氏。其夫壻俞君，余五六歲時尚見之，久而忘其名號。聞太安人嘗言，俞君素以力田起家，住百家圩，其地本水區，四通八達，故多盜賊，在今鵝湖之東三里許。俞少習劍術，從未一試。能彈琴，又能詩，與談古今事，亦了了，不似農家子也。一夕就寢，其時在臘月之廿四五日，姨母在窗前篝燈作女紅。俞忽躍起，向牀頭拔劍，開門五六重，奔至倉廳，見有十餘盜明火執杖，有米數百石，已擊其半矣。俞持劍奮力殺七人，有一人僅削其頭顱一片，而劍遂插入門梃中，久之始拔出，仍進房卧，時已四更。姨母以爲異，始唤醒：『爾何故拔劍狂奔耶？』俞欠伸曰：『吾頃在夢中殺賊。』殊不自知其夢與真也。遂持燭，呼婢僕盡起，至倉廳，但聞滿屋腥氣，血跡淋漓，尸已搶去，惟頭顱一片，尚在暗壁。咸駭然以爲異事。既未大失，亦未報官，惟隱其言，數年後始洩耳。後見紀曉嵐相國槐西雜志載其在西域時，有臺兵遞廷寄，如在夢中，而實真也。又靖海一人，夢其妻爲數人劫去，遂追奔殺賊，賊逃而細認之，是近村一婦人，非其妻也。其事相類。似夢實真，以真爲夢，千古奇聞，豈其中有鬼神驅之者耶？然不可以理測也。

陞官

山陰陳岸亭先生爲蕪湖令最久，是時安徽巡撫爲朱文正公，以其有才幹，欲提陞和州。陳不願辭去。改提六安州、壽州，又不願，辭去。若將終身於蕪湖者。後奉部文，推陞雲南通判，卒以母老告病，終于蕪湖。又嘉興馮椒園刺史，爲通州直隸州知州，亦以良能稱。上官欲提陞常州府，馮不願，辭去。再提淮安，或改徐州，又不願，辭去，若將終身於通州者。後以上官甄別，亦去任。此二君者，皆聰明才智之人也。不願陞官，似達，又似高，而戀戀於本缺，似愚，又似雅。問其所以然，二君亦不自知也。似此中有定數焉。

卧松

余曩遊雲臺山，見三元宫西巖下有卧松一株，甚奇，爲賦詩云：『巖下有古松，蟠蟠甚局促。枝横一千丈，腰大三十幅。猿鶴翔其間，煙雲滃其腹。豈無凌霄志，直並參天木。何至千萬年，甘心卧空谷。此松掀髯嘯，自言已知足。人世多良材，所患常拘束。一爲匠者顧，登時有榮辱。曲以全吾身，蕭然享清福。』後王仲瞿孝廉爲余作卧松圖，諸公題贈幾滿。復作一律云：『蟠蟠高卧白雲隈，願棄榮華伍草萊。自擬龍蛇隨屈蠖，幾經霜雪未摧隤。曲全原是藏身計，直伐終爲用世才。不見秦皇封秩後，縱加侯伯亦堪哀。』前人有言：『寧爲直伐，毋爲曲全。』此自矜風骨語。然淮陰侯韓信、誠意伯劉基輩，皆用世才，而不能保其身，是可哀也。

大木

京師廣渠門外二里許皇木廠，有一株卧于地，長六尺有餘，圍圓四丈，其高可隱一人一騎。相傳明永樂初，徵大木于蜀之馬湖，用萬夫之力舁之出山。一夕，木自行於途，其聲如雷，巨石高丘皆爲讓道，直至燕都。以其神也，留置不用，至今尚在，真所謂材大難爲用也。

姚士麟見只編云：『處州雲和縣有大杉木，鬱然雲表，百里外便可望見。好事者以絙度之，圍圓十九丈，徑六丈餘。』余往年過龍游樟樹灘，有大樟一株，余曾抱之，不過七八抱，香聞數里。樹下有樟樹將軍廟，相傳爲明太祖所封。視雲和之杉，渺乎小矣。

人面蛇

常州王松山翁，習度支之術。乾隆五十一年，年纔二十餘，隨其戚湯公緯堂臺灣鳳山官署。適值逆匪林爽文之變，知湯公已殉難，急逃海邊，趁一三板船出海。未十里，忽颶風大作，遂覆舟。王自知不免，遂跳木桶中，飄至一孤島。闃其無人，遥見兩女子從石洞中出，甚麗，皙白如玉，注目良久。王正欲問訊，往視之，則鱗甲滿身，乃大蛇也。大駭，竊自念曰：『今真死矣。』頃之，蛇去，王在島上餓兩日夜，至第三日竟有船來救之，得達彼岸。自後習理舊業，爲諸侯賓客者四十餘年，兩子皆官八品，今年八十餘，尚康健如舊。

遊蘭亭

乾隆五十八年，歲在癸丑，暮春之初，紹興太守李公作續蘭亭禊飲會，繪圖一卷，與會者二十有一人焉。一人扶杖而來，白鬚飄蕭，老而有雄傑氣者，爲袁簡齋太史。隨行者爲太史弟子張香岩。又二人，遥指太史，左顧者爲李松巢，與松巢對立，手拈髭而衺如者徐上亭。又一人，倚石上執杯者，王燕山。長松插雲，下坐二人，一人抱膝坐，豐容廣顙，爲史少岡。一人跂脚坐，爲平寬夫宫詹。稍東，頎身瘦骨，俯而觀泉者，陳斗泉。流泉之左，松根之下，卧而引盃者，何養亭。又一人，翠竹深處，握管而沉吟者，郭恕堂。一人左手按地坐，小童捧酒巵立於旁，爲闞文山。又一人，兩手自擁，盤屈而坐者，丁嘯谷。又二人坐，一人立，坐而執書者，徐鐵谷，一手指書，若辨難者，爲朱九榆，立而俯視者，侯繼蘇。又二人對立，一人指石者，爲徐閬齋，一人叉手若微笑者，爲姚秋槎。又二人，一人坐亭隅彈琴，爲錢梅溪，一人坐而聽者，爲張蓑園。其端坐亭中左顧，若領琴韻者，主人李曉園。膝下圓頤廣額，眉目秀異，緋衣總角，可六七歲者，爲公子善祺也。袁太史名枚，錢塘人，時年七十有七，與其徒由金陵再渡江而東，將之天台，過會稽，故與於會。餘皆太守賓客，方輯越志，多士雲集。作畫者即丁、闞二君，斗泉爲補山水云。

夢海忠介

蘇州蔣恪庭太守，名希宗。官刑部侍郎時，一夕夢人持柬來曰：『敝上人致明蔣大老爺。』恪庭視柬上書，乃『年家世弟海瑞頓首拜』九字。明日，恪庭過琉璃廠，得忠介瓦章，長徑寸許，有五字曰『掌風化之官』。歸而藏之。時諸城劉文正公、無錫秦文恭公俱在刑部，聞之，謂恪庭曰：『君明敏練達，即日一麾出守，當如忠介之巡按南都也。』未幾，擢河南彰德府知府。涖任後，有盜誣民羅秉孝爲夥一案，羅已擬斬，太守廉得其冤，雪之，乃悟夢中所云『四維』者，即羅姓也。

拳勇

世之所謂拳勇者,有内外家。外家起于少林,以搏人爲主,人亦得而乘之。内家以静制動,犯者應手即撲,蓋起于宋之張三峰。三峰爲武當丹士,徽宗召之,道梗不得前。夜夢玄帝授之拳法,以單丁空手,殺賊百餘。其技盛傳于陝西,而王宗最著名。案續文獻通考,使拳之家有十一種,曰趙家拳、南拳、北拳、西家拳、温家鈎掛拳、孫家披掛拳、張飛神拳、霸王拳、猴拳、童子拜觀音拳、隨手拳,又有九派十八跌、打撾拳拿,又有眠張短打破法、九内紅大下等破法、三十六拿法、三十六解法、七十二跌法、七十二解法。

滕王

嘉慶初,有窮秀才連年失館,夢一人吟哦曰:『攀桃李兮三千里,贈蘗蕪兮十二時。』不解其意。其友蔣竹厂曰:『此陳其年滕王閣賦語也。』未幾,有滕、王兩姓延爲西席。是知一飲一啄,莫非前定。

朱文公草藁〔一〕

朱文公注經草藁,余所見者,易繫辭六十一行,又『顏淵問仁』五頁,余已載入收藏一册内矣。近日又見先進『司馬牛憂曰』至『以友輔仁』，止計十四頁半，後有吴匏菴、唐六如兩跋，是婁東陸氏所藏。道光辛卯五月，蔣伯生大令携至清江，獲一觀焉。

校勘記

〔一〕此篇原無標題，據全書文例擬補。

乩仙詩

乩仙詩無有佳者。余居釣渚時，鄰家有仙乩，祈拜紛紛，余終未嘗至也。偶見有一詩云：『終日行吟謝朓詩，環居新緑影参差。階前草色森森碧，墻上苔痕漸漸滋。花落正當人静後，幢開剛值燕來時。東風意嬾停春剪，惟有鼠姑得自知。〔一〕』清新可愛，當是女仙詩。

校勘記

〔一〕知，原作『如』，據詩韻改。

唐戴叔倫墓

嘉慶初年，金壇縣小南門外三里許竹莊塘，有許氏造别業，掘出一古棺，是唐詩人戴叔倫墓也。邑中有戴氏者，相傳即其子孫。涉訟數年不決。後大吏委吴溪司巡檢張四沖勘丈，遂命移棺於顧龍山足，立一碑曰『詩伯夜臺』四字。先是，發墓時得小碣，有『寄語吴溪張巡檢，好收吾骨葬高峰』之句，遂如其言，訟始結。

宋和靖處士尹焞墓

尹和靖先生墓，在會稽龍瑞宫前石帆山下。按是墓久爲山人盜賣，明嘉靖中，爲里豪所發，得其志石。知府洪珠訪求，則云石已毁矣。至國朝乾隆四十九年，山陰李觀察浚原遊山至謝墅，見碑石仍在，因貽書與嵊縣令，訪其遷嵊子孫。於是尹瑢等聞之，來拜墓下，因備價向徐姓贖出，凡三十餘畝，修墓樹碑，以復其舊。五十六年，余與修郡志，亟載入第七十三卷陵墓一門。

先忠懿王墓

先忠懿王墓，在今河南府洛陽縣之北邙山。宋史本傳云：『以端拱二年春正月，有詔葬王于河南洛陽縣之賢相里陶公原。』乾隆中，山陰施我真太守重修河南府志，竟失載。後縣令魏襄修洛陽縣志，始載之云『宋鄧王錢俶墓』，僅引畢氏續資治通鑑綱目及伽藍記以爲證，而不引五代宋史、吴越備史、十國春秋諸書，亦陋矣。按忠懿王于太平興國三年歸國後，屢上表請去大元帥、國王諸號，而太宗不允，仍封淮海國王，改南陽國王，又封許王，進鄧王。至端拱元年薨，累贈秦國王，即洛陽志之稱鄧王，亦誤也。

明太常卿黄子澄墓

蘇州府志云：『黄子澄墓，在崑山縣馬鞍山之陽，子彦修、彦輝祔。』案子澄諱湜，以字行，袁州人。登洪武十八年進士，命伴讀東宫。建文初輔政，始言燕王權重，必爲國患，宜削其制，不聽。後永樂果入南都。既踐位，將釋用之，子澄不屈，屢稱殿下，曰：『臣知殿下以兵力取富貴，不知殿下竟登大寶。若用臣，是不欲以綱常治天下矣。』遂遭慘戮，身首異處。後其子彦修收其骸葬此，子孫遂居崑山。萬曆初，裔孫黄熊與邑人蔣乾者争塚地，訟于縣。知縣申恩科親勘，不能決。忽聞地中有聲如雷，化爲青氣，從西北而去。又裂出一潭，露石志，乃洪熙元年侍郎劉璉筆也。皆大驚，申報撫案。適有詔旨，訪建文死難諸臣者，因具疏，奉旨表其墓。乾隆五十年，崑山城隍廟四宜軒有積土，守廟道士將築亭其上，階石甫甃，雷電擊之，三甃則三擊，不知其故。掘土見一碣，乃黄子澄墓也。嘉定錢溉亭進士塘詩云：『昔時誅戮無遺嬰，今日風雷護殘骨。』即紀其事，異哉！今蘇城朱明寺東有黄子澄、姚善祠，已改爲民居，惜無人整理之者。按姚善爲蘇州府知府，當時與子澄同唱義者也。

明王陽明先生墓

新建伯王文成墓，在紹興府城南二十里花街之洪溪。文成與其父母皆葬此。國初，爲土人所佔，侵削殆盡。康熙五十四年，知府俞卿爲之清理，立讞存案。乾隆十六年，高宗純皇帝南巡，諭祭，賜額曰『名世真才』，而墓碣久無存矣。至五十二年，朱文正公珪爲浙江學政，始撰一碑，立石墓前，梁山舟先生書也。

明三關總制周將軍墓

明三關總制周將軍遇吉墓，在山西寧武府城外半山。乾隆五十年夏，霖雨浹旬，山水暴漲。先一夕，墓前忽湧一小山，高十餘丈，長三十餘丈，以遏水勢，不受衝決，儼然如舊，咸謂將軍之靈爽所致。有上其事于撫軍者，爲捐三千金，重葺祠堂，立碑紀異焉。

南唐金娥墓

余舊居金匱西莊橋，西北二里許，有金娥墩者，鄒氏世居。相傳此墩爲南唐李煜妃金娥之墓，隧道尚存。土人時掘墓間磚作磨刀之用，有『唐王寶印』四字，其爲南唐時墓無疑。又聞之土人云，每當風雲陰寒之夜，有好女子從冢間出，且泣且歌曰『日侵削兮三尺土，山川已改兮衆余侮』云云，此縣志之所未載。

宋小紅墓

宋姜白石妾名小紅，即白石詞所謂『小紅低唱我吹簫』是也。其墓在今杭州寶叔塔後篁菴内，友人王仲瞿寓其中，偶命園丁鋤地，得一碣，上刻云『秦亭之西，皋亭之東，鳥啼花落，嗚呼小紅』十六字。時阮雲臺先生爲浙江巡撫，頗訪古蹟。仲瞿恐有地方官酬應之苦，遂將此碣棄後園放生池中。

元女史孫蕙雲冢

乾隆己卯、庚辰間，揚州有乩仙自稱孫蕙雲者，元季人，本姓王氏。其父名晞，字林矚，松江華亭人，官侍郎。至正末年，明師破燕京，合門殉難。時蕙雲僅四齡，乳媪孫負之以逃，寓淮安，故姓孫氏。居淮十餘載，媪又死，蕙雲隻身無依，乃爲黠少年掠至揚州，陷身花塹。而蕙雲百折不回，荼毒備嘗，仍完白璧，悒悒以死，葬揚州城外，時年十七。上帝以其一家忠節，未列輪回，將藉乩以發幽光耳。并賦詩索和，一時名士如崇明柏藴高，無錫朱宗洛，長洲汪元亮、陳基德輩俱有詩，凡數十百家。虞山瞿頡云：『仙珮誰招夜月魂，臨壇猶帶舊啼痕。我來欲奠孫娘冢，草緑揚州第幾村。』

梅花菴

梅花菴在嘉善縣城内，菴中有元吴仲圭墓。按仲圭名鎮，工於書，自號梅花道人。嘗自題一碣曰『梅花和尚之塔』，作八分書，卒後遂葬於此。元末寇亂，浙中諸墓多所發掘，惟此墓獨全，似有先知之見云。墓前東廊下，本有仲圭畫竹石刻八幅，傳播藝林。嘉慶十六年，黼堂少宰又將仲圭草書心經屬余刻石，置諸壁間，少宰自有記。

清故詩僧鐵舟塔銘

禪師諱可韻，自號鐵舟，俗姓徐氏，湖北江夏人。幼聰穎，能爲詩歌，善鼓琴，工六法，而尤精于蘭竹。年二十餘，頗悟禪旨，遂出家。遊江東，歷黄山、白嶽、西湖、南海、天台、鴈宕之奇，又北登泰山，渡易水，上京師，所至流連，輒以書畫自給，一時公卿大夫莫不爲之傾倒。晚年寄蹟吴門，求書畫者益衆，四十餘年如一日也。以嘉慶二十年正月廿四日，圓寂于金閶門外李王廟之平遠山樓，春秋六十有四。著有南遊草三卷。越五年，其友陳君道脩爲醵資造塔，葬諸虎丘柏徑。師，余故人也，爲作銘曰：『見真寶相，具妙明心。仗一枝筆，與世浮沉。身既無著，筆亦何有？南北去來，惟一樽酒。雲巖崱嵂，鶴澗潺湲。生公已杳，草緑空山。』

先賢祠

余自總角時，即往來吳門，屈指將五十年矣，歷見人之變遷，家之興廢者，不一而足。至如祠廟，亦興廢無常。護龍街大關帝廟北，有前明王少湖先生敬臣與陳文莊公仁錫專祠，今其地侵爲民居。少湖像今在察院巷雷姓戲盔店内，著古衣冠，白鬚飄然，塐像逾五尺許，旁有門人栗主數十，皆棄壁間，四遭以墻圍之。今近鄰亦無有知者。此三十年前顧文學公燮親見，嘗爲余言。又中街衕西三茅觀巷，有祝枝山祠，廿年前尚有老屋三間，爲不肖子孫所賣，將塐像毁去，近已造爲茅厠，友人陸鐵簫猶及見之。今祠既不可復，余爲請之郡守申公瑶、吳邑宰朱公樹基，立一石碣，題曰『明京兆通判祝枝山先生故里』十二字，在巷之東口。我吳先賢，不祀忽諸，可歎也。聞醋坊橋東醬園内有吕文正蒙正祠塐像，今亦在夾墻中，惜郡志不載，難于考證矣。

前卑後倨

戰國策描寫蘇秦之妻曰『以季子位高而多金』，自古勢利小人皆如此，豈獨婦人哉？道光初，有某相國予告歸田，路過揚州，諸商雲集，有送程儀三千兩者，有送四千兩者，有與相國瓜葛，送六千兩者，爲一時盛事。後相國以事去職，再過揚州，則無一人禮之，拽舟而過。前卑後倨，真堪嗤鄙。

蔣之逵[一]

蔣佚圃先生之逵，嘗語其諸子曰：『凡人保家，讀書爲要。凡人讀書，從師爲重。凡人從師，尊師爲先。不知尊師，子孫讀書必不成，而家亦必不長保也。余甫入塾讀書，汝祖母盛太君苦志守節，自奉澹泊，而館餐極豐腆，師所善嗜，必常進。師有父母在堂，時饋甘旨之奉。值師考試，先期致盤費，曰：「毋使彼懸懸也。」且曰：「貧士一歲館穀，仰事俯育，悉取給於此，安得尚有餘資以爲考費？第無考費，必至有志不遂。或親戚資助，或告貸挪移，一之已甚，其可再乎？」竊思吾之望子孫，欲其科第顯揚，是以從師，而師之父母，亦各望其子之科第顯揚，必不願其子之以館師終老。乃吾之子孫科第顯揚，他人之子孫以館師終老，吾心安乎？」汝祖母之言如此。余體此意行之，願汝兄弟及子子孫孫，敬遵此意行之，即是盡孝大端。至延師束脩，及三節盤儀，朔望潤筆外，於歲除另致白金十兩，在有力之家，不在區區之項，而貧士多此十兩，所裨非淺。再，師或鄉居，而館吾家，尚未有子者，每月備舟，囑其歸家一次，以冀有後。否則吾之子孫，恐其學業荒癈，而他人任其斬祀，存心不善，莫此爲甚。吾承大參公門閥，爲貴家子，繼以汝兄弟早登科第，恐僕從無知，倨傲不謹，得罪於先生。時時約束駕馭，稍一不慎，立即懲責，即尊師之一念所推也。』載先生遺訓中。先生由明經授縣令，改中翰，贈官卿貳，崇祀鄉賢，後裔科甲繁衍，簪纓烜赫，人皆謂榮禄公尊師之報云。

校勘記

〔一〕此篇原無標題，據全書文例擬補。

文王百子

世言文王百子，以詩有『太姒嗣徽音，則百斯男』一語。此詩人誇美之詞也，其實並無百子。據史記：『太姒十子，周以宗强。』伯邑考早卒，武王封兄弟之國十五人，則文王不過十六七子耳。惟漢書中山靖王子百二十人，杜子微子百四十人，張蒼有子百人，似非虚語。相傳明晉藩慶成王，自王妃夫人暨宫人室女，所生子至百人，俱長成。除長子襲封外，餘九十九人並封鎮國將軍。每有宴會，紫玉盈座，至兄弟間不相識，當爲古今異聞。

寤生

左傳隱元年鄭莊公寤生，古來解者紛紛，無以爲左證。案崔鴻南燕録，晉咸康二年，公孫夫人晝寢，生慕容德，左右以告慕容皝，曰：『此兒易生，似鄭莊公，長必有大德。』遂以名德。又三十國春秋，前秦蒲洪父懷歸爲部落小帥〔一〕，其妻姜氏因寤産洪，驚悸而醒，『寤生』二字始得真解。

校勘記

〔一〕爲，原作『於』，據太平御覽卷三六一引三十國春秋改。

九經有刻板

五代史載後唐長興三年二月辛未，初令國子監校定九經，雕印賣之。九經之有刻板自此始，馮道與有力焉。今世傳刻板自馮道始，非也。

御

禮、樂、射、御、書、數，謂之六藝。禮以節文，樂以致和，射以觀德，書以紀事，數以格天，惟御之一事，前人俱解爲御車之御，恐未盡其義。余以爲御者，禦也，所以禦敵，可以衛身也。有文事者必有武備，即武藝也。若作御車解，則今之燕、趙、齊、魯之間，小民下賤皆能之，豈遂爲一藝耶？

衙門

衙門乃牙門之誤，周禮謂之旌門，鄭氏『司常』注所云『巡狩、兵車之會，皆建太常』。其旂兩邊如牙狀，故又曰牙旗，後世因謂營門曰牙門，後漢書袁紹傳『拔其牙門』是也。蓋武備象獸，以爪牙爲衛，故軍前大旗謂之牙旗。又杜詩『聞道君牙帳』，皆作『牙』。自如淳注漢書『衙縣』，音衙爲牙，於是始有衙之音，而訛牙爲衙，亦始於是時。按漢北海相景君碑『强衙改節』，楊君石門頌『綏億衙疆』，俱作『禦』字用，不音牙也。

轅門

轅門，軍中所設也。按張晏曰：『軍行以車爲陣〔一〕，轅相向爲門，故曰轅門。』今之大府衙署，俱列擋栅爲轅門，誤矣。然相沿已久。

校勘記

〔一〕爲，原作『馬』字，據史記集解引張晏注改。

埍房

今衙署中俱有埍房，以爲即案卷之房，非也。按許氏説文：『埍，徒隸所居也，從土肙聲。古泫切。』則卷房者當作埍房。

寺

僧居稱寺，始自漢明帝。按後漢書，迦葉摩騰、竺法蘭以沙門服謁見，館于鴻臚寺。次年，敕洛陽城西雍門外，立白馬寺以居之，蓋仍寺之名，而以白馬馱經故名也。後世遂仍之。按『寺』字凡三變，三代以上皆奄豎之名；自秦以宦者任外廷之職，而官舍通謂之寺；漢以太常、衛尉等官爲九寺。遞降而爲浮屠之居，亦云寺矣。

典當

今之典當，即古之質錢庫。唐以前惟僧寺爲之，謂之長生庫。今則富豪士大夫之家皆開質庫矣。

公車

今人稱進京考試曰公車。案後漢光武本紀，建武七年四月，舉賢良方正，遣詣公車。注：『公車，門名也。公車所在，因以名焉。』

計偕

今人稱赴都曰計偕。按漢書，武帝『徵吏民有明當世之務，習先聖之述者，縣次續食，令與計偕』。注云：『計者，上計簿使也，郡國每歲遣詣京師上之。偕者，俱也。言令所舉之人，與上計者俱來也。』

祖道

餞客于郊外送行，謂之祖道，曹植詩『祖道魏東門』是也。顔師古曰：『黄帝子名纍祖，好遠遊，而死於道。故後人以爲行神，凡出行者祭之。』朱子語録云：『祖道之祭，作一土堆，置犬羊其上。祭畢，而以車碾從上過，象行者歷險阻之患，如周禮祀軷之禮。祭畢，則以胙肉享客，即謂之餞也。』

居間

今人買賣房産，其中作介紹者，謂之居間。史記郭解傳：『洛陽人有相讐者，邑中賢豪居間者以十數。』注云：『居中以他道和輯之也。』

中堂

今人稱宰相曰中堂，考古無此名色也。按池北偶譚，明内閣大學士皆於翰林院上任，故院中設閣老公座於上，而掌院反居其旁，故稱閣老曰中堂。以此相沿，至今不改。大學士之官，見舊唐書李適傳〔一〕，中宗景龍二年，修文館置大學士四員，以李嶠、宗楚客、趙彦昭、韋嗣立爲之，此大學士之始。

校勘記

〔一〕適，原作『通』，據新唐書文藝傳改。

和尚

和尚，梵本正名鄔波遮迦，傳至於闐國，翻譯爲『和尚』二字，見翻譯名義。又魏書釋老志上人，内有德智，外有勝行，在人之上，故名上人。』今則遍天下皆上人矣。

云：『天竺沙門佛圖澄至襄國，石勒宗信之〔一〕，號爲大和尚。』又要覽云：『瓶沙王呼佛弟子爲

校勘記

〔一〕『石勒』上原有『劉』字，據魏書釋老志删。又釋老志此處原文云：『石勒時，有天竺沙門浮圖澄，少於烏萇國就羅漢入道，劉曜時到襄國。後爲石勒所宗信，號爲大和尚。』

道　士

大霄琅書經云：『人行大道，故曰道士。』又云：『身心順理，惟道是從。從道爲事，故稱道士。』又樓觀本記云：『周穆王好神仙，因尹真人軌草制樓觀，遂召幽逸之人，置爲道士。至平王東遷洛陽，又置道士七人。漢明帝永平五年，置三十七人。晉惠帝度四十九人。後魏武帝度三十九人。文帝幸雍，謁陳熾法師，置道士五十人。』今則遍天下皆道士矣。

秀　才

秀才之名昉於漢，增廣生始於唐，歲貢之名始見於漢書董仲舒傳，舉人、貢生始見於後漢書章帝紀，進士始見於王制，進士科始於隋大業元年，殿試始於唐武后天授元年，州縣分吏户

禮兵刑工六曹始於宋徽宗。

尊公

今人面稱友人之父曰尊公，見晉書郗超傳，簡文帝謂郗超曰：『致意尊公。』謂其父愔也。

城隍

『城隍』二字，見易經。其神之有祀者，則見於北齊書，慕容儼鎮郢城，城中先有神祠，俗號城隍神。又隋書五行志，梁武陵王紀祭城隍神。南雍州記云：『南陽城内有蕭相國廟，相傳爲城隍神。』唐李陽冰縉雲縣城隍廟記云：『城隍神，祀典無之。』大約總起於晉、宋、齊、隋之間。至宋以後，則城隍之祀遍天下矣。其每年之清明、七月望日、十月朔日，三次有城隍會者，則始於明太祖。小知録云：『洪武二年，上在朝陽殿，夢城隍及土地云：「歲中致祭無祀者，一祭不敷，乞陛下敕有司遞年祭三次，庶幽魂得以均沾。」上覺而異之，召禮部議，詔天下無祀者每歲致祭三次，著爲令，至今承之。』

五路財神

今世沿門比户俱祀五路財神，言錢財必由東西南北中五路而來，故曰五路，並非有其神也。按武陵小史載陳顧野王生五子，長盛南，次鴻南、周南、夏南、允南，皆封侯。宋建炎初，建祠翠微山之陽，明初號五顯靈順廟，然未聞其掌財也。惟江蘇財帛司姓任，名環，山陰人，明季曾爲右藩司庫官，後職任防海。倭寇犯吴淞江，死之。至本朝康熙間，請封路國侯，即蘇州之財神也。

觀世音

小知録云：『佛經言觀世音於阿彌陀佛滅後，成正等覺，號普光功德山王如來。』又佛書，秦譯維摩詰所説經不二法門品有不眴菩薩，即觀世音也。又梁曇無懺譯悲華經云：『有轉輪王，名無量浄。第一太子曰不眴，發菩提心，故今字汝爲觀世音。』又法苑珠林云：『宣驗、冥祥等記，觀世音顯蹟六朝至衆，其相或沙門，或菩薩，或道流，無作婦人者。近世所傳魚籃，其變相也。』大約唐宋以來，皆爲女像矣。又附會爲妙莊王女，其説蓋本之元趙松雪夫人管氏所撰觀音大士傳中語。案隋書及北史王劭傳，並云隋文皇獨孤皇后，秘記言是妙善菩薩，即妙莊王第三女，故秘記以之比皇后。是隋時已有是説。

一雞二犬

今吴中風俗，正月一日爲雞生日，二曰犬，三曰羊，四曰猪，五曰牛，六曰馬，七曰人，八曰穀，九曰天，十曰地。所謂九天十地者，誤也，當作九粟十麥，見道書。其一雞二犬至七人，見崔豹古今注及董勛問禮俗，而魏書自序傳亦引之，可見晉唐時已然。高適寄杜少陵人日題詩、韓昌黎人日登高皆是也。又荆楚歲時記云：『一日不殺雞，二日不殺狗，三日不殺猪，四日不殺羊，五日不殺牛，六日不殺馬，七日不殺人。』此語尚有理。事物紀原謂東方朔始置人日，未見所出。

爆　竹

古曰爆竹，今曰爆仗，元魏時已有之。事物紀原云：『魏馬鈞製爆仗，隋煬帝益以火藥雜戲，即今之煙火也。』范石湖郫田樂府云『截筒五尺煨以薪，當階擊地雷霆吼』，則是宋時猶用竹，不以紙也。近時更有洋爆仗，不用火藥，擲地即響，不知其理。

高　蹻

今蘇杭間有高蹻之戲，以兩足扎兩木而行，步履如飛。其人長丈餘，高出屋簷之上。按列子，宋有蘭子者，以技干宋元君，以雙枝長倍其身，屬其脛，並趨並馳，即今之高蹻也。

積錢瓶

今小兒所用之積錢瓶，古曰撲滿，見西京雜記。鄒長倩遺公孫宏書曰：『撲滿者，以土爲器，以蓄錢，具有入竅，而無出竅，滿則撲之，言聚斂而不能散者，將有撲滿之敗。』又曰缿，趙廣漢傳『缿筩』注云：『若今盛藏瓶爲小孔，可入而不可出。』説文缶部有『缿』字，注云：『受錢器也，古以瓦，今以竹，大口切，讀如茍。』然則今之市肆用竹筩受錢，由來久矣。

陞官圖

陞官圖始於唐李郃，方千里有骰子選格序云：『開成三年春，余自海上南行，次洞庭之陽，遇二三子號進士者，以六骰雙雙爲戲〔二〕。更投局上，以數多少爲進身職官之差。數豐貴而約賤，卒局有爲尉掾而止者，有貴爲將相者，有連得美名而後不振者。』宋尹師魯踵而行之，以元豐官制行，宋保國又更定之。至劉貢父，則取西漢官秩陞黜次第爲之，又取本傳中語，所以陞黜之故，注其下。其兄原父見之喜，因序之，而以爲己作。明倪文正公鴻寶亦以明官制爲圖。王阮亭尚書少時，偶卧病旬日，無所用心，戲作三國志圖，以季漢爲主，而魏吴分兩路遞遷，中頗參用陳壽書，頗爲雅馴有義例也。載香祖筆記。

校勘記

〔一〕六骰，原作『穴骼』，據明鈔本文苑英華改。

轎

史記夏本紀：『陸行乘車，水行乘船，泥行乘橇，山行乘檋。』河渠書作『山行乘橋』，不聞有轎也。漢書溝洫志：『山行乘梮。』説文：『輴以行泥，欙以行山。』韋昭云：『梮者木器，如今輿床，人舉以行。』應劭云：『梮或作欙，爲人所牽引也。』徐廣云：『檋者，直轅車。』案諸説，則梮欙者，即今山轎之類也。漢書嚴助傳：『輿轎而隃嶺。』此『轎』字初見。臣瓚注云：『今竹輿車也。』唐高承事物紀原云轎爲秦始皇作，不知出於何書。南史桂陽王休範反，乘肩輿至壘南。梁天監中，益州民焦僧護作亂，蕭淵藻年未弱冠，自乘肩輿，巡行賊壘。觀此，則肩輿者即轎也。宋高宗南渡後，不論仕庶皆用轎矣。演繁露云：『百官得于寓京乘轎，自揚州始。』今京師惟二品以上坐轎，餘皆用車，俗呼爲轎車。然國初亦有轎，平民亦得而坐之。

或問八座始於何時？見南史始興王憺傳『乘八擱輿』，乃八座之始。又江夏王寶元反，乘八擱輿。唐制，六尚書與左右僕射爲八座，非八擱輿爲人坐也。

頂馬唱道

貴官出行，必有騎馬前導者，謂之頂馬。國語『越王勾踐親爲吳王前馬』，即今之頂馬也。貴官輿前必有呵殿聲，謂之喝道。梁書『令僕中丞引喤至街』〔一〕，即今之喝道也。

校勘記

〔一〕令僕中丞引喤至街，今梁書無此句。魏書郭祚傳及北史郭祚傳並言：『故事，令、僕、中丞騶唱而入宫門，至於馬道。』或為錢泳所本。

參官

古人參劾一官，必相參謀而後劾之，故曰參劾。按玉篇：『參，相謁也。』國策曰『臣之義不參拜』是也。又韻會云：『三相參爲參，伍相伍爲伍。』故左傳『自參以上』、周禮『設其參』，皆謂三相參也。今官名參軍、參謀、參知政事，皆此義也。今人去劾字而曰參官，誤矣。又以專劾爲特參，則益誤矣。

革職留任

晉書王舒傳：『蘇峻作逆，舒行揚州刺史事。時吴國内史庾冰、義興太守顧颺等〔一〕，皆起義軍以應。冰、颺等遣前鋒進據無錫，遇賊將張健數千人，交戰，大敗，舒以輕進奔敗，斬二軍主者，免冰、颺督護，以白衣行事。』當爲革職留任之始。

校勘記

〔一〕義興太守顧颺等，晉書卷七六王舒傳作『前義興太守顧衆、護軍參軍顧颺等。』

缺襟袍

今人有遠行者，著缺襟袍、馬褂子，謂之行裝，此有本也。按新唐書，高祖武德九年，詔諸衛將軍，皆於十月一日服缺胯襖子，蓋從軍之服也。

公館

今當道官員所居之處曰公館，見禮記曾子問『公館復，私館不復』，自卿大夫之家曰私館，公館與公所曰公館。每見搢紳先生旅寓，統云公館，誤矣。

一百零八

今朝珠、念佛珠及僧寺之撞鐘，俱用一百零八數，其義不可解。或曰此一歲之義也，每年有十二月，二十四氣，七十二候，適符其數。此説似有理。

一千

每錢一千，古時皆曰一貫。至吴越錢文穆王時，浙人始以一貫爲一千。見猗覺寮雜記。

元寶

今天下各州縣解部正庫銀，每錠重五十兩，名曰元寶。按元至元三十年，元帥平宋，至揚州。伯顔令搜撿將士所得撒花銀，消鑄成錠，每錠重五十兩，是爲元寶之始。

排行

兄弟名字，或上或下同一字者，謂之排行，大約起於晉宋之間。如德宗、德文，義符、義真之類。單名以偏旁爲排行者，始見於劉琦、劉琮，此後則應璩、應瑒，衛瓘、衛玠之類，自此接踵而出矣。見顧亭林日知録。

克什

滿洲語，以恩澤自上施者謂之克什。凡頒賜之物，衣服果品，皆云克什。今專以肴饌食物爲克什，誤也。

點心

『點心』二字，始於六朝，見輟耕録。今之糕團，相傳爲公劉作，見太平廣記。團子又名寒具，晉桓玄好蓄法書名畫，嘗與客觀之，客食寒具，見雞跖録。粽子即角黍也，相傳爲祭屈原而作，見續齊諧記。饅頭本名蠻頭，諸葛武侯平蠻回，至瀘水，風浪横起，兵不得渡，乃命行厨宰牛馬，和麵爲劑，塑成假人頭，以祭水神，軍獲渡焉，見蜀志。包子即饅頭也，宋仁宗誕日賜群臣包子，見燕翼詒謀録。餛飩，宋程大昌云出于混氏、屯氏，見淵鑑類函。他如謝諷食譜之巨勝奴、貴妃紅、玉露團、金漿餅、鳳皇胎、紫龍糕、君子飣、天孫膾之類，不過美其名而已，無有一定也。

款識

今鐘鼎上有字者，謂之款識。按漢書郊祀志『文鏤無款識』，注云：『款，刻也。識，記也。』游宦紀聞云：『款識分二義，款爲陰文，是凹入者；識謂陽文，是叠起者。』

東西

今人稱赴市中買物曰買東西。明思陵嘗以問周延儒，對曰：『南方火，北方水，昏暮叩人之門户求水火，無弗與者，故不言南北而曰東西。』褚石農堅瓠集則曰：『東主生發，西主收斂，取東作西成之義，故曰東西。』

盩厔

漢書地理志右扶風有盩厔縣，即今陝西之盩厔也，屬西安府。按寰宇記，山曲曰盩，水曲曰厔，二字音舟質。今人以事費曲折者曰盩厔，即此字也。或又言周折，或言周章，皆非本意。

虎面子

今小兒戲耍之虎面子，又名面具，亦曰鬼臉。樂府雜録鼓架部有代面戲，言始自北齊，神武弟有膽勇，善戰，以其顔貌無威，每入陣，即著面具，乃百戰百勝。

官斛

今官斛規制，始於宋相賈似道。元至正間，中丞崔彧上言，其式口狹底廣，出入之間，盈虧不甚相遠，遂行於時，至今不改。

火炕

北方寒冷，多用火炕，書多不載。按舊唐書高麗傳，冬月皆作長坑，下燃温火以取煖。此即火炕之始也。

倒楣

今吴人方言，每以作事不成者，則譏笑之曰倒楣，殊不可解。考明季諸生鄉試者，科舉甚難，百不得一，一有科舉，便親友盈門，喧然稱賀，門首豎棋杆一根以爲榮。如不中式，則將棋杆撤去，謂之倒楣，蓋本此。

有門檻

明神廟時，邊餉屢增，凡民家有大廳者，即加門檻税。今吴中方言，尚稱大户爲有門檻人家，本此。

年糕

蘇郡人居稠密，康熙、雍正間，每年新正，家家關門，無日中爲市者，過元宵始陸續開張，竟有遲至二月初中者。故歲暮蒸糕，以備一二十日之點心。今則元旦亦開市，安用蒸糕爲耶？然已成風俗矣。

脂粉

今婦女所用之脂粉，商周時已有之。相傳紂作燕脂，以燕國所生，故曰燕脂。秦穆公女弄玉有容德，感仙人蕭史，爲燒水銀作粉與塗，亦名飛雲丹。女人之施脂粉，蓋自古而然焉。

穿耳

女子穿耳，由來已久。按莊子：『天子之侍御，不爪揃，不穿耳。』劉熙釋名，穿耳施珠曰璫。古詩『耳著明月璫』是也〔一〕。三國志諸葛恪云：『母之於女，天性之愛，穿耳貫珠，何傷于仁？』是此風上古已然矣。

校勘記

〔一〕著，原作『珠』，據樂府詩集焦仲卿妻改。

婢

今人稱婢曰鵶鬟，本王炎詩『捧腮却立鵶鬟奴』是也。又曰鴉頭，本白居易詩『綉面誰家婢，鴉頭幾歲奴』是也。又劉賓客詩『花面丫頭十二三』，皆言婢女頭髮如烏鴉也。

課馬

孔平仲雜記：俗呼牝馬曰課馬，出唐六典『凡牝馬四遊五課』〔一〕，謂四年課一駒也。

校勘記

〔一〕五，原作『而』，據唐六典卷十七諸牧監改。

鲞魚

唐陸廣微吴地記云：『闔閭入海，會風浪，糧絶不得渡。王拜禱，見金色魚逼而來，吴軍取食。及歸，會群臣，思海中所食魚，所司曰：「曝乾矣。」索食之，甚美。』則鲞者，猶言美魚也。

魚之乾者，統謂之鲞，即今之台鲞是也。

茶

古無『茶』字，冬日則飲湯，夏日則飲水而已。説文新附字：『茶，苦荼也，從艸余聲，同都切。』臣鉉等曰：此即今之茶字也。』詩『誰謂荼苦，其甘如薺』，即茶之義也。爾雅『檟，苦荼』，注云：『早採爲茶，晚採爲茗。』三國吴志韋曜傳：孫皓時，飲酒以七升爲率，或賜茶荈以當酒。博物志云：『飲真茶，令人少眠睡。』則茶者，漢魏時已有之，自唐盧、陸有茶經，而名始著也。

題目

賦詩作文，俱有題目。古無此語，惟北史念賢傳魏孝武帝作行殿初成，未有題目，詔侍臣各名之。念賢擬以『圓極』，帝曰：『正與朕意合。』『題目』二字，始見于此。

破題

今世尚八股，起二句曰破題。按李肇國史補，李程試日五色賦，既出闈，楊於陵見其破題云：『德動天鑒，祥開日華。』許以必擢狀元。是唐人作賦已有破題。又如謝莊雪賦之『歲將莫』四句，杜牧阿房宫賦之『六王畢』四句，皆破題也。

書重字作兩點

今人每書重字作兩點,或二小畫者,考商周已如此。如鐘鼎款識之『子子孫孫』,石鼓文之『員員』『速速』,秦刻石之『夫夫』,漢石門頌之『明明蕩蕩』,皆是也。今有只作一點者。又宋元人寫錯一字,其旁必加一『非』字,後人簡『非』爲『卡』,又簡爲『三』,既而又簡爲『二』爲『一』,皆從簡易,然其義晦矣。

五更

五更之説,起於漢魏,謂甲夜、乙夜、丙夜、丁夜、戊夜也,謂之五夜,又謂之五更,以五爲節,見顔氏家訓。每更有五點。五更三點,則見於杜少陵詩『五更三點入鵷行』是也。

猾吏

吏之貪狡者曰猾吏。按字書,猾者,小獸也,無骨,虎吞之而不能死,入虎腹,食其臟腑,虎死而出。小而害大,故曰猾。

官吏用刑罰

笞臀始于漢文帝，蓋以笞代劓刖也。至景帝，用竹版，見刑法志。夾棍始于宋理宗。枷子見於莊子。

仰

今上官有文書下所屬曰仰，見北齊書孝昭紀，詔定三恪，『禮儀體式亦仰議之』。又皇建元年〔一〕，詔：『外州大縣，亦仰典司，勤加督課。』孫搴傳云：『仰覓好替還我。』仰者，仰仗之義也。

校勘記

〔一〕建，原作『道』，據北齊書卷六孝昭紀改。

准

准，本作準，説文云：『水準也，北方之行象。』又曰：『平也。』今人以準爲准者，避宋順皇帝諱也。雖莊子有『平中准』之文，恐亦板本傳寫之誤。

僄子

北人稱豪俠之淩轢人者，謂之僄子，言其多妄費，僄悍於人，而莫之止也。案字書，僄亦作彪，南史臧厥傳：『百姓謂之臧彪，』顏延之傳云：『性既褊急，兼有酒過，肆意直言，曾無迴隱。論者多不與之，謂之顏彪。』杜胄傳云：『胄父懷瑤，敵人憚之，謂之杜彪。』蓋古人已有此稱。嘉慶十四年五月，御史花杰參劾四品卿銜刑部郎中查有圻，謂之查三僄子是也。

熏人

史記酷吏傳云：『舞文巧詆，下户之猾，以焄大豪。』索隱注云：『言熏逐大豪也。』漢書作『以動大豪』者，誤也。杜周傳云：『欲以熏轑天下。』『轑』恐作『燎』，今人又謂之嚇。詩桑柔云：『反予來嚇。』毛傳云：『炙也。』王肅申毛義云：『炙即史記言「焄」、漢書言「熏燎」。』荀子富國篇云『聲名足以暴炙之』，亦毛義也。

春聯

今世所行之新年門對，或稱春聯，或稱楹帖，即唐宋時春帖子之遺意也。茅亭客話云〔一〕：『孟蜀太子善書札，自題策勳府桃符曰：「天垂餘慶，地接長春。」』蜀檮杌云：『昶令學士題桃符板，以其辭未工，命筆自題曰：「新年納餘慶，嘉節賀長春。」迨後蜀納土，帝命吕餘慶來知成都，而長春則宋太祖誕聖節也。』此新年門對之始也。簪雲樓雜説又云：『門對始於洪武初年，除夕傳旨，公卿士庶家門上悉加春聯一對，帝微行出觀，以爲笑樂。』袁中郎集有『騎馬看年對』之句，大約此風起於明之季年。余見文衡山、唐六如輩俱有楹帖，然甚少。至董思翁，則漸漸多矣。

校勘記

〔一〕茅，原作『華』，據黄休復茅亭客話卷一改。

看新娘

看新婦之俗，由來久矣。按世説云：『王右軍往謝家看新婦。』南史齊河東王傳云：『武帝爲納柳世隆女，帝與群臣看新婦。』又徐摛傳：『晉宋以來，初婚三日，婦見舅姑，衆賓皆列觀。』近徽、揚風俗，非親非故，皆列坐而看新娘，豈其宜哉？

鬧新房

鬧新房，古亦有之。漢書地理志云：『燕俗，嫁娶之夕，男女無别，反以爲榮。後頗稍改，然尚未止。』抱朴子疾謬云：『俗有戲婦之法，於稠衆之中，親屬之前，諠以醜言，責其慢對，其爲鄙黷，不可忍論。』酉陽雜俎亦載有弄新婦之言。然此皆惡俗，極無理，不可以爲訓也。

酒　令

昔人爲酒令之始，見於後漢書賈逵傳，逵作酒令，學者宗之。按荀悦漢紀云：『朱虚侯章侍宴，高后令章爲酒令。章自請曰：「臣將種也，請以軍法行酒令。」』然則酒令不始于後漢書矣。梁書王規傳云：『湘東王屬規爲酒令，規從容對曰：「自江左以來，未有兹舉。」』蓋不肯爲也。又史記滑稽列傳淳于髡曰：『御史在前，執法在後。』又毛詩『彼醉不臧〔一〕，不醉反耻』，箋云：『立之監使視之，且助以史使督酒，欲令皆醉。取未醉者，耻罰之。』衛武公刺時人如此。又魏文侯飲酒，使公乘不仁爲觴政。此皆酒令之典也。

校勘記

〔一〕彼，原作『不』，據毛詩註疏賓之初筵改。

借　票

周禮質人『大市以質，小市以劑』，鄭注云：『質劑，所以結信而止訟。』即今之票據也。宋蘇軾上神宗皇帝書云：『商賈之事，曲折難行。其買也，先期而予錢；其賣也，後期而取直。多方相濟，有無相通。』此即質劑之法，不立票據不能辨也。

賬簿

『賬』字，古人皆作『帳』，始見於北史孝莊帝語。後周蘇綽始制計帳户籍之法。隋書開皇十年詔：『凡流寓之人，悉屬州縣，墾田籍帳，皆與民同。』此帳簿之始也。

契券

戰國策馮煖爲孟嘗君之薛收責，召諸民當償者悉來合券。注云：『凡券，取者、與者各收一責，合驗之。』又韓策『秦操右契而爲公責』，注云：『左契待合，而右契可以責取。』此契券之始也。

税契

税契始於東晉，凡貨賣有文券者，率錢一萬，輸估四百入官〔一〕，賣者三百，買者一百。百分收四，名曰散估〔二〕，歷代因之。然賣者出錢多，買者出錢少，殊非平允。其後定制，但令買者出錢，則不知始於何時也。今人每得産業，其中金有出二進三之説，言得主出三分，棄主出二分也，亦屬有理。至於税契，本省布政司定例，每銀一兩則税費三分，不爲苛刻。而州縣官吏，每兩要索七、八、九分，或竟至有一錢幾分者，自此人民皆漏税不納，訟獄多端矣。

校勘記

〔一〕估，原作『作』，據隋書·食貨志改。

〔二〕按隋書·食貨志，無文券者名曰『散估』。

紙馬

今民間齋醮敬神，皆有紙馬，印神像於紙上，塗以五色，拜祭既畢，則焚化之。見天香樓偶筆。又蚓菴瑣語云：『世俗祭賽，必用紙錢甲馬，以爲鬼神騎用，故曰紙馬。』

潤筆

『潤筆』二字，見隋書鄭譯傳。野客叢書謂漢陳皇后失寵於武帝，以黄金百斤奉司馬相如，作長門賦以悟主，當爲潤筆之始。新唐書李邕傳：『邕長于碑頌，中朝衣冠及天下寺觀多齎持金帛，往求其文，前後所受餽遺，至于巨萬。』杜少陵詩云：『故人南郡去，去索作碑錢。本賣文爲活，翻令室倒懸。』即謂此。李華不甚著書，惟應人墓志傳記及州縣碑頌，時獲金帛。他如韓愈、皇甫湜、杜牧、白居易、元稹以及李翰、蔡襄、歐陽修、蘇軾輩，爲文必索潤筆，此皆賣文錢也。至求書而送潤筆者，則柳公權爲始。柳善書，公卿貺遺鉅萬。張孝祥書多景樓匾，公庫送銀三百星，孝祥却之，但索紅羅百匹。此求書之潤筆也。大凡以詩文書畫而得人潤筆者，較公卿大夫長隨吏役所取之錢爲優，無害于心術也。唐伯虎有詩云：『閒來寫幅丹青賣，不使人間造孽錢。』即是此意。

水平

今造屋者運土平基，工匠必用水平以定柱礎，此古法也。周官考工記『匠人建國，水地以垂』，鄭司農注云：『於四角立植而垂，以水望其高下。高下既定，乃爲位而平地也。』莊子云：『水静則平中準，大匠取法焉。』管子云：『夫準壞險以爲平。』尚書大傳云：『非水無以準萬里之平。』劉熙釋名云：『水，準也，平準物也。』何晏景福殿賦云：『唯工匠之多端，固萬變之不窮。讐天地以開基，並列宿而作制。制無細而不協於規景，作無微而不違於水臬。』五臣注云：『水臬，水平也。』

義塚

義冢一名漏澤園，即禮記月令『掩骼埋胔』之義也。後漢書桓帝紀詔：『京師死者相枕〔一〕，若無親屬者，可於官壖地葬之，表識姓名，爲設祠祭。』當爲義塚之始他。如今之養濟院、育嬰堂，則見于管子入國篇。是恤孤養疾，本古制也。如南齊書，文惠太子與竟陵王良俱好釋氏，立六疾館，以養窮人。梁書普通二年，詔置孤獨園，以恤老幼。即養濟、育嬰之始也。

校勘記

〔一〕『枕』下原有『席』字，據後漢書桓帝紀删。

壽考

康熙四十四年，聖祖南巡至杭州。有山陰縣民王錫元、錫魁、錫爵、錫驥、錫則，同胞兄弟五人，龐眉皓首，跪伏道旁，恭迎聖駕。上問云：『汝等年幾何矣？』錫元等對云：『老民與錫魁孿生，俱年八十歲。錫爵等三人，各年七十餘歲。』又錫元兄弟之妻，皆結髪齊眉。又有女弟二人，亦年近八十，與其夫偕老。合夫婦十四人，壽盈一千十有餘歲。上爲之霽顔，御書『一門人瑞』四字額，以旌其閭。

康熙戊戌殿試，常熟汪宫贊應銓卷在進呈十卷内，聖祖覽之，見是常熟人，因顧蔣文肅廷錫曰：『是何等人家？』對曰：『積善人家，他祖母今年一百歲了。』聖祖微笑，定爲第一甲第一名。其祖母旋奉旨旌表，建百歲坊云。

京師前門外虎坊橋五道廟中，有矮道人者，涿州人，自言生於明成化初年，鶴髮童顏，僅存皮骨，而行走如飛，飲食起居與常人無異。以相人術出入公卿間，聞至今尚存。

乾隆廿三四年間，有湖北漢陽人湯雲山者，年一百四十餘歲。自言曾與寧武關總兵周將軍遇吉同學，爲總角交，所言國初諸公，尚見其嬰兒時也。惟子孫皆已物故，僅存五世孫一人，同至江南。自十六年南巡接駕後，遂往來於江浙之間，總未一歸故里。數年後亦死，不知所之。太倉王翁謂余言，猶親見其人也。

乾隆五十年，蘇城蔣太守曾炘家有一老僕，偶往洞庭山。薄暮迷路，遇一老人，能呼其名，曰：『汝猶在蔣家耶？』僕異之，問其年紀。老人曰：『我家向住神仙廟前，與蔣府鄰居。我記得二十歲時，蔣老太太建節孝坊，撫院慕大人來道喜，儀從簡便，不過一轎兩馬。近年官長，日事奢華，不知將來作何排場也。』遽別去。及老僕歸，以告太守，屈指計之，建坊之年爲康熙十八年，至乾隆五十年，計一百又六年，此老人者已一百二十六歲矣。

高宗純皇帝七旬萬壽，五代同堂，實千古以來所未有。有旨，凡各省人民，有五代同堂者，俱准該督撫入奏。十八省中，共有一百九十二家。内郭有英、張羽、劉湘、鍾君寵四人，皆壽逾百歲，曾元繞膝。又張子翼、古朝爵、顧均玉、顧武芳、林均治、許王臣六人，俱七世同居，亦是熙朝盛事。

陸燦，字星三，長洲人，工畫，尤長于寫真。乾隆庚子歲，奉旨召寫御容。上問陸燦：『汝看我多少年紀？』燦跪對曰：『臣看御顔，精采豐厚，約來五十許。』上大喜，笑曰：『我今年七十歲了。』左右亦笑。

阿文成公與嵇文恭公，相業巍巍，俱年過八十，古來稀有。高宗純皇帝賜文成公八十壽詩云：『耳重目明政何礙，前功後業福猶申。』賜文恭公八十壽詩云：『慶壽宜當六月初，今遲十月是謙虚。』蓋文恭與高宗同庚，高宗以八月十三日爲萬壽誕辰，文恭以六月初六日誕辰，故遲至十月始稱觴也。兩公榮遇如此，士民至今傳之。

嘉慶四年，吴江縣知縣唐仲冕，爲百歲翁錢悦文建昇平人瑞坊。翁有二子，長八十一，次七十七，女一人，八十二，孫八人，其最長者六十，曾孫十二人，元孫三人。建坊日，唐公親詣錢賀喜，問翁：『頤養有術否？』翁對曰：『小人不識一字，何能知養生術耶？』後唐公調任吴縣，偶宴客，爲述其事。座中有襄陽府同知蔣立崖業晉，笑曰：『不識一字四言，此真長生訣也。』其言蓋有所感云。

嘉慶己卯三月初七日，潘榕皋先生八十壽辰。越三日，先生演戲宴客。是日，同席者七人，先生陪坐。余秋室學士年八十二，秦小峴侍郎年七十八，潘雲浦封翁年七十五，胡黄海外翰年七十，嚴少峰太守年五十九，余年六十一，共計五百餘歲，亦一時佳話也。

道光二年，通州鄉民李惟德，年逾百歲，人無知者。以族中訟事，年久不結，惟德爲族長，調和息訟，始入城。時刺史爲嘉興馮椒園，詢其年，已一百有四歲，曰：『何不請旌？』惟德慨然曰：『鄉愚無知，豈敢邀恩于皇上？且一經胥吏，非錢不行。老民窮，不能也。』刺史優禮之，賜以食，爲之詳報。

吴中士大夫自國朝以來，總無百齡者。國子監助教蔣文源、户部郎中蔣文涵兄弟，俱年開九十，沈歸愚宗伯年九十七，陶夔典、周慕韓兩公亦九十七，惟蔣公幹九十八耳。

吴門范芝巖編修家有洽園，嘗集九耆齡會，如倉敝庵聖脉、汪杞園美基、郭匏雅毓圻、韓旭亭是升、潘榕皋奕雋、潘雲浦奕正、吴松坪紹煜、宋雙松鑣、陳雲濤希哲輩，合計一千二百六十三歲，可謂一時之盛。

蘇州閶門外有李姓者，開置器店，歿年九十九。其鄰居有賣柴者，素不識字，賦輓詩云：『百年一瞬還留缺，誰識此人是壽翁。坊表未能光里巷，可憐短命比兒童。』可知有壽者必得有福。

國初歙人有鄭氏者，家甚富，其人年已百歲，僅有一子，年亦七十餘，而無孫。族人覬其産，咸來議嗣，久之不決。老翁大憤，遂自買二妾。族人洶洶，遂令三寡婦宿其家，日監察之。其明年，果生一子，與其父狀貌無異。再明年，次妾又生一子，亦如其兄，族人始釋然。而有三寡婦爲之證，竟不能奪其産矣。聞其子孫至今猶盛，有百一公、百二公兩房之稱。此事與山西亢百二相類。

王瑞亭，丹徒人，年八十尚無子，族中亦無可承嗣者。忽思娶妾，越二年始生一子。其明年，又生第二子。八十六、八十七兩年中，連舉第三、第四子，俱頭角嶄然，長成婚配，可謂奇聞。後瑞亭至百歲而殁。此其同鄉支筠芬刑部親向余言者也。

物類相感

物類相感，令人不可思議。宋初，僧贊寧嘗採經籍傳記，有物類相感者，輒志之，分天地人物四門。贊寧以博物稱于世，一時士大夫如柳如京、徐鼎臣、楊文公、錢就之輩，俱知其名。柳開贈以詩，有『空門今日見張華』之句。近見坊間抄本爲東坡者，悮也。所謂相感者，如雲從龍，風從虎，治金以鹽，攻玉以石，腐草爲螢，芸草辟蠹，龍性畏鐵，蟹能解漆，萱草忘憂，紫薇怕癢，荸薺制銅，醋制象牙之類，不可枚舉。今略記一二，以資譚助云。

凡婦人妊娠欲生男，則將快斧潛安床下，鋒刃向下，必生男。又博物志謂婦人娠未滿三月者，其夫衣冠，于平旦左繞井三匝，映井中水，詳視己形而去，勿反顧，勿令人知，必生男。

酒與東風同氣，酒味從酸，東方木味酸，故東風起，則酒湛然而清矣。

東行馬蹄土，以三家井水沃合土和之，著卧人臍上，則卧不知起。

朝廷之上人多立，立則傷骨。食榆則多睡，睡多則骨穩。

眼跳則風起，或吉凶不常。若他人思己，則眼動。或被人呪詛，則耳熱。

詩云『願言則嚏』，願言，思我也，思念我則嚏也。今人忽然打嚏，則曰『有人説我』是也。

今人有兩耳忽然而鳴，似擊銅鉦之聲者，則同庚同月同日同時人死。

膽主勇，氣主力。成人之歲，膽與肝旺，血與氣全，膽勇則不顧危亡，氣勇則力能扛鼎。故三國姜維膽若斗大。嘉慶初年，妖人陳德既凌遲死，刑者取其膽觀之，如鵝卵大，亦其証也。

生人髮結掛果樹上，鳥雀不敢食其實。若取髮結緯車上，則絲亂難理。

凡人有暗病，或無端作痛，腹中必有肉鼈。以馬溺飲之即愈。

鑄鐵不消，以羊頭骨灰鑄之，乃銷融。

凡鼠得新亡人目睛食之，則爲鼠王。

犬死，取葵根塞其鼻，則活。

人多遺忘，取鼈爪著衣帶中，則能記憶。

人經蝎螫，取蝸牛涎塗之，痛立止。

蟹殻以黑犬血浸三日，燒之，群鼠皆晝出。

金置水銀中，則化如泥。水銀敷黄金上，則化爲白。

瓜著麝即死。茗花取以染髮即黑。

樹生刺毛蟲，冬月取甘草寸許，開土見樹根，將根上去皮亦寸許，以甘草貼合，仍以土埋之，其蟲即絶。小樹有蟲，則將甘草水洒之。

槐樹生蟲，擂鼓于樹下，則盡落。銀杏果熟時，將竹劈開爲篾，作一箍，箍本身上，則果自落。或取鹽少許，鑿開樹皮，塞鹽于孔内，果亦落，不煩敲打也。

用臘月雪水，將燈草浸過晒乾，夏月點燈，飛蛾蟲蝨皆遠避。

醉蟹用皂角刺一二寸許置壜中，則不起沙。

偶中毛竹刺入手足，不能出，用生栗子肉嚼爛塗之，刺即自出。

鮮芡實煮熟，用防風水浸之，經月不壞。生者一斗，用防風四兩置水中，浸之，日日换水，可以度年。

皂角置鹽中，則鹽不出滷。鮮猪肉用稻草灰拌藏，可經月不壞。以染坊淋過灰晒乾，埋藏黄瓜、茄子，可以至冬。橙橘與緑豆同藏，不壞不爛。

酒味變酸，每一壜用鉛一二斤，燒極熱，投酒中，酸氣即除。或以赤小豆炒焦，用絹包入壜中，亦除酸。

衣受霉蒸，烏花成班，用老梅葉同擦洗，便落。凡紬綾污墨，以白萵擦之，即脱。又唐僧洗衣十方云：嚼棗洗墨污，栗子洗脂油污，滚湯洗蜜污，米汁洗煙油污，杏仁洗靛青污，蜜洗油污，石灰洗羊脂污，小便洗濃血污，酒糟洗膏藥污。或竈心熱灰洗，亦妙。如桐油污衣，寫『沸煎清净』四字在水中三遍，口内念亦三遍，洗之自去。大約葷油用蛤粉，或熟石膏末糝之，即去。或用蘿蔔擦之，亦去油。

玄色衣服，用梔子濃煎水洗之，如新。

以甘蔗與花生肉同嚼，則查滓盡化。以無花果葉擦刀，則切冰如腐。

靈壁石，用不出氣酒脚煮熱塗之，其黑如漆，洗之不去。

牛骨置池中，水不涸。牛糞填築池底，水不漏。池水渾，投田螺于水中則清。池魚泛，以芭蕉幹挫投池中則解。井泉陂塘内多蟲蛭爲害，投馬骨則絶。

蜀葵花梗夾竹晒乾，作火把，風雨中不滅。

有赤樹者，結白子，服之，身化爲玉。有絳樹者，結青實，服之，身化爲金。昔聞有人宿山店，買果物食之，洗浴不起，皮骨皆成黄金，豈即絳樹之實耶？

酉陽雜俎載：蜀將黄直能別音律〔一〕，臨池彈琴，有物從水中躍出，扣之，乃蕤賓鐵也。余嘗以兩琴和弦如一音，彈此絃，則彼絃亦動，非同音者則不動也。易曰：『同聲相應。』信然。

尸子云：『玉在山而木潤。』又曰：『玉韞石而山輝。』凡人以金珠玉器殉葬，則其屍不壞。故古來有發瘞冢而尸如生者，其殉葬必多金玉。

銅有牝牡。凡錬銅時，以童男女各一，俱以水灌銅，銅當自爲兩段。中有凸起者爲牡銅，凹者爲牝銅。

異苑云：『蜀郡臨邛有火井，深六十餘丈。又有鹽井。若取鹽井水，以火井煮之，一斛水可得鹽四五斗。若家火，則不過三斗矣。』皆物類相感也。

校勘記

〔一〕黄直，按段成式酉陽雜俎前集卷六，當作「皇甫直」。

奇疾

余幼時見吴門張德基者，云有消病，每食一餐，須用三升米飯、肉物四碗，佐以果品，而猶以爲餓，並不大便，不知其食從何處去也。隔一年，忽疽發背，大如銅盤。未幾，發背左右上下又添四疽。未幾，又添落頭疽一個。凡六大疽，連成一塊，七日而死。不知其毒從何處來也。

杭州家北臨先生屺中乾隆丁丑進士，得一疾，一日夜飲三四石水，而猶言渴甚。未一月即死。

乾隆丙午歲六月，蘇州陳文中之父年六十餘矣，病卧十餘日，見兩眼兩耳兩鼻内，俱出黑煙，裊裊如瓦窑，醫家縮手。愈後尚活十年。

海寧家廣伯，與余友善。其年不過三十五六，忽茹澹，凡魚肉蔬菜中微有一點鹽氣，即嘔吐不能食。其體日瘦，狀如枯木，三月而死。

徽州有程姓者，頭髮每日長一二寸許，長至足下，遂剪去。隔十餘日，長如故，又復剪。如是者三四年，雖名醫不知也。却無恙，後遂不長。其人至今尚存。

蘇州閶門洪氏，有婦娠八九月，忽生石彈五六枚，其硬如鐵，其色純白，不知其故。

又寶靈寺前有雷姓者，其家素封。一夕，鬚眉毛髮，滿身盡禿，不出門者數年。後稍稍生出，然已踈矣。

有某姓婦好蓄蘭花，冬藏密室，春和啓視，鬱葱增茂，大喜，一笑而死。

嘉慶十二三年間，兩江總督阿公林保自浙閩移節金陵，眷船後發。在衢州道中，女公子忽聞桂香撲鼻，喜以語婢，時已仲冬，不知其從何處來也。遂得疾，抵蘭溪卒。

桐城張公爲長洲令，引疾旋里，喜在溷厠間聞菌溺穢氣。一離厠上，便覺魂神失據。

岳中鎮壽淵，即岳大將軍鍾琪之孫。自言在都時，得一症，醫者不敢下藥。一挑煤者來曰：『此羊毛瘟也。』因取針，在當胸挑出羊毛尺許，即愈。

某姓妻患帶下，忽咳出血鼈，置水中能遊泳，而疾愈。

道光元年春，疫厲盛行，其病皆驟然而至，兩手兩足間筋骨漸收，加之脚麻腹痛，不一兩時即死。病者不自知其病從何來，而醫者亦不知何藥能治。死者接踵，蔓延十餘省，京師尤甚，實千古以來未有之奇症也。又有一病，名曰『打印』，天青白日中，忽似有人持熱鐵一塊，從空中炙其肩背或手足者，霎時紅腫，或死或不死，惟猪豚觸之，死者十有七八。吾鄉張涇橋人家，有猪亦打印，屠者殺之，見後腿上有方印，大如手掌，中有四字，非隸非篆，甚明顯，曰『奈舟東昬』，莫知其義。皆異事也。

元銅漏壺

浙江上虞縣庫，有銅漏壺一具，制作甚精。上刻篆書二十行，序云：『江浙行樞密院分治上虞新城，至正乙巳夏五月戊午，乃鑄刻漏，謹晨昏之節，以時號令。器雖微，而政之所關則大矣。宜有銘，以志作之所始。銘曰：立表下漏，軍府之經。昭示大信，無爽晦明。天運有恒，水流不息〔一〕。盈虚升降，兹器維則。人衆耳目，視時興居。小大奉令〔二〕，以無或渝。匪器弗渝，維出于公。施政若斯，孰敢不從？江浙儒學副提舉楊彝撰并書，慶元路儒學録臧居敬製。』以上計十一行。下列上虞縣尹王芳，都事朱元章，斷事官王若毅、龍霖、陳子恭〔三〕，經歷鄭珩〔四〕、毛永伯〔五〕、帖穆爾，同僉樞密院事張子元，樞密院副使張啓源、方永〔六〕，知樞密院事方國珉，計九行。其前大書『受水壺』三字，亦篆書。并有小字一行『徐仲裕刻』四字，俱完好無缺。嘉慶元年，大興方藕堂維翰爲上虞令，搨一紙示余。按楊彝諸人，不見于元、明二史，惟方國珉爲國珍之弟，見紹興府志。

校勘記

〔一〕水，阮元兩浙金石志卷十八受水壺作『川』。

〔二〕令，阮元兩浙金石志卷十八受水壺作『行』。

〔三〕陳子恭，阮元兩浙金石志卷十八受水壺作『陰子恭』。
〔四〕鄭珩，阮元兩浙金石志卷十八受水壺作『鄭玠』。
〔五〕毛永伯，阮元兩浙金石志卷十八受水壺作『毛冰伯』。
〔六〕方永，阮元兩浙金石志卷十八受水壺作『方冰』。

甲子罍

嘉慶甲子年，善化唐陶山先生爲海州刺史，開朐山河，深丈餘，獲一土缶，高尺許，古氣磅礴，今無其制，唐宋物也。遂命河曰甲子河，此器曰甲子罍。

雲臺山玉帶

雲臺山，舊名郁州山，又名蒼梧山，在海州城東北四十里大海中，高五百丈，周圍約三百里。峰巒峭拔，花草繽紛，真仙境也。國初歸島夷，因沙灘時漲，漸成陸地，幾與内地相接。康熙十六年，漕運總督帥顔保等奏請升科，入爲内地。山頂有三元宮，明萬曆初，有山陽人謝淳者，無子，夫婦修行，傾家獨建，謝遂祝髮爲僧，名德證。三十二年，有太后墨敕，頒大藏經一部、佛像三軸、紫衣一襲、繡幡二聯、黄金像三尊、神袍三件、古玉鎮圭三件、玉帶三條、古銅爵一事、太后自用髮掠一事，今山僧俱寶藏之。三元宮東北二十里，有名東磊者，亦有三元宮，道士所居，亦有墨敕、玉帶之賜，余皆親見之。

三仙大理石

畢秋帆制府巡撫河南，有雲貴總督富公綱送一大理石屏，制府愛之如寶。余嘗在公幕中，每與余坐屏前，咄咄稱道，曰：『海内無二也。』其石高四尺許，闊三尺許，上有三仙人，一仙挺立，一仙肩竹杖、挑斗笠，一仙前來，似與兩仙相語狀。聞富公得之督署，尚是國初逆臣吳三桂五華山故府物也。制府卒後，家産籍没，猶見於市肆中，莫有過而問者。

人影石

邕管記載邕州石壁上有男女形，如澹硃筆畫成者。余見嘉興西門外三塔寺西節孝石坊上，有一和尚形，洗鑿不去。相傳明時，倭寇搶掠婦女，置于三塔寺禪房，將淫之，寺僧某縱之去。倭知之，大怒，遂縛寺僧于石坊上，以亂箭射之，血漬石上。今名影僧石。見徐華隱筆記。

白螺殻

福建布政司庫有左旋白螺殻一具，大如鵝卵，重疊包封，常貯一紫檀匣。每中華天使册封琉球出海，輒恭請白螺殻入船，相傳可鎮颶風巨浪。天使還，則仍繳庫。寶物也。

驅瘧玉

歙縣程莘畬於市中得一玉器，色黑如漆。其形圓，不過逕寸，厚三分，正面有一螭，背有三眼。或云壓臍，或云是甲扣，不知何代物也。人每患瘧，佩之即止。後爲鮑讓齋觀察所有，治瘧如神，余親見之。

干將劍

吴門有劉希聖者，開古玩鋪，移居干將坊巷。宅甚湫隘，于階前鑿井丈餘，見其下有街衢，皆青石砌成。穿井者秉燭旁行，見重垣，皆巨磚，堅不可動。得古劍一具，方出井。爲人攫看，仍墮井中，而泉至矣。或謂此亦干將所鑄也，惜哉！又承天寺前楊姓者，掘井至二丈，土忽陷，中有房屋，柱壁如新，亦有爐竈，瓶盎皆銅。一鏇上嵌黄金，暗中光焰照人，有古篆，不知何代物也。楊氏至今秘不示人。

銀槎

元人有朱碧山者，嘉興銀工也。善製酒器，奇巧異常。余所見者有張騫乘槎一件，重二十八兩。槎上横坐一人，眉目甚古。人槎腹中俱空，可灌酒一斤許，持而飲之。槎底有『至正十年碧山製』七字。乾隆四十五年，陸丹叔侍郎以三百金得之，入貢，今藏内府。

猫兒眼

香祖筆記載武陵金編修家有猫兒眼寶石一枚，其睛正午則如一線，過午即圓。又蘇城蔣水部文滂家亦有一枚，則子午兩時如一線，過子午即圓，奇物也。水部宅在北街迎春坊，此物與其伯兄光少公共爲珍秘，從未輕以示人。一日，聞伯兄殁，水部大慟，即投寶石於復園池中。未幾，水部亦殁。殁後四十餘年，有工匠濬池得之，售於長蘆商家，得萬金云。

焦山玉帶

明丹徒楊文襄公一清，立朝正色，尤諳邊事，浮沉中外者三十餘年。嘗與焦山僧妙福爲方外交，曾解玉帶留山中，將效蘇文忠故事。同時方豪有詩紀之，事載縣志。道光九年，長樂梁茝林先生爲江蘇方伯，以勘練湖事，駐扎京口。偶遊焦山，曾以此帶問山僧，山僧謝曰不知，蓋失之久矣。遂物色之，藏於一搢紳家，方伯施金贖出，仍與山僧世守，真佳話也。先生遂作玉帶還山圖，徵詩成卷。玉帶凡二十事，皆有瑞鹿祥雲，可寶也。余亦有詩云：『焦山洞口石孱顔，前代風流不可攀。説起朱方楊相國，尚留玉帶在人間。』『邊事倥偬獄事繁，當年袍笏忍重論。區區一物猶珍惜，合襲青山鎮寺門。』『瓊瑶二十碧光聯，瑞鹿祥雲碧上鐫。鼎篆鶴銘文半蝕，何如此帶尚完全。』『使節來聽甘露鍾，大江東去水連空。偶將趙璧留鴻雪，直比蘇家玉局翁。』

撒帳錢

余最愛古錢，見者不下數百種。有一錢，青緑如瑩，圓圜寸許，曰『守長命富貴』五字。説者謂即唐睿宗女荆山公主出降時撒帳錢也。孟氏夢華録謂娶婦男女對拜畢，將就床，婦奴僕女以金錢彩果散擲，謂之撒帳錢，即此。

太平錢

案洪遵錢録，蕭梁時有『太平百錢』、『定平一百』之類。至北宋初年，有太平興國年號，故鑄錢曰『太平通寶』。遼時又有『太平元寶』，而錢之别品中，又有『太平百歲』、『天下太平』各種。今臺灣所用錢中有『太平通寶』字樣者最多，不知何來。余謂臺灣是本朝新附，未必是北宋初年之錢也。家湘蓴方伯嘗官臺灣，賦竹枝詞云：『武林春色自年年，雞犬桑麻别有天。不識熙熙何世代，市中都用太平錢。』

酷嗜古銅器

甘肅安定縣有陳菼英者,字依如。乾隆丁酉選拔,官岐山教諭,酷嗜古銅器,雖千金不吝也。岐山故多古塚,鄉人見其如此,與依如謀發三代、秦、漢、魏、晉、六朝諸墓,所得鐘鼎彝器及鏡錢刀劍之屬,不下數十百事,依如盡爲購得。有款識者,輒搨其文。模擬考訂,羅列案頭。有石磬一枚,其色純黑,其聲清遠,每擊,經時不散,上有古篆數十字,蓋三代物也。吾友柳海山文學皆所目覩。後縣令知其事,欲分潤之,依如不肯。令怒,將通稟參劾之,大懼,遂告病歸,未幾卒。聞近亦星散矣。

六音

嘉慶二十年間,揚州鹽院長白阿公,辦理欽定全唐文一千卷,延集海内名公鉅卿、文人學士分校成之,凡費白金四十八萬兩。刻既竣,余適遊揚州,有商翁某贈余一部,余大喜。其書尚未裝釘,上有編號曰金、石、匏、土、革、木,計六大捆。余遥望,以爲不全,還有絲、竹二號。及細查之,並無闕佚,不解其故。有笑于旁者,曰:『局中主其事者,是必讀過三字經矣。』余愕然問故。笑者曰:『記少時課三字經,上有「匏土革,木石金」二句,此人乃忘其下句有「與絲竹」,故爲六音耳。』坐中皆大笑。

商音

道光元年，揚州商户尚未敗壞，各有名班。新舊城優伶畢集，乃奉老郎神爲賽會，旗幟甚多，觀者雲集。旗上排列金書，有『商宫角徵羽』五音字樣。余又笑曰：『自古言「宫商」，豈可顛倒耶？』有一人曰：『子不聞揚州人以商爲上也。』

品花

梅與蘭，爲花品之最高者，宜空山，宜古寺。荷與菊，爲花品之多韻者，宜賦詩，宜煮茗。如牡丹、芍藥、海棠、紫薇之屬，則全似富貴場中，惟宜錦幃，宜笙歌，與玉堂才子、金屋佳人作賦填詞，潤色太平而已。

張香谷太學，本籍太倉，乾隆四十三年間，卜居吴門之九勝巷，遂入籍。兩子皆補吴縣博士弟子員。其長者名家駒，余弟子也。香谷最愛種蘭花，時觀者接踵。有一種名荷花瓣者，爲諸花之冠，瓣厚而圓，朵亦大於群花，一莖四五蕊，形如小荷花，馥烈可愛。一時名士，如王太守抑亭、彭大令藹堂、李畫史涪江輩，群集所居漏雪居宴賞。藹堂賦詩云：『誰家竹月鬥繁華，兩耳嘗教聽亂蛙。多謝主人情意重，侑觴不倩女兒花。』『幽蘭剪剪葉叢叢，品格寧隨百卉同。何幸得親君子室，花香人語共春風。』『燕尾魚魫雅未諳，香來鼻觀酒先酣。醉餘潑墨誰能事，坐上群推鄭所南。謂李涪江。』『到此纔知空谷香，伊人臭味近三湘。蘭言佩得歸來後，猶有餘芬染荔裳。』時陸茝江孝廉亦有見招賞蘭欲赴未果一首云：『春風蘭蕊茁，香沁碧窗深。舊雨聯今雨，談心愜素心。多君諧臭味，愧我負招尋。玉幹超凡格，興懷動遠吟。』四川蔡進士曾源爲香谷繪幽蘭圖，至今尚在。

吴門周最齋太守亦喜植蘭，不惜重價，聞有佳種，輒羅致之以爲快。其名色有梅花瓣、水仙瓣、荷花瓣，又有菱角瓣、蝶翅瓣及緑水仙、素心、金蘭之類。每到花開時，必邀郡中諸搢紳名士，聚于一堂，備美酒佳肴，玩賞終日，其愛之如此。又常熟士大夫亦好種蘭，每歲二月十二日，各將所愛名種彙集城隍廟，不論遊人婦女，皆得縱觀，謂之花會，則變雅而爲俗矣。

蓮華、蘭花、牡丹俱有並頭，而不聞芍藥亦有並頭開者，大約總是栽培之功，精神所結。嘉慶初年，南城曾賓谷中丞爲兩淮都轉運使，篠園芍藥有一莖三萼者，中丞賦詩云：『三朵花，三月春，三十一品無其倫。雲霞作團錦成簇，比房婑媠皆紅玉。東君著意薰陶之，萬本精神一本足。臨春結綺齊望仙，虢國肩倚秦韓妍。劉家弱妹富文藻，香奩錦字才翩翩。三朵開，似珠樹，艷色晶瑩朱草露。誰誇學士洛陽春，今見美人竹西路。飽閲繁華心轉清，欲求丹訣鍊長生。三華聚頂從誰講，忽憶房州仙者名。』道光壬午，中丞爲兩淮鹽政，篠園芍藥又有一莖三萼者，咸以爲祥瑞云。

芍藥之多，莫過于京師之豐臺，而揚州尤盛。如篠園、東園、尺五樓、倚虹園、桃花菴，皆稱妙境，而篠園爲第一。花時植木爲棚，織葦爲簾，編竹爲籬，游人雜遝，步町畦間，縱横屈曲，香氣襲人，如入萬花谷中，令人心醉。

有六安秀才葉梅夫者，善種菊。其種法頗與人異，不接艾梗，不植籧篨，先去螻蟻、蚯蚓、蠹蝕諸病，如松青紫杞，都歸自然。著有將就山房花譜，以色分類，如銅雀争輝、老圃秋容，皆異艷絶世，至今揚州傍花邨猶傳其法。蘇州之種菊者，莫如虎丘。開時爛漫，挑負滿街，粗細雜出，一千餘文可購百盆。如家園自植者，自較花農爲佳，然必使培植半年而後看花，未免廢時失事。

昔人有以瓊花爲繡毬，非也。今揚州府志有瓊花考，所引各書，紛紜聚訟，訖無定說。惟春明退朝録斷以瓊花爲玉蕊，即今之玉蘭也。所謂玉蕊者，花分五朵，每附萼上，寔同一房，謂之連房玉蕊。則瓊花之爲玉蘭明矣，又何必神奇其説耶？

果品

食肉近俗，食果近仙。余俗人也，而喜食果，今試言之。桃之屬，北地最佳。京師出者，董四墓爲上品。山東出者，肥城、臨清爲上品，食之甘鮮，他産者難與比倫也。余嘗謂仙家有所謂瓊漿玉液者，此其是耶？大江以南，上海出者爲上品。褚文淵有水蜜桃譜。今洞庭山、吴江、嘉興俱有之，然總不如北地之妙。

杏之屬，口外爲佳，京邑次之。又有以李樹接者，尤佳。

葡萄之屬，有十餘種。所謂馬乳葡萄者，其形長圓，作澹緑色，如諫果然，最爲妙品。余每至京師，輒喜食之。西苑萬善殿後園出者尤美，寺僧嘗以送王公貴人，天下希有。

余少時得蔡君謨荔支譜讀之，垂涎之至。乙卯十一月，有事赴閩，至丙辰三月即回杭州，荔枝仍未吃也。丙寅夏五月，友人陳雪樵爲福州參將，余寄詩云：『半生笑我同匏繫，一事輸君吃荔支。』前後二十年中，總未一至。些些口福，亦有數焉。

果品中，荔支最有名，亦最甘美，而與之抗衡者惟枇杷。秋花冬結，春長夏熟，得四時之氣，食之有益，較荔支爲長。鄧尉山出者爲佳，有一種號白沙，尤稱佳品。洞庭出者次之，塘西又次之。

楊梅，吴郡西南諸山俱有之。洞庭爲上，浙紹之蕭山有白楊梅，味尤甘。

蘋果亦稱蘋婆果，直隸、河南、山東西出者，實大而甜，香而美，隨採隨食。久則熟，味不佳矣。

梨之類不一，多出於北地。永平府出者曰玻梨，小而圓，墮地即粉碎，味最甜，且爽，噉之無渣滓，盡化爲水，即所謂哀家梨者非耶？又一種大長圓者，亦妙，安置得宜，可食半年。

嘉興出檇李，徐園、净相寺兩地尤佳，比常李略小，果底有指爪痕。朱竹垞詩所謂『聽説西施曾一掐，至今顆顆爪痕添』是也。朱虹舫庶常、戴松門文學嘗携數筐來吴分餉，其味自較他李爲美。然他李有一種大而圓者，亦妙。

櫻桃，南北俱有。在大江以南，以洞庭山羅漢寺所産者爲佳，名曰羅漢櫻桃，最美，然不可多食，其性最熱，與荔支同。

石榴，北五省俱有之，實大且多，南方産者不及也。

橄欖，案玉篇『出交阯』，三輔黄圖云『漢武帝破南粤，得橄欖果百餘本』是也。又謂之諫果、青果，一物而異名。今江南所食者多出福建。新採擷者不可食，食之而無味，需在木桶中藏十餘日，始香而美。昔蔡君謨作荔支譜，余仿其意，擬作橄欖譜，尚未成書。

花紅，有一種大者，俗謂之小瓶果，即王右軍十七帖中所謂『來禽』也。北方人稱爲沙果。其味稍澀，然可散暑氣。

菱芡之屬，以嘉、湖兩府爲佳，吴中出者次之。藕與蓮蓬，則江浙到處皆有，惟吴縣之洞庭東山最盛，周圍數十里，皆種荷花，較湘江南浦爲尤甚。

橘柚，衢州、吴興、洞庭皆植，總以福橘爲第一，香甘具備。余于乾隆甲寅冬遊福州，親嘗其味。

接果木

余在京師，嘗同法梧門先生進西苑門，遊萬善殿。主僧出獻茶果，有果黄色如杏，甚甜，其核則梅也。問之主僧，乃知是梅接杏。又天津出滷瓜，小而長，千篇一律，是以瓜接扁豆也。他如桃本接紅梅、白梅，狗橘樹接金柑、金橘。木樨接石榴，則開紅花。冬青接山茶，則開青花。牡丹接芍藥，則五色俱備，不勝枚舉。他如石菖蒲結子，用冷米湯同嚼，噴炭上，置陰濕地，則長細葉菖蒲，茸茸可愛。以老蓮子磨薄兩頭，入蛋殼，使母雞哺之，俟雛成取出，用年久燕泥加天門冬十分之二，搗爛拌匀，植于小磁碗，以河水養，置烈日中晒之，便開花如錢大，葉亦縮小，可置几案間。用馬蝗炙存性，研末，在紫紅菊花蕊上洒之，便色變大紅。又石榴花，以百沸湯乘熱澆之，花必大盛。其法甚多，雖因花木之性，而亦人之巧也。

王邁人

王庭，字邁人，順治乙丑進士，出知廣州府，歷官山西、江西布政使。其所作制義，與熊、劉齊名。初，母盛夫人未嫁時，有老嫗見之曰：『此女當生貴子。生有青記者，佛門中來。紅記者，道門中來。』後方伯生，果有青記。據沈翼所撰行略，知方伯爲後晉時鎮謁使王逵後身。其青記事，見晦堂詩話。

尤西堂

吴門尤西堂先生，卒於康熙某年六月廿四日。有老僕立庭下，見二人舁肩輿，先生坐其中，有雙旌前導升天，入北斗中而没。彭氏質神録亦言西堂先生係文昌玉局真官，謫生凡間，没後仍當歸位，殆非虚語。

楊文定公

江陰楊文定公名時爲本朝理學名臣。初入都，擬謁李安溪相國。先一夕，安溪夢宋楊龜山過訪，紅柬上書『楊時』二字，坐語良久。其明日，文定至，姓名内秖缺一字，聲音面貌宛如夢中。安溪心異之，遂留講授，爲弟子焉。

浦二田學博

吾鄉浦二田先生，相傳爲杜少陵後身。有同邑高某遊蜀中，謁少陵祠，見石刻小像，絶似二田，因搨一本，裝池贈之。先生大喜，懸諸坐隅，與兩三親舊置酒賦詩，以紀其事。先生著有讀杜心解一書，非無因也。

劉雲房相國

長沙相國生時，其封翁夢鍾離權來家而生，故名權之，字曰雲房。中乾隆庚辰進士，官至大學士。予告歸後，年八十餘而薨。按鍾離權，字雲房，唐時人，吕祖之師。施肩吾有鍾吕傳道記，流俗相傳爲漢時人，非也。相國好飲酒及色，年七十五六尚是不醉之量，一夜可御七人，至上朝時仍精神炯炯，至老不衰，蓋有仙氣云。

朱幼芝

朱幼芝司馬，名景英，湖南武陵人，官于福建。嘗訪一友，詣侯官許氏。甫入門，恍如舊遊。因詢主人云：『此内似有小樓，樓上有「無可奈何花落去，似曾相識燕歸來」一聯，尚在否？』主人駭然：『君何以知之？』一老婦隔簾諦視，謂侍婢曰：『適纔官人絶似五叔。』乃知司馬前生是許姓，是聯其所書耳。

方牧原

通州方牧原先生，名汝謙，中乾隆丁丑進士，嘗爲珠湖書院山長。先是，高郵城南有□□寺，僧禪心建，禪心將化，忽攀踞大樹，呼號不止。諸弟子跪列於前，問師何日重來。曰：『百年，鐘不擊而自鳴，我當復來耳。』後州牧李雲岡以寺旁廢地改爲書院。乾隆二十四年正月十五日夜半，鐘忽自鳴，廿三日又鳴，莫不駭異。適牧原到館課諸生，乃思禪心臨終之語，恰及百年，則牧原爲禪心之後身矣。牧原於乾隆庚午歲嘗夢遊天竺國，有佛給與獅象圖，並仙桃一枚以歸。是年得鄉薦，非無因也。

蔣虎臣

國初有蔣虎臣，名超，順治丁亥進士，官翰林編脩。不樂仕進，自言前世是峨嵋山老僧。後没于陝西。

蔡生甫

德清蔡生甫，名之定，中乾隆癸丑進士，官至監察御史。自言前世爲鄰家豆腐店一老嫗，平生念佛持齋者也。

翁鐵菴司寇

翁司寇叔元，生於崇禎癸酉。其父肄業南雍，夢僧入室。其母夢大士授栴檀香一片。故原名曰栴，字香林。

錢湘蓴方伯

錢嶼沙琦生於康熙己丑十一月十四巳時。先一夕，鄰婦夢神人抱一童子入錢家，儀衛甚盛，大呼曰『奇奇』而醒。錢翁因而以『琦』命名。蘇子瞻云：『其生也有自來。』信哉！

劉侍御

潘三松農部云：劉侍御亨地，爲蔣少馬元益門生。卒之日，語其家人曰：『我往蔣老師家去也。』蔣知其言，適生幼子，命名亨陽。長而聲音笑貌，與劉酷肖。旋以一衿早夭。

湯曾輅

毘陵湯曾輅，名大奎，中乾隆癸未進士，官福建鳳山知縣，以丙午歲賊匪林爽文之亂殉難。其父生曾輅時，夢明都玄敬太僕儒衣博帶，負笈而來。曾輅年十餘歲，即能吟詠。有詠鴉云『飛近馬頭晴雪處，立殘牛背夕陽時』之句，爲一時傳誦。第曾輅與都太僕所遇不同耳。

黄閬峰

黄閬峰者，浙江人，流寓吴門。年未弱冠，立志不作時文，不應試。讀書過目不忘，相傳其前身是明季史官某。偶閲横雲山人明史稿，輒大笑塗抹之。閬峰故多病，如醉如癡，閉關一室，日書數千言，皆與明史不合。所載天崇間事及張獻忠據蜀最詳，不知其何所本也。著書八十餘卷，爲其父所燒。

袁簡齋先生

乾隆丁未十一月，余嘗陪簡齋先生入山，探靈巖、天平諸勝。信宿舟中者四五日，因問先生前世爲雲南點蒼山白猿，有諸乎？先生笑曰『有之』。故先生一生遊歷，惟不到雲南、貴州兩省。

朱文正公

朱文正公一生不信釋氏，而頗好黄老術。相傳前世是羅浮山大石，故自號石君，其夫人則石旁之老梅也。公嘗自言是乩仙所示云。

沈解元

沈芷生，名清瑞，長洲人。乾隆癸卯鄉榜第一，丁未成進士。辛亥六月病痢，勢甚危篤，忽謂家人曰：『今日蘇州府城隍來請，取衣帽出來，吾當去耳。』家人驚駭，以爲不祥。明日又曰：『吾已見城隍神，甚蒙優待，將送余至山東託生，爲大理寺卿劉公之子矣。』言訖而瞑。事隔月餘，劉公有疾足來蘇，述及某月日夢芷生以世愚姪帖拜謁其家，是夜如夫人舉一男，以爲奇異，即芷生病歿之日也。劉公名墫，文正公之子，石菴相國弟，芷生故爲相國門生也。

林午橋

汲縣林司馬溥，以乾隆壬子歲十一月，由福建回河南。過仙霞嶺，嶺半有黎嶺者，上有佛菴，爲行人憩息之所。林因輿人歇肩，遂散步菴中。正殿西有一室，供佛龕，黄布爲帷，不知是何佛也。遂揭開視之，有金身一區，耳目手足皆動，林亦心摇目眩者久之，恍如舊識。意謂此像恐是設機械所致也，乃問諸菴僧。僧曰：『此師祖肉身，供奉四十年矣。』指示龕右懸書一軸，乃知此僧是湖北人，康熙中祝髮至此。嶺上向無廟，且多豺虎，僧爲結庵。以乾隆癸酉歲示寂。先期語人曰『吾某日當西歸，勿壞吾身。四十年後，吾當再至』云云。林是年適四十歲。視其坐化年月日時，即其誕生之年月日時也。林復以指叩之，堅如金石，始知爲己之前身，再拜而去。昔人謂蘇東坡爲戒和尚後身，王陽明爲華陽寺僧後身，再來之説，真實不虚。惟金身摇動，殊不可解。豈前後身相逢感觸，能如是耶？午橋親爲余言。

王仲瞿

王仲瞿孝廉，自言前世是狐仙，在華山修道五百年矣。嘉慶二十年，寓清江浦，偶患傷寒甚劇。二更時，有兩小狐來看病，仲瞿問兩狐云：『爾爹母俱好否？』在茵褥上撫摩逾時而去，侍疾僕不知也。

蔣師高

蔣師高名鄂，由吴邑寄籍錢塘，入杭州府學，文名籍甚。少于經學昕夕鑽研，弗得弗措，攷据悉折衷鄭、孔諸説，唐以後置而不問。年二十六，病革時，謂其諸昆曰：『吾本西京博士弟子中第十八人，石渠、白虎觀皆舊遊地。從兄敦儒，第四十一人，早復舊職。吾去而仍理故業，是吾生也，非死也。二十六年，生于人世，是吾死也，非生也。天下通經之士，其死者暫而生者久也。』敦儒名璟辰，吴庠生，亦潛心經學而早世者。俱光禄少卿紫峰先生曾孫。

蔣雲臺

蔣少司馬孫雲臺，名鳳翽，長洲學生，三薦省試不售。臨殁，謂其母曰：『兒今生阨于功名，蹇于壽數。來世科第拾芥，壽命延長。』且言托生某省某郡某邑某家甚悉，其母不忍聞之。又鳳翽之姪孫步雲，名桂芳，從鳳翽游者，以第一人入府庠。未幾殀，臨殁時，語其父亦如鳳翽言，且曰：『人之輪回，壽者夭，夭者壽，富者貧，貧者富，貴者賤，賤者貴，强者弱，弱者强，如車輪之回環也。』

戴東原先生

戴東原先生爲漢儒之學，兼精音韻、律算、地理諸書，其學實傳于江慎修。惟東原所著書中，並未一及慎修，豈文人相輕耶？偶讀戴氏遺書，凡本朝以經史之學稱于時，爲東原所服膺者，則有顧亭林、閻百詩、萬季野〔一〕、王寅旭、謝野臣、梅定九及同時之任大椿、興化人。王廷相、婺源人。王晉、歙縣人。孫同珍、錢塘人。李文藻、益都人。王涵齋、著有詩比義述。葉書山、桐城人，著有春秋究遺。任領從、著有爾雅注疏箋補。朱文游、俞仲林、著有古經解鉤沉。孔葓谷、曲阜人。惠定宇、長洲人。段玉裁、金壇人。汪竹香、長洲人。沈沃田、華亭人。温如方、有西河文藁。董愚亭、山西人，著有半壁山房集。程瑶田、歙縣人。盧召弓、錢塘人。任幼植、有禘祫、喪服等辯。王西莊、嘉定人。錢曉徵、嘉定人。姚姬傳、桐城人。是仲明、武進人。紀曉嵐、獻縣人。方希源、南通州人。鄭用牧、王輯五汾陽人諸公。東原著書甚多，半皆未成之作。曲阜孔葒谷嘗刻其遺書，如考工圖注、七經小記、屈原賦注、日編、水經注、水地記、聲類表、孟子字義疏證、方言疏注、策算、鉤股割圜記之類，爲戴氏遺書。余嘗聞之先輩云，慎修之學當深于東原，實亭林以後一人也。慎修名永，婺源江灣人，著書二十餘種。

校勘記

〔一〕野，原作『野』，據文意改。

紅豆三先生

吴門惠定宇，名棟，硯溪先生周惕孫，半農先生士奇子。三世攻經，古今罕見。當時與常熟之陳祖范、無錫之顧棟高同舉經學，著有周易述、易漢學、易例、易微言、九經古義、古文尚書考、明堂大道録、禘説、山海經訓纂、後漢書訓纂、精華録訓纂、紅豆山房古文集等書。家有紅豆樹一株，故名。今大江南北爲惠氏之學者甚多，皆稱爲紅豆三先生云。

山中道士

齊次風先生著作如山，有攷證尚書、禮記、春秋三傳及史記功臣表、前後漢書郡國志，攷隋書律曆、天文、舊唐書律曆、天文若干卷，水道提綱三十卷，史記功臣侯第考一卷，歷代帝王表十三卷，後漢書公卿表一卷，宋史目録若干卷。先生有堂弟周華者，名諸生，以逆書案伏誅。乾隆三十二年，余族祖復齋公任天台時，周華之妻妾子女尚在獄中。逢上元節，偶令出獄進署，與官眷相會。問其致禍之由，言周華平時讀書無他異，惟每夜與山中道士談論，輒至四更而去。所著衣冠皆與人異，究不知是仙是鬼也。次風先生亦因此革職，旋病卒於家。

韓潘兩贈公

吴門韓旭亭贈公，名是升，字東生，住郡城小顯子巷，家有洽隱園，其西即范芝巖太史里第。余年二十餘，即識贈公，學爲詩，輒以就正。時其少子桂舲尚書對猶爲七品小京官也。贈公爲人仁而厚，博學而多文，少補吴縣學生，鄉試凡五薦，皆不售。歷金臺、陽羡、當湖書院山長。生平喜爲詩，有聽鐘樓詩稿十卷。嘉慶十九年春，贈公年八十，有旨命對出京，爲父稱觴，賜賚甚厚，鄉里以爲榮。又二年而卒，贈光禄大夫、刑部尚書。

潘雲浦贈公，名奕基，字汝勤。年二十，以商籍補杭州府學生。後其兄榕臯、畏堂兩先生皆成進士，惟贈公絀于場屋。至乾隆癸丑，公子芝軒相國大魁天下，歷践清華。嘉慶壬戌歲，相國以兵部左侍郎典試浙江，旋督學政，贈公與其夫人始就迎養，賦詩曰：『明聖金閶一水連，歡承子舍拜恩偏。新馳鳳詔三千里，重認鴻泥四十年。世上榮名如汝易，天倫樂事幾人全。側聞蕊榜多英俊，報國由來在得賢。』『幾載清娱泉石間，者回飽看浙中山。出門恰似到家樂，就養仍如招隱間。園竹未荒猶待補，池荷雖敗不須删。十年知爾天涯夢，相見還疑夢裡顔。』其明年春，余游湖上，海豐張穆菴正爲兩浙都轉運使，嘗請贈公往半山看桃花。余亦在坐，乃笑謂贈公曰：『公昔在浙江學院遊庠，今又在浙江學署就養，此古今罕見者也。』越十年，相國以内艱回吴，服闋後旋告養，又侍奉者十二年，適八十稱觴，重遊泮宫，一時海内文章鉅公，煆詞壽文，衆體畢備。公猶手自編輯，展玩神怡。捧觴之日，風日清美，管絃雜奏，孫曾羅拜，四世一堂。即以其年冬十月壽終，可謂五福兼備者矣。

吴枚菴

吴枚菴先生名翌鳳，長洲人，少爲諸生，工於詩。家甚貧，以館穀自結。嘗手抄秘書至數十百卷，無倦色。乾隆五十年，吴中大荒，乃挈其母夫人暨妻子出遊，歷湖北、湖南、廣東、江西諸省，凡二十餘年，無所遇。母已百歲，枚菴亦七十餘矣。余嘗書楹帖贈之云：『賣賦卅年惟奉母，浪遊千里爲尋詩。』晚年家居，仿漁洋感舊集之例，選平生交遊之詩曰懷舊集十八卷，又印須集十八卷、吴梅邨詩集箋注二十卷。

三蔣

蘇州蔣于野參軍名莘仲，弟蔣山名徵蔚，季弟青荃名夔，爲梅厂先生子，余尚見其弟兄爲嬰兒時也。三人俱好學著書，吴中稱爲三蔣。三蔣之中，蔣山尤邃于經史之學，凡天文地理、鈎股算術、詩文詞曲，無所不精，惜兩耳俱聾，且有弱症，終年惟静坐一室而已。阮雲臺宫保贈以詩云：『君年纔可著儒冠，眼底何書不盡看。平子算章通象緯，少陵詩律老波瀾。耳如能聽尤當慧，我竟爲兄大是難。喜得談經開左席，官齋行舫共春寒。』有論語鄭注疏證十卷、天學難問二卷、北齊書證誤二卷,又補注周髀算經、穆天子傳、吴語解嘲諸書。余嘗謂吴中人物,明時有四皇甫,今有三蔣,俱可爲藝林佳話云。

雨峰總戎

陳雨峯將軍,名階平,泗州人。風雅愛客,由河標行伍起家,擢爲海州參將。海州故有鹽筴之饒,奸民私販接踵,白晝横行,官兵捕之不能得。嘉慶十八年,雨峰始蒞任,嘗輕騎巡歷,屢捕得著名大梟,置之法,而防守益嚴。忽有十餘梟,虎形鵠面,投誠束械,跪叩軍門,願改爲農者。雨峰察之無他意,謂諸梟曰:『爾等能如是耶?』每名給以路費,押解回籍,私販肅清,江淮人至今頌之。因作投械歸農圖,海内士大夫題詩幾滿。余亦有詩云:『不煩弓甲不論兵,化得頑民買犢耕。指點朐山山下路,他年應築受降城。』後屢擢至湖南鎮杆鎮總兵,官至松江提督。

雁門太守

毘陵有陳服旃者,名明善,富而好禮,性嗜風雅,愛賓客,治園圃。所藏書籍圖畫、古銅鼎彝之屬,不下數千百種,一時海内文人皆招要過從,詩酒留連。如沈大宗伯德潛、袁太史枚、蔣編脩士銓、王太守文治,其尤著者也。如是者十餘年,忽有出山之想,遂傾資捐府同知,分發山西，屢署朔平府事。年既老，家益貧，不得已謝官歸里，猶賣其舊藏金石圖書，以周急寒士，余所目擊也。其自用印章一方，銅印龜鈕，文曰『雁門太守章』。

實齋先生

章實齋先生名學誠，會稽陶墟人，乾隆戊戌進士，官國子監典簿。爲餘姚邵二雲太史高足弟子，通於史學，嘗爲畢秋帆尚書撰通鑑續編，十年而成。爲謝蘊山中丞撰史籍考，則未就。所撰和州志、永清縣志，簡核可傳。尤工古文，初師法于大興朱竹君學士，而沉雄醇茂，攻難駁詰，實過于竹君。謂班、范以下無作手，六朝、唐、宋皆遭指摘，自謂卑論仲任、俯視子元，未免過詡。然平心論之，實可與鄭夾漈相伯仲也。乾隆五十二年，余游汴梁，在秋帆尚書座中見之，相與朝夕者月餘，真奇人也。尚書既卒，實齋亦旋歿，遺文數百篇及文史通義、方志略例等書皆未刻，學者惜之。

失題

山陰布衣童鈺，字二如，袁簡齋先生屢稱其詩，並購其遺藁刻之。其詩激昂慷慨，才情肆發，吴枚菴懷舊集謂其得兩宋之長。遊歷所至，以詩畫自給。性復豪邁，所得潤筆，隨手揮去，不顧家計也。尤喜畫梅，在楊補之、王元章之間。每畫一幅，則一首詩成矣。其所用圖章曰

『萬幅梅花萬首詩』印，用十餘年，又改曰『一幅梅花一首詩』。今人但知其畫梅之工，而不知詩學之深也。

東有舍人

嚴道甫先生，名長明，字東有，江寧人。應乾隆壬午召試，爲内閣中書。在軍機時，受知于劉文正公最深。迨文正没，遂不出。與畢秋帆尚書爲至友。秋帆出鎮陝西，東有常在幕下，如關中勝蹟圖志、關中金石志及重刻長安志、三輔黄圖之類，皆其所定。有歸求草堂詩文全集並雜著二十六種。後尚書移鎮河南，與洪稚存頗有枝梧，不得已，出署讓之。爲廬江書院山長而没。其子觀，字子進，明於地理之學，著有元和補志六卷，能世其家。

里堂明經

江都焦君名循，字里堂。余在阮雲臺宫保坐中識之。里堂熟于毛氏詩及三禮，好天文律算之學，所著有毛詩草木鳥獸蟲魚釋三十卷、毛詩釋地七卷、群經宫室圖二卷、禮記索隱十卷。又有釋交、釋弧、釋輪、釋撱、乘方釋例、加減乘除釋共二十卷，皆言算術也。與里堂爲友者，歙之汪萊、海州之淩廷堪、吴縣之李鋭，皆通是學。

蔣長沙

蔣長沙曾炘，兩目短視，而精警絶出。偶見人問姓名，輒數歲不忘。獄詞累尺許，過目成誦。夙精勾股法，每勘地，一經親履，則某田與某田毗連，某田積幾步强，某田積幾弓弱，羅羅如指上紋也。嘗任廣東保昌令，有兩姓争田，結訟不決者五十餘年。蔣閲故牘曰：『此田數互有欺隱，其奇零紛錯處有誤，不能剖析，自然執争，適滋訟耳。』既親勘，翌日，飭兩造各抱籍詣案下，蔣按籍持算，口諭手畫，凡甲若干，乙若干，甲與乙互虧侵者若干，曲折纖悉，無不詳盡，老吏咋舌束手，兩造亦驚嘆愧服，未能明晰若此也，案遂定。官湖北襄陽府時，有豪棍趙某，樊城積匪也，恃富逞强，莫敢忤視，積有年所。蔣微聞之，適趙某以索債毆人斃命，令其家奴頂凶，而自爲之証，且重賄屍親鄰近，群然一辭。襄陽令承招解府，蔣太守疑焉，因首進趙某詢之，辭微不合，即厲聲曰：『殺人者汝也，不然，以汝之財雄一鄉，孰敢攀爾作証？爾亦豈肯奔走公庭，爲他人作証耶？』滿堂皆股慄失色，趙亦逡巡吐實，遂以抵法。合郡士民頌神明焉。趙臨刑，仰天嘆曰：『早知天下有如此清官，吾亦安敢恃富殺人，以自取死也？』

伊犁

顧霽堂，名佺，長洲人。官福建縣令，以事謫戍，在伊犁者十二年。所見塞上風景，作竹枝詞三十首，頗堪醒目。所歷之地自燉煌西出玉門關，涉鄯善，北過伊吾，至車師前後部、高昌、金滿城、哈密、回鶻、碎葉城、羅布諾爾及蒲類海、渭干河、阿克蘇山、回部諸處。所記燉煌太守裴岑碑下，尚有唐貞觀十四年屯田將軍姜行本紀功碑。又漢張騫碑，在伊犁之南山，文字剥蝕，尚餘二十字。乾隆三十六年，土爾扈特全部來歸，封渥巴錫爲汗，以下親王、郡王、貝勒、貝子、公、頭二三等台吉，皆賜花翎，儼然備藩國儀制矣。高昌俗以三月初九日爲寒食，以水交潑爲戲，謂之壓陽氣。婦人皆戴油帽，謂之蘇幕遮。以赭塗面爲美。其地無雨雪而極熱，每盛暑，人皆穿地爲穴以處。過嶺即多雨雪。嶺上有龍堂，刻石記云即小雪山也。于闐國城東有白玉河，城西有緑玉河、烏玉河，其源皆出崑崙。每歲秋，國人皆採玉於河。巴里坤海子，即古蒲類海。每於春秋晴霽之時，杲日初昇，海中雲起，忽依山而成市，變幻莫可名狀，亦如中國登、萊州之海市蜃樓也。回鶻，兒女皆不自知其年，問之，但云似是猪年、似是鼠年耳。阿克蘇山路通伊犁，有穆素爾達坂，回語『冰』爲『穆素爾』，『嶺』爲『達坂』。全山皆冰，四時積雪，終古不化。設回户數十人，隨時鑿冰爲梯，以利行旅。葡萄溝，在高昌，多山杏。其根入水千年，光如明月珠，夜懸帳中，毫髮畢見。回部以牛乳釀酒，名阿爾占。以馬乳釀酒，名曰七格。天山有雪蓮，生於冰壑。巴里坤有老松皮，厚尺許，煎膏服之，延年益壽。狼牻地産金，其民與漢人交易，常做夜市，以鼻嗅金，知其貴賤，更奇。

彭秋士

長洲彭秋士先生，名績，爲人孤介，不蹈非禮。意有所不可，雖畀之千金，弗顧也。妻死後，遂無家，終年教讀于外。每與人接，未嘗發一言，端坐而已。先生好爲詩，尤工古文，精靈超變，不可一世。年五十餘，無所遇，以窮死。其族子尺木進士爲作墓志，有曰：『人皆悲先生之窮，余獨謂不然。落其實，蓋季次、原憲之流；採其英，亦元結、孟郊之匹。吾未見先生之窮也。然先生終竟以窮死，則所窮者秖在旦暮間，而不窮者無涯矣，而又何悲乎？』嗚呼！若先生者，殆古所謂獨行之士歟？

一番榮落

故内閣學士徐公頲，年十二三，聰穎絶人，即能爲經解，而憚于作時藝。其父復堂先生，余至好也，嘗延余館其家，授之彈琴寫字，而復課其少子。是時公年十五，始開筆未幾。遊庠中副車，因入京，又中順天鄉榜，旋中進士一甲第二人，爲翰詹者十餘年，出爲安徽學政兩次，名滿天下，卒於當塗，賜祭葬，可謂榮矣。復數年，余偶入山，憩無隱精舍，登飛雲閣，遥見一大墓，螭頭綽楔，輝耀山中，即徐公也。因拜其墓下，爲歎息者久之。余嘗有詩云：『春來春去總無垠，終日看花不見春。堪歎人生如草木，一番榮落一番新。』

施蓮溪

吾鄉有施蓮溪者，精于數術。其法以六子擲盤中，觀其向背離合，便知休咎。故江東士大夫莫不推重，以爲神仙。蓋其家學淵源，由來久矣。余幼時嘗聞，其曾祖仲達先精是學，乾隆中葉，作牧南河，在前相國高文良公幕下。是時，文良爲江南河道總督。一日，公有疑事，命卜之。仲達忽蹙眉而有難色。公曰：『卜以決疑，即有不吉，勿諱言也。』仲達對曰：『據卦象，當即有旨逮問，奈何。』公曰：『若然，應在何日？』曰：『七月十三。』公艴然不悦，曰：『至期再問。』即命内使者閑之，勿令外出。及期寂然，以爲無驗。是夜二更餘，公已就寢，而逮問之旨下矣。公蒼遑召之，曰：『先生術甚神，乞再卜之，終當何若？』仲達起立，喜曰：『無妨，公今入刑部獄，不久即出，待一年後仍當蒞此任耳。』後果如其言，遂列薦之公卿間，所言皆驗。傳其子旭初、孫熙齋、鴻亮，俱善其術。今蓮溪又熙齋之子也。按卜筮之法，昉自神農，著于周禮，通幽索隱，知往察來，受河圖而定皇策之文，闡易總而啓青丘之秘，傳于史册，彰彰可攷。若漢之嚴君平、晉之郭景純，尤其最著者。古有其人，而今再見，亦奇矣哉。

補履翁

補履翁者，姓錢氏，名近仁，其先崑山人。孑然一身，補履爲業，遂以自號。每日負擔出，得數十錢，除飲食外，輒以買書。有風雨不能出門，則手不釋卷，尤好譚儒學。彭尺木進士嘗爲余言。余時纔弱冠，欣然往訪。叩其門久之始開，老屋半椽，促衿露肘，有原憲之貧，顏淵之樂也。因問其交遊之道，補履曰：『言忠信，行篤敬，以己之心，度人之心，則可以交遊矣。』余曰：『是也，我行之如此，或他人不度我心，將奈何？』補履曰：『則君子必自反也。』余深佩其言。後汪稼門志伊爲蘇州太守，聞其名，延至署中，與講道學。賜之食則受之，贈之金則不受也。自此名大著。翁死後，諸文士送之，擇一地，葬虎丘半塘，許穆堂侍御爲志其墓。

吕道人

乾隆己未，吴門蔣時菴先生官軍機中書，隨相國鄂文端公往勘南河。途中遇一異人，吕姓，以道人自稱，詢其年歲，曰吾生于下元之初。童顔鶴髮，聲如洪鐘，挾方術遨遊淮泗間，濟人甚衆。鄂公偶患脅痛，延視之，立效。其治法，世所罕聞也。先生著有吕道人傳。

李仙隱

乾隆中，蘇州圓妙觀道士有李仙隱者，本名宣仁，能知人休咎，多奇中，咸呼之李仙人。余少時尚見之，其貌清癯短小。蔣時菴先生元益偕其弟芝岡先生衡，一日至觀與李談，偶及陰陽術數之學。李書二語，謂兩先生曰：『後日必有驗。』視之，乃『鶴峙青龍磵，鷄棲白雁陂』十字也。後時菴以侍郎加一級，請封，得仙鶴補服，葬于吳縣龍山。芝岡先生以江西藩司任請封，得錦鷄補服，葬于吳縣支硎山雁橋。始悟二語之奇。

蔣士煌

蘇州蔣士煌，名彩闈。初生時，其父效三夢仙人抱一嬰兒授之。十四五歲，從書塾中覽昔人所傳飛升尸解之事，輒心慕之。喜究内丹，研性命之旨。業師本通儒，宗羅念菴先生之學，揚大化，繼宗鐙。士煌承其教，澹泊澄定，雖處喧囂，不改其度，精心内觀。每宴坐一室，光明自發。乾隆丁酉，謙齋太守由襄陽調任長沙〔二〕，招士煌至署。士煌曰：『父母已逝，吾身可流行自在矣。』抵署，簿書錢穀，佐理得宜，謙齋倚如左右手。士煌閲數日必扃閉卧室，聲息不聞。一如是者半載，習以爲常。一日，閉門三日不開，長沙公異之，啓其户，闃其無人，惟得書三緘，一寄胞伯即山，一寄胞弟恂齋，一呈長沙公。書中若預知長沙即日罷官，有安慰之詞。末云：『姪隨赤脚大仙往終南山去矣。』翌日，有書役于府署三里外一荒菴中，得衣帽履襪，即其服也。未幾，長沙果丁外艱，回籍守制，終養其母，不復出山。閲二十餘年，士煌堂弟元復，官山西榆次令，幕中有乩仙，士煌降乩。時長沙公早逝，元復詢叔父見否，乩云：『棄官養母，孝行昭昭，可成正果矣。』餘無言。

校勘記

〔一〕『謙齋』上原有『士煌』二字，據文意改。

乩仙

蘇城蔣芝岡廉使，名衡。署江西方伯時，有幕友自楚至藩署，善乩仙術。蔣問功名，仙判五言四語云：『建武知終始，前程問永光。翩翩佳子弟，一路接平陽。』蔣思建武、永光，俱前代年號，不解何義。此乾隆庚辰年事也。後蔣由雲南武定府知府陞江西糧道，擢臬使，緣事罣誤，左遷河南南汝光道，再遷福建建寧府知府，卒於任，上二句之驗。蔣之弟名元熙，官山西平陽府知府，子名城，官浙江平陽縣知縣，下二句之驗也。

人心之靈，通于鬼神，是以一念之動，鬼神知之，乃有人事未然，而鬼神已知者。如鄉闈試題，臨期方定，而乩仙每能預示，第隱約其詞，不易測耳。嘉慶丁卯科浙江鄉試，前一月，士子叩以試題，示曰：『内一大，外一大，解元文章，不過四百字。』衆不解所謂。及入場，競作短篇，人人自詡必中。出場後，始悟『一大』乃『天』字，首題『天何言哉』三句，截去下文『天何言哉』四字，以分内外也。『四時行焉，百物生焉』二句，應『四百』兩字。及魁墨出，字皆七百，無一短篇者。嘉慶戊寅鄉試，以乩仙筆示云：『口外兩佳人，一在内，一在外。』以『兩人』應『仁』字，『佳』字加『口』爲『唯』，通作『惟』也，多擬『唯仁者』三句。及場後，知北闈首題是『君子和而不同』一句，南闈首題加『小人同而不和』一句。

戴清溪

嘉興有戴清溪者，精岐黄術。乾隆末年，於蜀中開一藥材鋪，終身未娶。其視人疾也，見貧窘者不取分文，反以藥餌饋之。言語極低，静聽之始辨其語。戴嘗云：『凡人語聲高，最易傷氣也。』一日盛暑，具衣冠，别其友曰『吾將有遠行。』回家後，遂沐浴，身披葛衣，焚香趺坐，又撫琴，作雉朝飛曲。曲未終，寂然不動，鮮藕一片置几上，猶未食也。若清溪者，殆仙家所謂以尸解者耶？吴門周右巖茂材識其人，爲余言。

張鐵鍋

張鐵鍋，陝西人，嘗鬻鐵鍋於成都市，以其名呼之。年三十餘，爲征金川兵負糧。忽有蠻酋十餘人，從叢箐中突出，將劫糧，縛其衆。張奮然奪賊刀，盡殺之，解衆縛以行。裨將聞其事，報大將軍，遂呼至帳下，詢其殺賊狀甚悉。將官之，不願也，與之金，亦不受，仍還成都賣鐵鍋，以終其身焉。湘潭張明府九鉞、長洲蔣大尹大鎔俱作詩贈之。

推算

乾隆二十年間，張真人來蘇，隨一法官，爲人推算功名，不用干支八字，每人各書一句或兩句贈之，餘無他語，其後悉驗。時蔣召南曰棠、又東曰萊、倫表模、慕元臨照、譽賓孝基、佑王丕基俱以刺史謁選，詣彼推造。法官爲召南書『上思利民，國祚洪興』八字，時以廣西上思州知州丁艱在籍，服闋，選湖北興國州知州。爲又東書『左右有民』四字，後官廣西左州知州。爲倫表書『高大門閭』四字，後官山東高唐州知州，以子元爔官贈貴州大定府知府。爲慕元書『道隆從隆』四字，後官廣西西隆州知州，適在乾隆時。爲譽賓書『普天安樂』四字，後官貴州普安州知州。爲佑王書『雲漢爲章』四字，後官四川漢州知州。

李含芳

陝西城固縣西北二十里，有唐仙觀，爲漢時唐公房昇仙處，古碑尚存，今金石家所謂唐公房碑是也。嘉慶元年，縣人有李含芳者，年二十餘，偶過觀中，遇道士，授以術，能日行千里。越一二年，川楚教匪起，蔓延漢中府一帶。親串中有語之者曰：『聞君有法術，恐非保身計，奈何？』是日，含芳遂不見，十餘年杳無音信。後同里人有遊關外者，忽遇含芳，曰：『若非吾故人乎？我有鎖匙三個，爲我寄家中。』其妻陳氏視之，果向時隨身所帶之物也。此人殆仙去耶？含芳妻兄陳玉珊爲余言之甚悉。

祖　印

蘇州齊門内北禪寺僧祖印者，素不識字，人亦粗俗。乾隆某年，忽于大殿後掘得趙松雪書圓通閣記，乃發願募緣重建，費至五六萬金。其餘大殿兩廡、山門、石道，次第而成，而方丈住居上漏下濕，窪窄不堪，人莫不嘉歎之。嘉慶初年，余偶寓寺中，欲索余題寫石坊上兩額。余正在搆思，祖印忽曰：『正面擬題「花開見佛」，後面題「放大光明」，八字可乎？』余極稱賛，遂爲書之。意此僧能通智慧者歟？

癡和尚

蘇州朱明寺有癡和尚，見人不言不語，惟憨笑，寒暑一衲，人與食則食，與之錢則不取，或取之，便與他人。人有以疾病問，則隨手寫一方，服之即愈。寺前鄰居將火，先二日奔告，人目其癡，次日果災。閶門外有寡婦，閉門將自縊，和尚急扣其門，得不死。某官署有鬼怪作鬧，和尚至，怪遂絶。其他靈異甚多，不能悉記。道光元年七月廿二日午時，端坐而化，年七十九。初，和尚有二犬，每日同寢處，常爲説法，衆僧莫不笑之。化之前一夕，告方丈曰：『我明日當去矣。』已而果然，二犬亦死。

節

東鄉有姑媳守節者，族人覬其產，逼之嫁，終不從。一日，媳往田中耘棉花，姑在家織布，忽發火，撲之不滅，自焚死，尸端坐不仆。方火烈時，媳急行歸救，遠見煙焰中有白鶴背坐其姑，翔空而上，里人亦見之。載陸時隆見聞隨筆。

黄氏，吾邑垂慶鄉人。年十九，歸里人吴曙巖之子俠君。曙巖性踈曠，不治生，黄倚姑以績織爲活。三年生一子，越三月，俠君死，而子亦殤。姑以哭子及孫，相繼殁。當是時，黄年方二十二。曙巖累遭喪，益困，益自放，不顧家。黄既治殮畢，仰天哭曰：『嗚呼，吴氏之祀斬矣。雖然，翁在可爲也。』則盡出嫁時簪珥衣被陳于庭，白翁，請盡易金買妾。翁不許，固請而後許之。妾入門，有身甫五月，而翁又死。黄治殮畢，復仰天哭曰：『嗚呼，天尚閔予志，願以男畀吴氏。』彌月，妾生子，男也。黄大喜，告于翁主，名之曰鑄。居三月，妾委兒以去。黄自兒殤後，乳絶湩已二年，日抱鑄於懷，哺以糜，啼則以乳就之。亡何而湩忽生，黄復大喜曰：『今知天之不絶吴氏也。』終乳之。鑄年七歲，將送之入學。或以無錢難之，黄曰：『人不讀書，豚犬耳。無錢，屋可賣也。』鑄學五年，賣屋五間。先母華太安人與黄爲中表姑嫂，見而傷之，遂告之先君，召鑄于家，資之學。既冠，通文理，爲童子師，能自食矣。黄乃度地陽山，葬其舅姑及夫之喪焉。吴門彭尺木先生嘗爲黄氏立傳，歎曰：『黄氏一女子耳，使吴氏之祀既絶而復延，使鑄也頻死而不死，于翁爲忠臣，爲孝子，于俠君爲貞婦，于鑄爲慈母。出孤力，冒萬死，肩五倫，完獨志，册書所傳，覩記所及，如斯人者，豈不卓哉！』先生爲作卓行碑，刻石惠山節孝祠。

乾隆中，長洲陳應奎妻陸氏，孝廉宇豐女。夫病，刲股，母病，又刲股。母亡後，居柩側者三年，悲傷成疾，苦節終身。氏之胞兄孝廉恭、中書舍人敬將爲題旌，并欲載其事於家乘，氏怒曰：『愚忠愚孝，守節以死，婦人之常，何必傳耶？』以死自誓，識者韙之。

有編户李嘉賓妻管氏，住西花橋巷。年二十，遭夫喪，誓志守節。家貧，紡績自給，上有舅姑，養生送死，撫一子一女，及時婚嫁。年七十餘卒，無人爲之表者。

吴門有尤袁氏者，守節廿餘年而死。其兄某往視，胸際尚温，不忍殮，越三晝夜乃甦。告其兄曰：『方魂之初出也，似有一道士前引，遂隨之行里許。黄沙滿路，迥非人境。復前行，見有紅墻朱門，若今之城隍廟者，道士忽不見。聞内傳呼曰：「袁節婦至矣。」隨有兩卒導之見神，南向坐，舉手謂我曰：「守節甚佳，已告之上帝，以汝託生金姓。其家數世積善，應爲鼎甲也。」忽一吏持柬至，乃前翰林彭藴輝。神出位迎入，曰：「公以善業入轉輪，昨天榜已定爲某科狀頭。」又一吏持柬至，則封君某翁也。神又顧謂曰：「公一生行善，第衣食太豐，未免折福。來生僅可作進士，出彭君榜下。」二公轉向我曰：「三人同行可乎？」神笑謂二公曰：「此婦守節未滿，尚宜受三年貧苦而卒。」仍導出，一墮而醒。』閲三年，果殁。其兄訪之金姓，果于是日生一男云。

孝

揚州有游孝女，以賣卜養其親，金棕亭國博見之，作游孝女歌，一時和者甚衆。吾鄉亦有唐孝女，以父母無他子，以賣畫養其親，終身不嫁。虞山女史席佩蘭賦詩云：『圖中不綴閒花鳥，只寫貞松與孝烏。』兩孝女如合一轍。

余中表母姨吴嫁袁氏，寒士也。年五十餘，病勞瘵將死。醫者曰：『氣血已虚，非藥石所能治。倘服人乳，或冀其生耳。』其次媳蔡氏聞之，遂乳姑惟謹。蔡時生兒纔百日，乃寄育他家。或者曰：『兒無乳不生，何忍耶？』蔡曰：『姑無二，兒可再育，非忍也。』越半年，姑果瘳。未幾，兒死，而蔡亦殁。親戚中知其事，咸爲感嘆。案新唐書，崔琯之曾祖母長孫氏年高無齒，其祖母唐夫人每旦上堂乳姑，不粒食而康寧者數年，其後崔氏大興。以此觀之，孝，大德也。蔡氏一婦人，未嘗讀書而能知大義，立大德，亦奇矣哉！

湖北孝婦，嫁商州土人吴姓者，以種田爲業。其姑病勞瘵，孝婦百計醫藥，俱無效。或有告孝婦曰：『汝姑心血已枯，能以生人心血治之，方能愈也。』孝婦乃私禱於天，以快刀自刺其心血盛盃中，手授其夫，已不能言，痛極而死。越一日復甦，其姑旋愈。時秀水張星橋樹勳方爲州刺史，聞其事，乃召孝婦與其夫入署欲見之。孝婦年二十餘，粗服亂頭，鄉人不知禮，竟入堂皇，謁見刺史。刺史深敬禮之，命其進内室見夫人，驗明胸前果有刀痕，乃益信。須臾，夫人以大紅紬一幅披其身，金花一對插其首。刺史亦手書孝婦匾額一道，銀五十兩，布十端，且命肩輿執事，佐以鼓吹，直送出城，觀者萬人，咸爲感歎。嘉慶戊寅四月事。

貞

吾邑有華貞女者，其父號述古。幼字趙，未嫁而壻亡，遂繡佛長齋，守貞不字。父母死，育于叔，叔又客死。貞女素不諳畫，模叔小像，宛如生。嬸又死，遺孤九齡。貞女爲撫育教誨之，比長，爲娶婦。後弟又早卒，與弟媳撫其兩孤，自襁褓迄成立，而孤又死，僅存其幼。終身處子，百折不回。方弟未死時，家有怪，箱奩器物之類輒自走，床幃間往往有火，著物即燃，緘縢之物，人無知者，竊之去，尋于他處得之。惟貞女所封之物，莫能動也。女巫來，見貞女誦經，怪竊聽誦。至咒語，怪即隱匿，誦已復來。時有僧妙峰能逐鬼，親黨勸延致之，貞女曰：『豈有孤嫠之室而延僧逐鬼者乎？吾聞妖由人興，吾守貞垂廿載，恐有妄念未除而致怪耳。吾當不食死，我死，怪宜自滅。』遂不食。怪忽作人語曰：『汝家本當有禍，故我得至此。今貞女以我故死，必干上帝譴矣，何敢再留？貞女無自苦也。』自此怪遂絕，貞女乃復食。

姜桂芳，字芳垂，萊陽姜如農給諫之女孫。未嫁而寡，守貞不字，依親所居。夜夢大士教以六法，遂通畫理，山水人物、花卉翎毛，偶有臨模，無不肖者。又能自出新意，與虞山馬江香齊名，爲一時推重。晚年好黃老術，自號古研道人。

雙貞女虞氏、韓氏，俱顧凝初之媳也。凝初子七，其第三子名吾禮，聘虞，年十二而死，第五子名吾忠者，聘韓，年十八而死。時虞氏、韓氏俱幼，聞訃號泣，矢貞自守。兩家父母憐其少，不從，虞于是墮樓入井，韓則絶粒投繯，以示必死，乃俱聽之。既歸顧，服夫喪，事舅姑，咸盡婦道。虞後于諸姪中擇一嗣，早死，又擇一嗣，不期年亦死，虞于是大哭曰：『天乎，吾計窮矣，是命也夫。』乃與韓長齋綉佛，同甘苦，繄織而食，遂以是終。虞年五十五，先韓卒，時韓年四十三矣。既葬虞，并自封生壙焉。

貞女姓曹氏，吾鄉湖郵人。年十齡，字蕩口鎮華瑞林爲養媳。隔一二年，瑞林爲人所掠賣，杳無蹤蹟。曹遂守貞不嫁，窮苦萬端，以績織自給，五十餘年如一日也。

余居之南七里曰黄泥橋，有高姓養媳彭氏者，與高姓子並年十七八，以家貧未成禮。高姓子每有私語，彭輒堅拒之，婉言曰：『未成禮，不可也。』如是者二三年，詎高姓子得疾死，姑與親串中俱勸慰之，欲爲擇壻。彭大哭曰：『吾於夫以非禮不從，乃又從人耶？』以死自誓。未幾，哭泣死。余謂此女之守貞，與諸嫁殤者不同，所謂貞節烈三者，兼而有之矣。

王貞女者，丐女也。嘉慶十八年秋，隨其母乞食六安，寄居於淠河之側。鄰有澣衣嫗寡而獨，契其母，其母他適，寄女於嫗，久不歸。初，女來尚幼，漸長，有姿色。其旁有妓家，欲購之，謀於嫗。嫗利其金，女覺之，遂密縫其上下衣，抱石投河死。翌日，尸浮出。里中婦女哀其貞烈，捐金置棺衾，葬之城北義地，題其碑曰『王貞女墳』云。見蔣篆香闈幽編。

死。寄雲立志守貞，嘗賦紅葉詩云：『娥眉甘老深宫裡，不肯題詩出御溝。』聞者感歎。

烈

蔣烈女，蔣明湖之女也。居長洲陳湖東，有姿色。年及笄，字與東家王氏。將婚，順治三年丙戌二月廿一日，爲松江亂兵所執，欲污之，女堅不從。兵以刃斷其臂，復刺其胸死，時空中忽大震霹靂數聲。陸澹然作長歌吊之，有『斷臂合居東海先，剖心上可比干擬』之句。一百八十年來，無有傳其事者。

吾鄉嵇留山先生，爲故相國嵇公曾筠之父。當耿逆叛閩，先生適佐范忠貞公幕中，同爲賊所執。有蘇氏瑶青者，年廿四，常熟人，先生妾也。泣謂先生曰：『主君之與大府死國也，無以妾爲念，請先殉以報主君。』遂解帶自縊所居冬青樹下。後先生奉旨建坊，瑶青亦詔旌焉。

常熟有吴烈婦者，名定生。嫁項氏，夫死，自經兩次，皆爲人所覺。逾年，仍託疾不食死。烈婦通經史，能詩，有題游俠傳後云：『游俠原來是亂民，龍門立傳太無因。後生習見成浮薄，風俗何年得反淳。』讀高唐賦云：『文人弄筆亦輕狂，神女何來夢楚王。誤殺風流輕薄子，紛紛借口説高唐。』讀書皆有意見，非僅如世之塗硃抹粉者所可比倫也。

施文灼妻張氏，吴縣諸生張步青女。年二十一歸於施，逾四載夫卒，無子。烈婦欲爲夫置嗣，而族中無有應者。治殮畢，拜別其姑與本生舅姑，欲自盡。家人知其意，防護唯謹。屆五七，防者稍懈，乃自縊於夫柩旁。殮之日，忽雷震應嗣者之棟。事聞於學使李公因培，給額以表其烈。乾隆二十年事。

常熟故家黄氏女，以貧乏與小户雜處委巷。女幼端莊，不苟言笑，有大家風。年十九歸於張。張托業賤，其姑見氏有姿色，曰是可以爲餌也。言於遊俠子，以金珠誘之，氏不從。姑怒，加以鞭朴，亦不懼。忽一日，舅姑與其夫命氏跪於庭，歷數其貞操，以爲氏罪。氏含淚無語。是夜，氏歎曰：『吾所遭如此，尚得爲人乎？』迺自縊。是夜大雷電，舅姑房屋盡傾，姑驚悸得廢疾死。

潘智妻張氏，元和人，大興巡檢廷植女。智本常熟人，亦寄籍大興。智既娶，得官選神木典史，同赴任。未幾，智卒於任。氏孑身扶櫬，備嘗艱險，瀕於死者屢矣。比歸於常熟，爲夫營葬，事姑孝。其明年寒食，上夫塚，哭泣甚哀，入夜自縊。右三烈婦，吴門汪大紳先生俱爲作傳。

蔡烈婦，爲洞庭西山徐景雲繼室，隨夫賈湖廣。夫死，即自縊，衆救得甦。氏兄有客長沙者，奔赴勸諭。前妻子亦泣拜，氏已許不死矣。久之，防少懈，夜持小刀自刎者三，氣遂絶。時里中有畜羊者，一牡一牝，牡死，牝以首觸石而亡。此乾隆三十二年丁亥閏七月事。

劉氏，華鳴皐妻，吾邑城中人。劉年八歲，父母相繼没，無兄弟，育於叔伯。既笄，歸鳴皐，亦孤露，劉恒以鍼黹佐薪水。鳴皐攻舉業有名，不偶，遊蜀中，頗獲資。入京遇盜，得疾歸，劉割股和藥，疾乃瘳。貧益甚，乃移居城南門四十里新西庄，故華氏聚居也。越數月，病死。有女甫九齡，家徒四壁，無可斂者。族人介園、龍城等爲給錢米殯之。當嗚臯之病革也，劉指其九齡女曰：『此男也，當出萬死延一綫。今夫子之病在旦夕，妾年尚少，勢不得獨生，行且相從。』時頗有聞其語者。嗚臯既殯，介園等復饋以錢米，劉固辭，仰天大哭曰：『亡夫之得以安手足者，實賴諸宗人。今未亡人衣食力能自給，義不敢再受矣。』越三日，與其女皆赴水死。衆大驚，啓其室，無所有，惟几上設三代祖妣及亡夫木主，各薦糜一琖，柩前殘燈未滅。而劉衣裳皆牽連密縫，不可解，因殮焉。族人又醵錢米葬之，夫婦合兆，而祔其女于側。時乾隆五十年七月事。

王貞女，邑庠生王景襄女。貞女少嫻詩歌，舉止莊雅。年十四，許字曹。曹生早有文譽，十九歲而亡。貞女聞訃大慟，早起，以一椅南向，披己衣于上，書一『曹』字，赴井死。

常熟有衛氏者，嫁於陳。夫之母及妹俱淫悍，故與胥隸私謀并汙婦，百計誘脅之，不少動。母怒，縮其衣食，虐使如竈婢，而婦益婉順，母女無如何。一日作餦餭，使婦餁治，故偷減入竈以陷婦。婦無以自明，遂自絞。母怒曰：『汝乃欲陷我乎？』箠楚交下，且曰：『此汝自作，如能改前非，且與美衣食。』婦曰：『若是，不如殺我。』女遂以廚刀授婦，使自割，顧傷淺，不能死，女爲助之，舁諸床，作自殺狀。事聞，縣官來驗，仵人故胥隸黨，以自戕報，婦之冤竟不得白。時嘉慶二十年七月初三事也。

列女〔一〕

吴門金藴亭先生，諱綎，字絲五。年十二，應童子試，即舉茂才。時嶺南方九谷出仕江南，奇其文，遂以女妻之。後困于場屋，僅以選拔得宣城訓導。著有藴亭詩稿。其夫人方氏，諱京，字綵林，亦工於詩。余業師安安先生，諱祖静，方夫人所出也。山陰楊大瓢寓蘇，見其文，又妻以女，諱珊珊，字佩聲，亦工詩。父子姑媳一家倡和，時人比之松陵葉氏午夢堂，不是過也。

張太夫人諱藻，華亭人。母顧恭人有挹翠閣集。其兄爲少儀觀察鳳孫，乾隆元年，舉博學鴻詞。太夫人生三子，長即畢秋帆尚書；次瀧，國子生，需次員外；次澐，舉人，江西知縣。尚書少孤露，太夫人親教之，遂大魁天下，官至兩湖總督。乾隆四十五年，高宗皇帝南巡，時尚書未服闋，跪迎道左，召對良久。因問太夫人姓氏，尚書以實對，因御書『經訓克家』四字賜之。太夫人能詩，有培遠堂詩集八卷，海内稱爲賢母。

王采微，陽湖人，乾隆丁巳進士王光燮女。儀容令淑，好學工書，凡能博覽史傳。及笄，適孫星衍，字伯淵。伯淵每讀史記、兩漢、文選，或以義相質，或賦詩相和，若益友焉。年未三十而卒。伯淵後中丁未科榜眼，官山東督糧道，遂終身不娶。

董綺琴，吴縣人，琴南觀察國華妹。工詩，年十七而亡。有繡墨軒詩集，潘榕皋先生爲之序。

方夫人，名芳佩〔二〕，號芷香，錢塘人，汪勤僖公淑配，爲杭堇浦先生授詩弟子也。夫人詩名滿天下，著有在璞草堂稿。尤工書法，風骨秀勁，專以歐、褚爲宗，梁山舟先生稱其靈和峭拔，海内希見。誥封一品夫人，終身富貴，年七十餘卒。

陳夫人，名長生，號秋穀，爲陳句山先生孫女，適吴興葉琴柯中丞紹奎，有織雲樓詩合刻。項夫人號緹卿，錢塘人，綬章孝廉妹，能詩，工小楷，又長于花卉人物，適許經厓太史乃普。其妹祖香，適秀才陳退耕，亦能詩，善吹簫。祖香小姑陳滋曾，號妙雲。幼承其舅江秬香孝廉指授，尤工書法，善隸草，下筆雄健，絶異女郎書，適金秀才寅，未二年而卒。

汪琴雲，名逸珠，仁和汪首禾中丞姪孫女，許字前通永道陳公昌圖之孫。其翁春和，爲兩淮鹽運分司。其壻某，爲京城兵馬司指揮。皆以事革職，家事中落，不能迎娶。琴雲今年四十餘，能山水，得文衡山、唐六如兩家法，賣畫度日，若將終身，可歎也。

梁夫人，名德繩，號楚生，前湖南巡撫沖泉先生敦詩女，爲廣東布政使許公祖京之媳，前工部主事宗彦之室也。楚生自幼好讀書，工詩歌古文，持家有法，階前蘭玉，俱有雋才。

遂寧張船山太守夫人林氏能詩，每出己作，必鈐小印曰『船山夫婦同用』。其弟媳楊氏繼端，亦才女也，有閒居詩云：『穿針人欲倦，偶爾坐秋亭。瘦蝶來空院，踈花插小瓶。煙浮茶沸響，山掩黛痕青。無以消餘日，黄庭一卷經。』著有古雪詩鈔。

虞山孫子瀟庶常，以國子生中式乾隆乙卯鄉榜第二，至嘉慶乙丑又中會榜第二。捷音到家，其夫人席氏佩蘭寄一詩云：『泥金帖子艷雙眸，夫壻公然占上頭。杏苑稍舒才子氣，蘭陔先釋老親愁。淮陰漫説無雙士，温嶠仍居第二流。我却隴頭還望蜀，祝君更上一層樓。』子瀟得詩，以示蒙古法時帆先生，京師士大夫一時傳爲佳話。

金陵駱佩香夫人能詩，刻聽秋軒詩集，有隨園老人、夢樓太守、賓谷中丞爲之製序，其詩之工亦可知矣。余每過其京口寓舍，記小樓上有楹帖云『一樓正對五夫壘，五字欲起夫人城』，是洪稚存編修所贈，樓下即聽秋軒也。嗚呼，夫人之才之美，德之純，雖古徐淑、左芬不能過之，而生命不辰，所天早逝，至于瓶無儲粟，藉筆資生，可慨也已。

昔韓慕廬先生少女名韞玉，嘗賦白鶴詩，有『乘風須向九臯鳴』之句，沈歸愚宗伯選入別裁集中，以爲用意典切。近吴門有周澧蘭者，潘榕臯先生女弟子也，亦有白鶴詩云『梅陰學舞翻明月，松逕閒游夢碧雲』，較妙。

玉清仙子者，又號珠湖野士，秦郵陳氏女也。精六壬、奇門遁甲、兵占之術，又善弓馬，習騎射。嘗居廣陵，垂簾賣卜，詞鋒銛利，三式疑義，莫不逢刃而解。繼又自言得長生之術，雅慕沖舉。泰州宫友鹿贈以詩云：『名爲俠客猶敷粉，唤作仙兄未離家。學道從今三洗髓，御風騎鶴到天涯。』又云：『掌上孤虚日昃輪，笥中篗籔自通神。卷簾一見真如夢，恐是留侯似婦人。』

李氏名静芳，字紉蘭，長洲蔣繡谷原配也。少通翰墨，善繪事，嘗於花晨月夕，更唱迭和，逸興揮毫，人争羡之。尺素寸縑，得者如圭璧焉。

長洲蔣敦人中翰女，適崑山徐健菴司寇孫廪生德諒，工文詞，有專集。德諒本名諸生，爲沈文慤公高弟。夫婦互相賡唱，子女亦嫺吟咏，家庭之内，自相師友。中翰弟竹浦封翁女，適同邑廪貢顧驎雲，能作八股文字，絶近成弘，尤奇。

吴縣歲貢朱岧峰名德垣，室張氏，名浣江，字蓮芳，係匠門先生從孫女也。嫻吟咏，著有種學齋稿。其詠月令花詞十二首尤傳誦一時。詠梨花云：『一枝帶雨淚欄杆，玉貌還宜月夜看。白燕若從花下過，冷香定惹素衣寒。』秋海棠云：『月光暗淡露華融，醉態迷離掩碧叢。可是少陵題不到，年年腸斷怨秋風。』菊花云：『超凡骨格絶堪憐，瀟灑東籬態欲仙。不向秋風怨岑寂，却留佳色破寒煙。』芙蓉云：『嬌姿婀娜晚風前，三醉楊妃態更妍。彷彿玉人臨鏡面，暗中顧影自相憐。』子駿聲，六七歲，氏即授以唐人絶句，聰俊不凡。十三郡試，冠九邑士，即遊庠食餼，旋登戊寅賢書，文名籍甚。駿聲妻徐氏亦能詩。

松江王紫宇太守官宜昌，適值教匪滋事，以勞瘁卒於任所。所生二女，長韞徽，字澹音，次崑藻，字綺思，皆能詩。澹音有環青閣詩稿，綺思有挹翠軒吟草，女中之二蘇也。嘉慶元年三月，當陽失守，枝江、宜都、長楊一帶境内亦多蠢動，逼近郡城，人人戒嚴矣。時澹音、綺思姊妹俱在署中。澹音有月夜懷家大人長楊軍營云：『雲斂長空皓魄明，光華一片隔重城。高懸玉帳人同潔，朗照冰壺迹更清。祇合刀環占別夢，莫教羌笛動離情。何當挽取銀河水，洒向關山洗甲兵。』至己未八月，川匪竄逼宜昌，人情洶懼，有詩云：『烽火連圻西復東，紛紛將士枉論功。傳來風鶴聲偏警，化遍沙蟲劫未終。野哭千家秋草外，悲笳幾處夕陽中。書生籌敵原非易，借箸聊存鐵石忠。』激昂慷慨，殊有車轔駟鐵之聲，此女子中希見者。綺思亦有將歸雜感詩云：『十載天涯客，江鄉路四千。關河勞遠夢，烽火暗連年。歸計今才決，餘生轉自憐。彝陵景蕭索，回首益凄然。』『地下難消恨，浮名負首丘。死誰憐盡瘁，生悔覓封侯。琴鶴悲猶在，蓴鱸願莫酬。青山虛舊約，空憶賦歸休。』自注：『先君有「白髮青山空有約，歸田何日賦歸休」之句。』綺思尤長於五言古，遊白雲泉云：『我登天平山，山色清如沐。中途得精舍，數椽裂山腹。石立訝天開，豁然朗胸目。玲瓏洞窅深，突兀髻鬟矗。澗側蟠古松，石罅走飛瀑。老僧閉關卧，客至驚不速。呼童汲寒泉，煮茗焙新緑。一甌活火烹，兩腋清風足。恍在羲皇初，洗盡塵埃俗。留連未忍還，僕馬苦相促。廻車駕言邁，斜陽下平麓。回首白雲封，泉聲勝琴筑。』又題余梅花溪上圖云：『我讀梅溪詩，未見梅溪景。披圖見梅花，使我輒引領。羡渠修幾生，而能到此境。開軒攬明月，臨流鑒踈影。水清鷗自照，露白鶴先警。清音奏三弄，人與花俱冷。遥鐘墮昏黄，微吟耽寂静。逋仙不可作，此意共誰省。』

元和沈別駕肯松女，適石埭陳模。夫亡，苦節撫孤，旋殀。又撫嗣子，教養成立，親自督課，有古賢母風。氏通九經，工詩，著有雲泉閣詩草。

長洲蔣時菴侍郎四媳徐氏，苦節，通左、國、史、漢，教子鳳翽，爲名諸生。時胡果泉中丞巡撫江蘇,贈以聯曰:『苦節閑有家,行恒學以聚。』紀其實也。中丞爲侍郎視學江西所得士。

元和沈學博欽裴室彭氏,字湘蘅,貢生兆蓀妹,工詩賦,兼長丹青。孫氏名瑶,號素英,善寫花卉翎毛,爲吾鄉孫東匯大令孫女。外大母係鄒小山宗伯之女,故得其傳。年十九,歸華奇瞻,亦解繪事。閨房之内,各有課程,悠然樂也。素英聰俊過人,稍通書史,尤嗜子平之術,爲人推算,百無一失。

沈端生,歸安人,適長洲諸生蔣元勳。幼聰穎,於女紅外,耽吟咏。其詩獨標清勁,無脂粉之習。詠楓葉云:『看去似花兼似繡,映來宜水復宜山。』元勳從姪貢生賡壎妻吴氏亦能詩,詠佛手柑云:『高擎空訝曇花現,合掌宜偕貝葉留。』吴氏事親尤孝,十三遭母喪,暈絶復蘇,茹素三載。既嫁,父患中風,朝夕虔禱,願以身代。父殁後,悲鬱成疾,三載而卒。卒後數月,妯娌從鏡奩中得假齡延父一疏,字字肫摯,見者酸鼻云。

王韻梅,字素卿,常熟人。工詩,尤長於填詞,著問月樓詞鈔,有朱淑真斷腸詞遺意。記其滿庭芳前半闋云:『命薄如雲,人孤似月,一腔幽恨重重。濁塵身世,早悟鏡鸞空。點點羅襟清淚,休彈與、没字飛鴻。危闌畔,半簾明月,夜夜照房櫳。』蓋其所天不耦,梟鳳相參,故音節悲涼,令人不忍卒讀也。

錢守璞,字蓮因,常熟人,上舍生張琪室。蓮因著静好樓集,有聞雁感懷寄外三首云:『叫破殘更五夜霜,夢回何處莫愁堂。哀吟少婦詩千首,遠寄征人字一行。似感離群悲絶塞,爲憐孤影斷衡陽。數聲嘹唳寒雲裏，縱有歸期是異鄉。』『爲訴羈愁路萬千，群飛嗚咽苦纏綿。聲來楓葉斜陽外，影入蘆花淺水邊。玉笛關山曾繞夢，銀河牛女又經年。挑燈今夕秋窗下，不聽寒砧也黯然。』『欲寄寒衣泣素秋，天涯有客獨登樓。行蹤漫逐華亭鶴，狎侶偏尋海上鷗。箏柱安排人待月，櫓聲欸乃夢隨舟。殷勤封得啼痕去，應解空閨一段愁。』又讀曹瓊娟貞女守志述懷詩云：『桃李容顏冰雪心，芳年十七罷調琴。女媧未補情天缺，精衛難填恨海深。孤鶴不歸仙路杳，嬌花偏受峭寒侵。斷腸詞句知多少，夜半挑燈幾度吟。』『鏡裏燈前總黯然，驚鴻隻影欲生憐。柏舟自誓成高節，漆室悲吟撫舊絃。修到好花終有劫，非關明月不常圓。雙星間斷嫦娥寡，同入迢迢離恨天。』其他佳句如秋夜云『病來詩亦瘦，愁到酒難寬』，梅花云『素心千點雪，太古一枝春』，七言如『紅樹雲邊僧寺塔，青帘村杪酒人家』，『水聲流斷客中夢，山色難分眉上愁』，又讀李少子鏡花緣傳奇云『名紀泣紅亭上女，大都薄命爲聰明』，實爲自己寫照矣。

江珠，字碧岑，長洲人，自號小維摩，余友鄭堂上舍之妹，嫁同邑吾半客。詠落花云『滿院緑陰人賦別，一簾紅雨燕歸來』，病起云『覺悟翻從愁處得，道心時向病中生』，遣興云『甘來蔗尾甜終薄，香到梅花味亦酸』。惟碧岑貧而多病，年未三十卒。讀其詩者，莫不憐之。又沈孝廉起鳳之女名玉香者，有句云『南浦緑波人別後，小樓紅雨燕來初』，亦妙，與碧岑不謀而合。

吴香輪夫人名規臣，一字飛卿，金壇人，適吴門顧明府鶴。香輪工六法，能詩詞，尤善寫生，得趙文淑、馬江香精蘊。詩不多作，而筆致俊逸，冰清玉暎，如其爲人，今之謝道蘊、張元妹一流人也。嘉慶己卯、庚辰之間，飛卿負米揚州，余憐之，視爲義女。記其春日過虎丘遇雨云：『水程迢遞悶無聊，柳外斜陽雨乍消。兩岸落花浮宿漲，一枝柔櫓劃春潮。誰家翠袖搴珠箔，何處紅樓按玉簫。如此韶光留不得，軟風吹過綵雲橋。』移竹云：『移來新竹種墻隅，好雨廉纖潤似酥。明月疎星三五夜，不知清影上窗無。』秋夕云：『井梧葉落悵難留，繞砌蟲聲易感秋。斜月半窗人不寐，風翻花影上簾鈎。』辛巳秋仲，以王宛仙、張静殊兩夫人之招，又遊白門，有白門詞。秋夜云：浪淘沙。『推却伯牙琴，何處知音，梧桐陰裏坐深深。不敢思量多半晌，生怕離魂。風露夜淒清，悄訴花神。蘭因蕙果未分明。笑指天邊新月子，可是前身。』曉起寄吴中姊妹云：思佳客。『薜荔墻高日上遲，膽瓶親插好花枝。心經熟誦教鸚鵡，詩册慵抄倩侍兒。閒困頓，費支持。中年那似少年時。連宵頓覺清夜寐，此意愁教阿母知。』有感云：蝶戀花。『到底今生何等命。渺渺蒼天，萬喚都難問。無限傷心成小病，宵來又覺西風緊。夢逐爐香燃復燼。浪跡萍踪，淚濕羅衫冷。小咒封姨心太忍，樓頭不管愁人聽。』秋雨夜坐云：采桑子。『昨宵星月今宵雨，首似春蓬，心似秋蟲。畢竟情懷那樣同。小樓深閉愁無那，才聽疎鐘，又聽征鴻，難道吴儂不懊儂。』薄暮獨酌云：青玉案。『煙痕作暮風絲冷。算只有、儂心領。逝水年華真一瞬，春花多笑，秋花多病。總是傷心境。危樓鎮日無人影。小立也、抛清茗。濁酒澆來心自警，歡時偏醉，愁時偏醒。何處商量準。』臺城晚眺云：清平樂。『疎林雲裊，不道秋深了。炊煙散徧山都小，抹却臺城多少。參差樓堞如麻，六朝空剩泥沙。一片斜陽千里，風聲何處歸鴉。』

吴門女史有唐墨蘭者，名桂凝，嫁晉陵孫芸卿少尹爲室。芸卿亦能畫，淹滯京師，不得已，游幕津門，窮益甚，不顧家。而墨蘭亦以筆墨自給。時雲間王澹音夫人隨其夫壻楊君尚聞官淀津，賦詩贈之云：『墨蘭女史顔如玉，家住吴門出名族。生小聰明失怙寒，阿母劬勞親教育。十歲辭家事舅姑，相看絶愛掌中珠。金針七夕穿絲縷，黛管三春學畫圖。繞欄諦玩調顔色，傅粉研硃還吮墨。弱腕濡毫寫折枝，圖成没骨工無匹。荏苒笄年入洞房，洞房燕婉勝尋常。畫眉夫壻如周昉，妙手佳人似趙昌。秋毫獨竊天公巧，雙管齊含春澤好。已見榴英結子多，忽驚椿樹凋霜早。萱草秖承堂北歡，棣花豈意亦摧殘。堪憐獨活柔枝弱，芸卿有嫂，年十七而寡。轉覺全生門户難。倡隨同調誠佳事，無那長安居不易。十指辛勤聊濟貧，一官淹蹇長需次。却倩丹青是筆耕，翻教聲價重連城。家家粉箋求描景，處處冰綃乞寫生。芳名遐邇流傳遍，聞名悵未能相見。憑將翰墨結因緣，貽我團圞兩紈扇。開函朱碧倍鮮明，氣韻殊非俗筆成。穠英半吐迎風艷，瓊蕊方開帶露清。因知名實無虚讓，珍藏什襲承佳貺。久慕長康擅寫真，貌出全家入屏幛。披圖笑貌共依然，叢桂幽蘭點染妍。坐間因復談家事，爲道生涯絶可憐。初看名畫已難得，復聽斯言還太息。由來造物忌生材，當時應悔抛心力。往往名高坎坷多，如君絶藝奈君何。投桃深感美人意，報之瓊瑶爲作歌。』

校勘記

〔一〕此篇原無標題，據全書文例擬補。

〔二〕芳，原作『方』，據袁枚隨園詩話卷六改。

右錢梅叟登樓雜記六册，紀述翔實，文筆典雅，而於勝朝嘉、道間軼聞掌故尤詳，惟以隨筆記録，分求鈔寫，尚未排比分卷，故未能與履園叢話相繼鐫印，爲足惜耳。今藏何兄楚侯許，洵如何耳？閲讀一過，謹識數語歸之。己丑秋，世芬。

錢泳遊歷日記

整理説明

蘇州圖書館藏錢泳稿本一册，内收遊汴日記、遊楚日記、遊都日記、遊閩日記四種，所記爲錢泳遊歷途中的見聞，因此整理時將此册定名爲錢泳遊歷日記。

此册稿本係工楷謄清稿，審其筆跡，出錢泳親筆無疑。書前有秦緗武、潘奕雋、潘遵祁、洪亮吉、秦瀛、吴翌鳳等人題跋。卷端有錢泳『梅叟』小印，又有粘貼上的潘奕雋『三松過眼』朱文方印，又有『梧門曾閲』一印，疑屬法式善。稿本楷體工整精美，所記旅程時間跨度有七年之久，但首尾字體劃一，所録錢泳及友朋詩作偶有脱字。書前題跋者多係錢泳親交，如潘奕雋與錢泳交往頗多，錢泳曾賀其八十壽辰（見錢泳登樓雜記壽考）；洪亮吉則曾與錢泳在京師相見。結合上述特征，可以看出，此稿本非錢泳日記最原始的稿本，而是錢泳據底稿謄清潤色後，供友人傳閲品題之本

此册日記記載了錢泳從乾隆五十二年至五十九年，七年之間遊歷的行跡與見聞。遊汴日記及其歸舟日記爲乾隆五十二年至五十三年錢泳自蘇州至汴梁，又出汴梁返蘇州的旅途日記。錢泳客遊汴梁，係受河南巡撫畢沅所聘，入畢沅幕府，亦爲錢泳遊幕生涯之開始。錢泳受畢沅所知，當在乾隆五十二年。是年秋，淮水氾濫，漂没農田，畢沅治水之外，奉旨探查淮水源

頭,乾隆賜畢沅御製淮源記一文。畢沅受賜之後,由錢泳將此文用蠅頭小八分書刻在端硯之上,由畢沅進貢内廷。錢泳的書法、鐫刻之能,引起了畢沅的注意,因而聘其入幕。九月十三日,錢泳與友人陳廣寧自蘇州啟程,十月二十八日至汴梁畢沅節署,『舟行凡二十日,陸行凡十日,共二千五百餘里』。值得一提的是,此次與錢泳同行的陳廣寧是錢泳交契甚密的友人。陳廣寧,字靖侯,號默齋、雪樵,山陰人,因其世襲雲騎尉,錢泳常以『騎尉』稱之,履園叢話、登樓雜記、梅花溪詩草中屢有提及。

錢泳在汴梁節署亦未能長住。乾隆五十三年七月,畢沅擢兩湖總督,移鎮武昌,『而眾賓客或行或止,各各散去』,錢泳亦因而南歸,遊汴日記後所附歸舟日記所記載的,即此次返蘇途中的見聞。

遊楚日記及其歸舟日記爲乾隆五十四年錢泳由蘇州至武昌,又由武昌返蘇州的旅途日記。錢泳往武昌,亦係入兩湖總督畢沅之幕。與遊汴相比,此次遊楚往返中,錢泳的訪古、會友、鑒賞活動明顯增多。三月十九日,錢泳與友人孔瑶山、顧慶瞻等登舟啟程,途中遊覽了焦山,於四月十七日至武昌。此年八月初七,錢泳有事歸吴,遂有歸舟日記。在此次歸吴途中,錢泳遊覽了石鐘山,歎曰:『余年來所歷諸山水皆不足奇,得此而嘆觀止矣。』

遊都日記爲乾隆五十七年錢泳由蘇州至京師途中、在京師期間及歸家途中的旅途日記。是年四月初八日,錢泳自蘇州起行,經濟寧州,拜會黄易、翁方綱等學人,於六月廿三日至京。

在京期間，錢泳所見友人有余集、孫星衍、洪亮吉、王昶、阮元等。九月八日日記中還詳細地記録了宫掖的佈局和相關的陳設。十月十七日，錢泳與奇麗川相約南歸，十一月初五日至蘇州。

遊閩日記爲乾隆五十九年五月，錢泳至福建往返的旅途日記。此年五月，錢泳至杭州監修表忠觀，至八月二十四日告成。此時同爲吴越錢氏後裔的錢受椿任福建按察使，錢泳遂往福建，與錢受椿商議此後表忠觀每年修繕之事。錢泳與友人胡鈞於十一月初四日出發，至十二月初四日抵福州。在福州期間，錢泳遊覽了九仙山、烏石山，考察題名石刻，遍覽錢受椿所藏法書名跡。至次年正月初六日，錢泳自福州啟程，閏二月初九日返回杭州。

錢泳遊歷日記所記雖僅限於路途中的見聞、詩作，但文筆生動，内容詳實豐富，可讀性强，價值較高，略述如下：

一、其中所記見聞能提供關於特定時期的歷史信息，有資考證。日記中所記之事，皆係以月日，時間清楚明白，因而具有其他記録方式難以替代的價值。如遊都日記中記，錢泳過濟寧之時，黄易請錢泳至州學觀漢碑，錢泳記下了州學中漢碑的陳設情况，藉此我們可以了解乾隆五十七年的時候，經過黄易的訪碑與佈置，濟寧州學中漢碑的陳列情况。再如遊都日記中，錢泳於乾隆五十七年十月十五日至北京國子監遊覽，見到了刊刻中的乾隆御定石經，『周易五碑已刻完，尚書只有二碑，餘皆未刻成也』。國子監並非宫禁重地，錢泳此條記載當出目睹，係一手史料，可供研究清石經的刊刻順序與進度。

二、其中所記錢泳與友人的交往，頗可作爲這些學者、文人生平的側記，有些材料不見於其他記載。如與錢泳在赴汴途中相遇、同行的鉛山人張舟，據方志材料只能查出他字廉船，與蔣士銓、趙翼交往，是一位頗有性格的文人。而據錢泳所記，又可知其在乾隆五十二年曾往汴梁投奔畢沅，並有詩呈上。再如所記過濟寧州時與黄易的交往，頗見黄易的待客之道——展示拓本、觀覽古刻、相邀題記、遊覽山水，此亦黄易成為一時學者文人交往圈中重要節點之原因。再如陳廣寧，錢泳在履園叢話、登樓雜記中均有提及，但都很簡略，據日記可知陳氏其人有『一曲洞簫衣露冷，秋聲偏到異鄉多』之句，詩有深致，又二人在長江風浪正盛之時『執手堅坐船頭』，可見交誼。

三、日記中所記内容，頗可與錢泳其他著作相互補充、發明。錢泳善於著述，多將平時見聞隨筆記下，再鈔出成編。日記中的有些材料，是後來錢泳著作的來源。如遊都日記中所記過泰山的經歷，遊閩日記中所記觀覽的錢受椿所藏書畫，就又見於履園叢話中。在此册日記中，錢泳除了筆録見聞外，還記了不少旅途中有感而發、形諸吟詠的詩作。前人在閲讀此册日記時，多看重其中詩篇。如書前的題跋，潘奕雋云：『故其爲詩，皆清婉妍妙，渢渢乎出入唐宋諸家之間。』洪亮吉云：『遊記仿郭緣生述征，詩筆瘦健，則又兼襄陽、東野之長矣。』秦瀛云：『梅溪錢子好金石文字，尤工隸書，其所爲詩，沖融駘宕，閒靓安雅，無急促叫囂之響，無佻巧纖靡之音。詩不必多，而可與言詩矣。』這些題跋顯然都是從日記的文學性，特别是其中所録詩的文學性進行評價的。錢泳有梅花溪詩草續草行世，但日記中所録的詩，與後來出版詩集中的作品字句多有不同，有些作品見於日記而不見於詩集。日記中凡此之類，均可與錢泳其他著作對看。

另有一點需要特别注意。在研究中，我們往往將日記視作當事人對親身經歷的一手記録，認爲日記是最原始可信的史料。但我們不能忽視，日記的書寫也有兩塗：有些日記屬於私密性的書寫，作者本無意使自己的日記面對讀者；有些日記則經作者的精心撰作，是分示友人或著意傳世的著作。錢泳遊歷日記無疑屬於後者，其中也存在一些刻意的書寫甚至是真僞可疑的成份。如在遊都日記中，九月八日這天錢泳遊覽了紫禁城：『望大清門，三闕巍峨，即下車從左街行，過禮、户、工、兵四部衙門，進東長安門。』以下錢泳用較大的篇幅記録了紫禁城外朝的宫闕名稱與形製、門道的朝向等信息，可謂巨細靡遺。但按清代規制，紫禁城門禁森嚴，『出入人等均有腰牌，以憑查驗』。而錢泳則既無功名，亦無職事，要遊覽宫禁，恐非易事。即使錢泳能作爲王公大臣的隨員混入宫廷，當亦是倉促之遊，不應有暇記録『太和殿殿基高二丈餘，殿高十一丈餘，廣十有一間，從五門上爲重檐，脊四垂』這樣詳細的信息。事實上，遊都日記中關於宫禁的大量信息，幾乎全部來自於吴長元宸垣識略，二者之間不僅信息高度重合，連措辭都幾乎一致，如在談到午門的建築時，遊都日記與宸垣識略的描述都是『上覆鐘鼓明廊，翼以兩觀，傑閣四聳，與中相輔』。這樣一致的表述，只能説明錢泳在遊都日記中關於紫禁城的記載是來源於宸垣識略，而非出自親見。在錢泳的著作中，暗襲它書内容的情況並不少見，如在登樓雜記的開篇滿洲條中，就有不少内容是來自於張玉書的張文貞公集。但作為筆記的登樓雜記中有雜鈔雜纂的内容究屬可以理解，而遊都日記此處則將宸垣識略的内容穿入日記當中。結合此册清稿係錢泳精心謄抄後交友人傳閲品題之本，其中心態，頗可玩味。

錢泳遊歷日記傳世僅蘇州圖書館藏稿本，此次整理即以蘇圖藏稿本爲底本。爲便觀覽，整理時對日記中涉及到的人物，做了簡單的注釋。日記中所録詩作，以梅花溪詩草續草校覈，不見於詩草續草者，出注説明，一般字句異同則不再出校。遊都日記中有關紫禁城的部分，以吴長元宸垣識略參校。日記中提到的石刻、書畫等，也盡量以傳世相關文物進行了校正。在整理過程當中，友人顧君幫助録入文字、校覈標點，謹此致謝。由於整理者荒疏不學，書中舛錯定然不少，請讀者指正。

張鴻鳴識於暢春園
二〇二一年秋杪
二〇二二年初秋改定

錢泳遊歷日記

題跋

近體宗王、孟，五古絕似蘇州。秦緗武識。

余愛讀渭南遊蜀記，今觀梅溪諸記，凡途中山川景物，恍在目前，絕似放翁手筆也。奕雋閱。

先大父與先生交三十餘年，蹤跡頗密，余幼時猶及見之。光緒三年丁丑八月，先生幼子叔□□兄出此見示，想見當日老輩風流，於今不可得矣，讀罷慨然。西圃潘遵祁敬識，旹年正七十。

詩本性情，非有昭曠之懷不能工也，而又必得江山之助，友朋之益，斯天機之清妙，日引而日出焉。梅溪生於金匱山水清淑之鄉，性喜遊覽，齊、魯、燕、趙、閩、越，名山大川，罔不探其奇而領其趣，當世賢士大夫、騷人野客，罔不樂與之遊，故其爲詩，皆清婉妍妙，渢渢乎出入唐宋諸家之間。余交梅溪三十餘年，每愛讀其詩，今以自訂寫經樓藁見示，風格益進而日上。梅溪又工篆隸，善繪事，隨意揮灑，皆臻妙品，鄭虔三絶，今人又何必不逮古人耶？嘉慶歲在辛未七月下澣潘奕雋書。

遊記仿郭緣生述征，詩筆瘦健，則又兼襄陽、東野之長矣。弟亮吉跋。

梅溪錢子好金石文字，尤工隸書，其所爲詩，沖融駘宕，閒靚安雅，無急促叫囂之響，無佻巧纖靡之音。詩不必多，而可與言詩矣。嘉慶二年丁巳七月，秦瀛題。

邇來詩家林立，不以馳驟爲能，則以穠纖是尚，枝葉多而性靈轉隱矣。作者格律嚴整，吐納風雅，神味淵永，繹其意趣，在開元、大歷之間，洵當今一作手也。乙亥初夏，七十五叟吴翌鳳跋。

錢郎軼世才，健翮凌雲鶴。長揖公卿間，笑譚語諤諤。壯志在四方，嘗恐老丘壑。憶昔少年時，驅車曾入洛。得句滿奚囊，聲價兼金若。開府制楚中，臨岐重訂約。扁舟泛彭蠡，再入輕裝出國門，青衫仍落拓。追維吴越王，千古勳名托。吁嗟祠宇圮，奮然事興作。謀資歷三山，偃霞境寥廓。於今新構成，綿亘瞰樓閣。踪跡十年餘，身世感屈蠖。大江日夜流，黄河天上落。人生行路難，何似鄉園樂。索米滯西泠，憐余共漂泊。三復君斯編，險阻猶如昨。秀水郭椿拜草。

一卷冰雪文。倞吉題。

遊汴日記

乾隆五十二年九月，余有汴梁之遊。適山陰陳二雪樵來吴〔二〕，因與偕行。十三日薄暮束裝，武陵蕭蘭堦在座。

十四日，辰刻過滸墅關，雪樵出書畫類帖，展玩竟日。抵暮，泊十里亭，登岸步月，露涼而返。

十五日，曉起，獨坐船頭，慧山在望，煙樹孤城，歷歷如畫。因招二子出觀，欲烹第二泉不得。飯罷作書，試方于魯墨，摩宋宣和硯。舟至横林，忽驚落日矣。因口占一律云：『問訊毘陵道，孤帆颺夕曛。雲山悲去國，鴻雁幸同群。載酒隨時樂，鳴琴静夜分。秋風起天末，木落不堪聞。』雪樵亦有『一曲洞簫衣露冷，秋聲偏到異鄉多』之句。是夜，泊丁堰汛。

十六日，早過常州城，左右高岡，無從眺望。垂晚，泊吕城鎮。

十七日，自丹陽至京口。夜泊詠懷四首呈雪樵：『振楫發丹陽，兩岸多荒艸。江近溪水濁，路迴寒風早。鄉國豈不念，所有良朋好。夢溪何處尋，俯仰傷懷抱。其一。懷抱何時開，遊歷從兹始。回首道路長，濛濛白雲裏。江國秋風多，征帆疾如駛。天空海氣白，日暮山光紫。風景殊異觀，那似故國美。坐卧心若失，感歎中夜起。其二。夜起何寂寥，仰視明月孤。哀鴻隱蘆葦，霜氣侵肌膚。平生愛清曠，行役非我圖。顧影空悲涼，即景聊自娱。忽聽潮聲來，舟師各驚呼。其三。驚呼動我神，推篷問前路。漁火浮遠波，白煙斷江樹。秋高風正悲，客舫莫敢渡。維纜欲沽酒，野店門已固。還坐殘燈前，中懷亦難訴。堪笑人去來，不及江上鷺。其四。』

十八日，朝登岸，入鎮江府城。訪王夢樓先生，不值。日午出京口，渡大江。時適起東北風，張帆箭行，驚心駭目。與雪樵執手堅坐船頭。余得詩云：『浮玉峰頭風色起，四圍煙景望中收。海門日湧鼋鼉伏，瓜步洲寒蘆荻秋。萬里雲山趨北固，六朝金粉付東流。舟師不識興亡事，指點蒼茫起暮愁。』至儀徵白沙洲停泊，篷窗聽雨，四更乃止。

十九日，早起，霧重不開，舟人莫敢前行，恐有風暴也。待日出方解纜，過黄天蕩，風恬浪静，不覺其險，磨墨臨王右軍樂毅論一通。臨甫畢，燕子磯在望。因風利，不得泊，日脚漸下，征帆如飛，宿龍江關口。

二十日，曉夢初醒，側聽水聲奔騰。詢之僕夫，已行三十里矣。日中風益急，遠帆皆落吾後。戲作順風歌以紀之，歌曰：『不聞人聲，但聞水聲。一日掛帆一千里，若欲載我空中行。群山萬壑左右分，江南江北相向青。我來乘風破奔浪，仰天長嘯追雲征。人生宇宙寒暑更，百年飄泊空傷情。何時抛得名利輕，簑笠歸釣滄浪清。』望見烈山，孤峙中流。又南下，見寡婦磯、鴞磯，皆漂泊欲壞，而怒濤澎湃之聲，已與暮雲相接。燈時抵蕪湖關。

廿一日，登岸，乘肩輿至蕪湖縣署，拜謁雪樵尊人岸亭先生〔二〕，不遇。因與哲兄恒齋相叙半日。午後出城北門，訪長春園。是時西風漸緊，雨下不止，乃留榻園中。

廿二日，獨坐聽雨，吴中故人陸少室來訪〔三〕。

廿三日，雨霽，始得縱遊園中。赭山當牖，溪水瀠洄，塔影鐘聲，不暇應接，絶似西湖勝槩。

廿四日，鎮江許文雄字竹亭、歙葉應龍字竹孫枉顧相談，移時而去。

廿五日，坐雨臨帖，雪樵携尊來園，與賓客會飲，二鼓乃罷。

廿六日，涇縣胡元交字海漁、錢唐翟元字意圃、吴郡朱拭字敬亭俱見過。下午訪葉竹孫漱石齋，觀其所藏董思翁山水卷及明人畫册數種，各極其妙。孝廉陳春華在座。

廿七日，飯後同少室、雪樵、蘭堦共往静樂宫看菊。又登識舟亭望大江，相傳爲謝宣城『天際識歸舟』處也。壁間有前明方逢時、王思任等題詩。

廿八日，赴張觀察署中宴會，有歌童四人。

廿九日，雨窗理琴，又題翟孝廉意圃聽雪圖二絶句〔四〕，其一云：『寂寞寒窗二十年，幾回聽雪對愁眠。披圖恍入家山路，危坐挑燈重黯然。』其二云：『相見時難别亦難，西風昨夜報初寒。梁園此去多飛雪，只合征人驢背看。』〔五〕

三十日，赴衙齋叙談，得見沈石田天台觀瀑圖立軸，又女史黄音在畫册十二幅，皆妙品也。

十月初一日，雪樵出示家譜，余爲定世系表。

初二日，乘馬登赭山，坐滴翠軒。

初三日，作書二十餘幅，腕痛而止。

初四日，遇江西鉛山張廉船到汴〔六〕，因買舟同行。少室、恒齋、雪樵俱贈以詩，策馬送至蕪湖關口。

初五日，清晨出關渡江，進裕溪口，追及廉船坐舟，晚泊運漕鎮。

初六日，過釣魚臺及東關，即馮智舒質實云『天下有事必争之地』也。乃披衣而起，見踟蹰山下漁舟甚多。南望濡須、龍洞諸山，已在微茫煙靄之間。秋林墮葉，半紅半黄，落日暮雲，忽青忽紫，宛如一幅没骨法也。

初七日，朝抵巢縣，問其所以洗耳池、孔子臺者，而居人皆謝不知。因登岸進南薰門，與廉船宿尤家店。

初八日，驅車出拱極門，過萬家山。山路崎嶇，難于登車，因復僱驢子。至柘臯道旁，見骷髏一頭，急命僕夫葬之。

初九日，早起登車，望八公山漸近。蔓艸滿野，茆屋無人，皆以去年荒疫逃亡也，爲歎息久之。夕宿店埠鎮。

初十日，過廬州府，威武門外見民載米豆者絡繹道路。行三十里至石香爐崗。

十一日，至壽州境，宿三賢集。

十二日,午中渡芍陂水,暮宿安豐塘,即芍陂塘也,俗名老廟集。

十三日,晨,西風刮面,車由塘上行十餘里,過孫叔敖廟下,余下車拜之。廉船車在前行,不知也。後廉船得詩云:『北風吹寒日,驅車循芍陂。蓄洩利漁佃,重修隄有碑。隄邊環堵宫,言是楚相祠。沙飛馬行疾,我未下拜之。國殤三户存,楚鬼終餒而。三覆優孟歌,廉吏真可爲。』日晡時至正陽關,渡淮水。余亦口占云:『淮瀆滔滔控數州,東馳千里未能休。幾看禱廟尋三井,安得探源疏上流。秋潦漲時人鬼哭,阪田没處主臣憂。我來問渡斜陽晚,白草黄沙漫野愁。』時月光將上,亟命車行,宿八里垛楊家船行,見几上有筆硯,又題壁云:『乍遊廬子國,又宿淮南關。黄沙蔽落日,地迴不見山。僕夫與車子,相對慘無顔。』〔七〕廉船視之,不覺歎息而去。

十四日,買舟,以風阻,停泊一日。

十五日,解維行六十里,至潁上縣南門外。

十六日,飯後過江口鎮,以水逆流,不能行,泊留陵集。

十七日,抵潁州府阜陽縣境。

十八日,泊太和縣城南,遇林鐵簫舟。時日將西下,乃命篙師沽酒,得詩云:『潁水流不息,楓林落日黄。扁舟獨西走,群雁向南翔。父母經年别,關河去路長。篷窗無限意,還見野鴛鴦。水邊鴛鴦甚多。』『暮寒泊村店,沽酒指青旗。犬吠閉門早,樵歸生月遲。渾無遊客興,而有故人期。相對挑燈坐，舉盃聊酌之。』

十九日，過舊縣集，宿碎子浦。

二十日，朝入河南境，泊沈邱縣北新安集。

廿一日，經項城縣故城北，泊方家堆。

廿二日，泊新寨。

廿三日，至周家口停舟，同廉船登岸。聽鄉人彈唱盲辭，可發一笑。

廿四日，朝僱車行六十餘里，至西華縣攝堆集投宿。

廿五日，過吕家譚鎮，宿譚崗元帝廟前譚氏。

廿六日，四鼓起行，經通許縣城中，抵祥符縣境。

廿七日，午刻進汴梁城東門，偕廉船寓撫院前豫懋堂。揮麈盥櫛，各相勞苦。命僕沽酒，對酌半醺。聞廉船有吟哦之聲，蓋已成四十韻，將上畢弇山中丞者。今附録於此，詩云：『都門識荆目，瞥眼如雲煙。壤霄判地迥，茵溷隨風遷。感我長坦率，欽公寔豪賢。請謁阻修曠，簡書□往還。朅來襆被至，遽出懷刺傳。不謂略形分，且蒙推愛憐。漫厠枚叟列，詎同陸生年。腓草谷偕轉，涸鱗波借鮮。華裾揖上客，寶劍羅名篇。萬厦杜陵庇，千金郭隗捐。詩學綴王後，書法炫趙前。棋賭謝安值，月陪庾亮圓。笑談白羽扇，叱咤珊瑚鞭。兔園却珠翠，吹臺踈管弦。恩感借恂重，德歌憩召偏。歲旱作殷雨，瓠決塞漢川。根株葦蒲盡，源委桐柏宣。豐穰介以祉，鎮静操其權。豈惟築碣石，會見開平淵。吹嘘到草木，飛躍通魚鳶。單寒籍振拔，故舊資矜全。溝中斷誰舍，爨下洞自然。老徒□馬齒，貴敢儕鳶肩。季子一裘敝，長卿四壁懸。偶乞魯公米，時遺司業錢。恨兹見何晚，眷言交在先。守能識賈誼，槎始乘張騫。奇彩露文豹，靈液滋醴泉。遠著出山著，寸雲膚石連。龍首銀牓子，螭坳金骨仙。剔歷關塞地，巡旬河嶽邊。所由聲藉藉，況乃才翩翩。門集李膺御，座分江革氈。交者醉醇似，從之彈鋏便。解橐慮歡盡，款關愁俗纏。人閲自多矣，我遊胡遠焉。飯粟負將母，横經艱力田。棲遲歲云暮，跋涉途幾千。赧求子陵菜，欣接王儉蓮。南望白雲□，客心中夜煎。』

廿八日，早鼓進署，謁畢中丞。計自吳門至汴，舟行凡二十日，陸行凡十日，共二千五百餘里。

校注

〔一〕陳廣寧，字靖侯，號默齋、雪樵，山陰人，世襲雲騎尉，官至雲南騰越總兵。乾隆三十年生，嘉慶十九年卒。錢泳履園叢話卷二古磚稱『山陰陳雪樵騎尉有古磚題字考』，即其人。事跡載胡克家陳廣寧行狀。

〔二〕陳聖修，字念祖，號岸亭，山陰人，寄籍廣西平樂，乾隆二十五年舉人，官知縣。（嘉慶）蕪湖縣志有傳。

〔三〕陸少室，名元溥，梅花溪詩草卷二有陸少室（元溥）病不見客作此投之一首。

〔四〕翟元，字意圃，仁和人，乾隆五十一年舉人，官海鹽教諭。兩浙輶軒續録收其詩一首。

〔五〕此詩梅花溪詩草續草不載。

〔六〕張舟，字廉船，號木頭老子，鉛山人，與蔣士銓、趙翼善，江西詩徵補遺録其詩六首。

〔七〕此詩梅花溪詩草續草不載。

歸舟日記

乾隆丁未八月，畢大中丞奉命總督兩湖〔一〕，而衆賓客或行或止，各各散去，余亦以事南歸，時中秋後三日也。

十九日，飯罷，乘馬至黑岡口，得詩云：『鞭馬出夷門，秋風開素襟。感茲芳草路，戚我白雲心。木落知時節，城荒自古今。回頭重問訊，指點緑楊林。其一。忽訝河流白，聲喧落日中。帆飛皆退鷁，天遠正來鴻。劃破塵蒙界，黏疑造化空。太行何處是，蕭瑟起邊風。』

二十日，與孔君瑶山〔二〕、戴君秋霞、鄒君牧村〔三〕、劉君筠谷及瑶山令子味茗登舟〔四〕。

二十一日，候風。

二十二日，晨解維過封邱縣界，泊陳橋驛南。

二十三日，宿蘭陽縣境内。

二十四日，泊蘭、儀界，登岸看築堤工，日暮始行，宿河北。縣南聽河流濺濺終夜不寐因口占二十韻：『朝行發儀封，夜泊河神廟。蒼茫四郊黑，惟聽風水鬧。篷窗多良朋，呼燈暢談笑。有時撫歌，酒酣變長調。或坐或僵卧，各各隨所好。諸公睡方兀，我夢忽驚覺。初疑萬馬奔，刀兵勁喧噪。或似霹靂飛，恍惚從空到。或響若鼓鐘〔五〕，或强若禦暴。或如虬松吟，石洞號萬竅。又似瀑雨來，虎豹空山嘯。濺濺不得息，滚滚如有召。聞之喪我神，披衣起登眺。風急沙糢糊，堤高勢排奡。寂寂萬象寬，殘月相照耀。嗟我遠遊子，風塵任顛倒。立地如深淵，津路當據要。偶然一失足，世事那可料。有志無時申，欲語何從告。還坐獨沈唫，撫心自悲悼。

二十五日，東風漸緊，命舟人解纜，行五十餘里，雨下不止，泊睢州大壩，即去年河決處也。

二十六日，以風阻不得行。

二十七日，行百餘里，至劉家店。

二十八日。

二十九日。

九月初一日，宿山東單縣境，其河南即碭山也。

初二日，宿蕭縣境。

初三日，至徐州河清門外，與諸君登岸，上雲龍山，遊放鶴亭，謁亞父墓以歸。燈下作懷古一首：『彭城自昔起英雄，指點青山説沛公。百戰龍蛇原有别，千年湯沐亦成空。草生廢壘寒雲黑，河遶孤城落日紅。夜聽黄流眠不得，聲聲猶似泣重瞳。』又作放鶴亭詩云：『昔人鶴去不知歸，留得孤亭伴夕暉。四面青山圍作郭，滿城紅樹繡如幃。雲深逕滑難扶杖〔六〕，葉落風清試好衣〔七〕。我憶蘇耽舊時跡，不堪惆悵數鴻飛。』

初四日，坐雨。

初五日，泊雙溝集。
初六日，泊睢寧縣境。
初七日，過舊邳州，宿宿遷縣西門外五里。
初八日，至宿遷城登岸，謁項王廟，王蓋宿遷人也，史記所稱下相者即此。
初九日，坐雨。
初十日，坐雨。
十一日，午刻解維，宿桃源縣境。
十二日，出河口，垂晚，過天妃閘。
十三日，朝抵青江浦，微雨。晚飯後同諸君登岸步月，小憩慈雲寺下，聽鐘聲，已二更矣。
十四日。
十五日。
十六日，解維，宿淮關。
十七日，早過淮安府城，宿寶應縣城下。
十八日，過高郵州城，望召白河，漁舟甚多。宿揚州鈔關門外。
十九日，晨同筠谷訪劉御李，即與其子次山遊平山堂而返。
二十日，解維，過瓜洲，渡江，泊鎮江府西門外，訪王夢樓先生，暢談而返。夜宿新豐鎮。

廿一日，日中過丹陽城，夜泊奔牛鎮。

二十二日，曉過毘陵城，至潘封停宿，因僱小舟從梅里出關。

廿三日，飯時進金閶門，至制府第樂圃林居。自汴梁歸，計三十四日。

校注

〔一〕畢大中丞，謂畢沅。下文『畢制軍』『畢弇山』皆謂畢沅。按畢沅擢兩湖總督在乾隆五十三年七月，是年爲戊申年，此云丁未，當有誤。

〔二〕孔廣居，字堯山，後改名千秋，號瑤山，江陰人，有說文疑疑。

〔三〕鄒牧村，武進人，履園叢話謂其篆刻可觀。

〔四〕孔昭孔，字微明，號味茗，孔廣居子。

〔五〕『鼓』字原稿脱，據梅花溪詩草卷一補。

〔六〕『扶』字原稿脱，據梅花溪詩草卷一補。

〔七〕『試』字原稿脱，據梅花溪詩草卷一補。

遊楚日記

乾隆五十四年三月，應湖廣制軍畢弇山先生之召，於十九日飯罷出金閶門登舟，同行者四人，爲孔君瑶山、顧君慶瞻、劉君筠谷及孔君令子味茗也。燈時出滸墅關，東風漸急，張帆欲飛，中心悵悵，轉側不寐，聽銅鉦巷柝，狗吠雞鳴，詢之篙師，已過無錫城矣。

二十日，午中過毘陵驛，垂晚泊奔牛鎮，剪鐙聽雨，爲之黯然。

廿一日，晨轉西北風，行七十里，泊丹陽城外。

廿二日，未刻至丹徒閘口，以運舡擁塞不得行。

廿三日，早飯，與諸君從閘口取道，將遊焦山。路旁桃李盛開，緑楊如幛，時憩村落中，或立青草間，或坐白石上，觀居民織蘆蓆，婦女荷臿，種菜圃中，宛如一幅田家樂也。行十里，至象山下，有營房一所，中貯大礮八枚横卧，暗壁上署『崇禎十七年造』，徘徊四顧，歎息久之。漁翁來促渡江，而西風甚急。及登岸，有一僧導余行。僧齋寥閴，蘭香撲坐，推窗一望，但見風帆如飛，向海門而去。行至瘞鶴銘殘石下，石黑如漆，已補合爲一塊，而世所未傳者猶有數字，隱隱可辨。如『甲午』、『方』、『之幣』、『藏乎山』等字，以匀薄潔白之紙，用淡墨搨之，尚可出也。惟恨『爽塏』、『勢掩』、『華亭』、『厥土惟寧』數行已被俗工劖深，殊失神理矣。及觀周鼎，山僧寶惜過甚，不能摹拓銘文。其形制、色澤不甚遠古，豈僞作以示人耶？抑傳之非真也？又攝衣而上，見崖石間宋、元人題名甚多，亦不暇細讀矣。至别峰庵，而山勢一變，西望金山一點，汩没中流，飜銀滾雪，相顧皇然。是時風益急，恐不得渡，即從後山下，進海門庵，足力甚疲，趺坐片時，老僧煮茗獻客，茗甚佳。竹聲如嘯，暮雲欲飛，乃與諸君别僧，唤渡而返，因作詩六首：『問訊朱方道，遥天霽色開。半生空夢想，今始涉江來。日月雙鄰曲，波濤一酒盃。古今尋隱客，何必冀蓬萊。』『僧庵有十六，逕曲白雲深。不識焦公洞，誰知隱士心。千年留勝蹟，三詔費招尋。今日懸崖上，還多息影禽。』『我更摳衣上，言尋瘞鶴銘。雷轟殘石黑，雨剥蘚苔青。搥拓生寒霧，摩挲看曉星。紛紛好事者，猶爲擬全形。』『覽古分周漢，題名讀宋元。銅頑何載造，崖缺幾人存。幽鳥鳴山曲，小桃卧竹根。當前真骨董，人盡不能言。』『絶頂一亭立，飛帆四面浮。烏雲吞落日，白浪湧層樓。勢壓千峰北，門迎萬里流。恍疑天路近，更欲上攀遊。』『逕險蒼苔滑，山僧扶我身。鷹飛如送客，潮上欲留人。指點尋歸路，蒼茫更問津。掛帆重破浪，載得一江春。』

廿日四，泊舟丹徒閘外，候風。

廿五日，黎明解纜出江，過北固、浮玉二山，以風順不得登。日下午，泊儀正沙漫洲。

廿六日，晨行十餘里，逆風，泊三江口。南望七星諸山，如列翠屏。瑶山咄咄稱善，遊興勃然，乃與筠谷、味茗及童子一人披衣而去，日暮始歸。瑶山自作遊記，記甚長，未録也。

廿七日，西南風甚大，不能行，白沙飛揚，天氣蒸熱，殊爲悶悶。

廿八日，五更解維，行七十里抵龍江關，風雨不得登岸。夜間筠谷被竊。

廿九日，朝過關，東風漸急，行百二十里至博望山前，風忽轉，因泊和州之梁山下，與諸君著屐登山。余獨與筠谷造其絕頂。山形秀削，石路盤紆，俯瞰大江，聲喧足底，洵李青蓮所稱天設之險也。山下設遊擊一營，以備守禦。距蕪湖關不過四十里耳。

四月初一日，早飯抵關，微雨，乘肩輿訪長春園。時陳岸亭先生抱病，令子雪樵出見，坐鏡湖軒中，話別移時。得觀沈石田畫扇及董思翁山水卷，甚爲精絕。垂晚返舟。

初二日，順風行百二十里，泊繁昌縣之紫沙洲。

初三日，過銅陵、青陽二縣境，望見九華諸山，奇峰林立，青矗天際，急招孔君出望。時孔君與筠谷對弈，不暇出也。晚泊貴池縣之王家套。

初四日，午中無風，泊清溪口，理琴。瑶山、筠谷皆登岸去，獨與顧君沽酒買魚，篷窗小酌，致足樂也。

初五日，曉行二十里，泊江北桐城縣之朱家套。

初六日，行三十里，至烏沙峽，江樹迷離，山雲欲黯，急命舟師停泊，俗所謂『九里十三磯』者，已隱然在望矣。頃之，果風雨大作，二更而止。

初七日，朝行數里，過太子磯。午刻，泊李陽河口太子廟下，因與諸君登岸，讀康熙四十五年安徽巡撫劉光美所撰碑記，未詳太子者爲何神也。考池州府志，府城西有文選樓，又城西郎山下有昭明釣臺，臺下有玉鏡潭。意此太子者，即昭明歟？

初八日，候風，作四絶句，書于顧君扇頭。其一云：『祈神禱塔兩無功，日日磯邊候轉風。若肯回頭輕撥棹，一帆直到海門東。』其二云：『昔年江館苦低佪，看盡飛帆江上開。今逐魚龍鼚鼓鬣，恰逢白浪打頭來。』其三云：『自恨難如不繫舟，江湖到處任情留。風波何苦長如許，結盡行人萬古愁。』其四云：『去秋東下江南路，千里黄流一日分。順逆總憑旗脚轉，人生須早得風雲。』〔一〕

初九日，晨，解纜，行六十里，泊安慶城西門張家港。

初十日，朝同諸君入城遊覽，天氣甚熱，返而登舟。有鄰船自廣西來者，傳言安南國叛事息矣。

十一日，微風，行九十里，泊懷寧縣之蓮花洲，其南岸即池州之東流縣城也。

十二日，行六十里，無風，泊華陽鎮，鎮距望江縣城十八里矣。

十三日，朝山雲糢糊，舟人患有風暴，不敢解纜。飯時忽起大東北風，乃命張帆。而鄰舟數十，亦皆張帆，宛落葉之滿江也。行不一二里，雷電交作，大雨如注。至馬當山下，雨略緩，乃披衣登船頭，仰望小孤山，四面壁立，獨西南一崖可上，爲盪心駭目久之。南望彭澤縣城，綿亘山腰，恨不得一訪陶公故蹟。黄昏時，泊金剛潦。

十四日,四更起行,風甚急。日出時過湖口縣,西望廬山崔巍,青蒼不斷,因預與諸君約,共有五老、白鹿之想。頃之,至九江關,問之,土人云至山下尚有五十餘里,竟不果遊。而孔君與令子必欲一至山下,遂從郭外望山南行,余亦與顧、劉二君入城遊能仁寺,從濂溪書院而返。及孔君歸,究未得至耳。五人相視而笑。

十五日,飯罷,解維行四十里,泊黄梅縣之新開鎮。

十六日,大順風,行三十里,過龍坪,又三十里,過武穴,皆廣濟縣之巨鎮也。又三十里,過田家鎮,群山環繞,江流甚急。晚泊蘄州水西門龍磯王烈士廟下,與諸君登岸步月,觀劇而返。

十七日,行六十里,過西塞山,俗所謂道士洑也。一峰如削,突立千仞。又三十里,過黄石港。五十里,至巴湖。四十里,過黄州府城。是時風甚急,日已薄暮,志所稱東坡竹樓、横江館、寒碧堂、快哉、臨皋亭諸勝,皆付之引領而已。黄昏時過三江口,夜半過葉家洲,至陽羅而天乍明,風亦止。又縴行三十里,至青山下。垂晚,又起東北風,張帆更行,到武昌城,纔點燈耳。計自吴門至此,凡行二千二百餘里。

校注

〔一〕其二、其三兩首,梅花溪詩草續草不載。

歸舟日記

是歲八月初七日，午中拜别制軍，出文昌門登舟。

初八日，清晨過江，泊漢口鎮。是日乍雨乍晴，欲與諸君遊梅子山、伯牙臺，不得。

初九日，飯罷解維，行四十里，泊馬家洲。

初十日，晨過陽羅，午中過黄州府，遥望東坡所遊赤壁遺趾，但存荒亭竹木而已。垂晚過道士洑，宿回洋口。

十一日，五更解纜，不知舟之已過蘄州也。午中至田家鎮，因登岸，上鼠山，四山青蒼，白雲間之，須臾風雨交至，匆匆登舟。燈時至九江關。

十二日，朝余與孔君欲遊廬山，與土人立談移時，卒不果行。

十三日，飯後過關，行二十里，以風逆不得行，天氣甚蒸，泊新港。

十四日，四更起大東北風，舟師驚呼，天明益急。而鄰舟數百，或有下鄱陽湖者，或有下江南者，皆縮頸坐待而已。

十五日，風略緩，然波浪猶惡，不能行也。

十六日，朝行二十餘里，逆風，泊湖口縣北門外楊港。孔、劉諸君皆登岸去，余獨與僕二人進北門謁陶公祠，内設桓公、靖節二木主，已荒頹不堪矣。由大路而西，出城西門，登嵩壽山，入竹林庵，因問老僧欲遊石鐘之路。老僧謝曰不知，此地但聞有上鐘崖、下鐘崖可遊耳。余初不知即爲石鐘也，乃下山，復故道至江口，呼一小舟，告以石鐘之狀。舟師甚會余意，因鼓棹而行。初見巨石如樓閣然，特立中流，而四旁又有如牛者、馬者、虎豹猙獰狀者，盤踞於樓閣之下。又南行，見一石，其狀如人，長十餘丈，作彎弓引箭之勢，上署『英雄石』三字。時西北風甚急，仰見石壁特立，一削千仞，而怒濤搏擊石罅，其聲果如洪鐘。余方左右憑視，二僕忽面如死色，手足無措。余笑謂曰：『爾畏死何耶？何從我來也？』又見一石壁間古廟紅墻，隱隱有人。舟師指曰：『此觀音崖也。』乃攝衣而上。上有小閣，閣之左崖有『凌波仙掌』四大字。字之右有一石穴，僅容一人，深不可測〔一〕。閣中有碑記，乃康熙五十六年内閣侍讀雅圖所撰者。又石壁上會稽范礽題『溯流下拜』四字，書法類瘞鶴銘，其餘題名皆模糊不甚辨。憑閣而望，但見風帆亂飛，半入九江，半入鄱陽湖也。余急登舟，更欲遊所謂下鐘崖者。舟人且棹且唱，其歌云：『荒城正對白沙洲，但聽江聲日夜流。人家富貴無三代，每有清官不到頭。』歌聲鏗鏘，亦足以見風土人情之一斑耳。頃之過城西門，停舟普陀菴下，循路而上，登懷蘇亭，中有碑，刻東坡石鐘山記，此後人所書者。亭之右即爲大江，丹崖林立，嵌空玲瓏，俯聽鐘聲，宛在地底。亭左皆石壁，高高下下，莫能名狀。壁上題名甚夥，其王文成一題在白雲洞之上，文云『正德庚辰三月丁未，都御史陽明王守仁獻俘自南都還，登此，參政徐達同行〔二〕』，凡四行。其旁又有五言絶句一首，不復記憶，似即記擒宸濠以後事也。讀畢而下，復乘舟循石壁行。其石秀削，不亞上鐘崖，而兩壁如剪，夾一小閣，則奇險更甚於觀音崖也。至是而日色已晚，風亦稍緩，乃命舟急行，不得更攀奇境矣。及歸，而孔、劉諸君亦適返。凡余所未到者，諸君皆一一述之，而諸君未到者，余又得而告之也。余年來所歷諸山水，如杭州之飛來峰，江寧之燕子磯，鎮江之金、焦二山，和州之天門，彭澤之小孤，黄州之西塞山，皆不足奇，得此而嘆觀止矣。

十七日，五更張帆，至金剛潦，江霧迷離，蘆葦莫辨。過小孤山，四野漸開，東望馬當諸山，環如屏幛，真江行絶景也。晚泊華陽鎮。

十八日，行百六十里，至安慶省城。

十九日，行四十五里，午中泊大池溝候風，又行九十五里，泊王家套。

二十日，行百三十里，泊荻港，登岸散步，見舟車輻湊，居民稠密，爲繁昌之鉅鎮也。是晚把酒持螯，剪燈歡呼，二更而罷。聽窗外風雨聲亂鳴，犬聲如豹，余獨輾轉不寐云。

二十一日，飯後大逆風，泊江北蘆蓆峽，屬無爲州。

二十二日，行四十里，至蕪湖關。又至陳岸亭先生長春園，而先生病已愈，將入京引見矣。與令子恒齋、雪樵坐剥蕉亭。頃之，西賓汪藹之出見。藹之歙人，能琴工詩。因撫琴作數弄，池塘魚跳，遥野鴻飛，雲氣侵衣，山翠欲滴，不覺身世之俱忘也。時日光將盡，雷雨交作，因留宿焉。恒齋昆仲出所藏法書名畫見示，最妙者如文待詔松陰覓句圖，陸包山、文休承山水小幅及董宗伯小楷樂志論與洛神十三行臨本，皆向所未見也。

廿三日，日中過博望山下，風逆不能行，泊大陽河。

廿四日，泊烏江口候風。

廿五日，大北風，午後雨下如注。

廿六日，雨止，濕雲漸開，因乘小舟行十餘里，謁項王廟。廟在山足，遺像巍然，兩旁以亞父范增、司馬龍且配享。又有項王墓，在廟後。據史記『葬項王穀城』，安得復有墓在此乎？想前人附會耳。讀汪佃碑記，是廟脩於明萬曆年間，當時猶存唐李陽冰篆額，今不知所歸矣。又有一碑，刻兩王像，石光如鏡，瑩然能照人，相傳人至碑下撫摩者，其人能生大力，是可笑也。徘徊久之，忽聽松風怒嘷，四山又黑，乃急登舟，冒雨而歸。燈下作過項王廟詩曰：『不渡江東忍自亡，天心人事本難量。英雄已足稱千古，香火還留祭一方。叢木秋風餘殺氣，鬼燐暮雨落星光。我來艤棹寒塘晚，惟聽江流悲未央。』

二十七日。

二十八日，始得解維行二十里，泊江寧鎮。

廿九日，朝順風行五十里，至龍江關，晚泊儀正紗幔洲。

三十日，五更起行，至日出而抵京口，僱小舟登金山寺，入裴公洞，汲中冷泉，從玉帶橋而返。是時以運船進口，客舟不得前，乃隨一僕入城。先至食舊堂，不遇主人，至潘居士恭壽家[三]，又不遇。復至城西門，訪馮艾圃進士[四]，坐話移時，蒙送出昭關。燈下展卷，見陳雪樵長春園圖，因題其上云：『兩年三到長春園，主人宴客開東軒。幽花瑶草四時好，山水一碧通仙源。』『今我歸帆泊京口，披圖還飲蘭陵酒。迴首江天路欲迷，空對秋風幾株柳。』

九月初一日，泊新豐鎮。

初二日，泊常州。

初三日。

初四日，早飯時至黄婆墩，與諸君遊惠山，烹二泉水，訪前明邵文莊公、高忠憲公、馬文肅公諸祠堂，日暮而返。移舟宿南門塔潭下。

初五日，下午抵滸墅關，登岸徒步至文星閣。有道士徐姓者，頗愛文墨，新構小閣，勢甚宏敞。啓其西窗，林木鬱然，遠對支型、天平諸山，而東望商船往來，人煙湊集，足爲關中一勝地也。

初六日，飯罷過關，黄昏時至閶門外。

初七日，朝登岸，返畢制軍樂圃里第，歸舟凡三十日。

校注

〔一〕測，原作『惻』，據文意改。

〔二〕據拓本，『達』當作『璉』。

〔三〕潘恭壽，字慎夫，號握筫，中年奉佛，改名達蓮，號蓮巢，丹徒人，乾隆時畫家，師事王文治。（光緒丹徒縣志有傳。

〔四〕馮錫宸，字翰廷，號艾圃，丹徒人，乾隆五十二年進士。

遊都日記

壬子四月初八日，自紹興歸里，即有都門之遊，於廿七日在家束裝起行，至吴門。五月初一日燈時出金閶，從上津橋登舟，僕人顧中隨行。

初二日，早抵滸墅關，觀龍舟，商船皆停泊聚觀，下午始得行。

初三日，早過五牧汛，日中過常州城，觀龍舟。

初四日，巳刻過丹陽城，順風，夜泊鎮江西門大橋。

初五日，晨登岸沽百花酒，買香紙敬神，午中解纜渡江，黄昏時泊揚州府城外。

初六日，天氣甚涼，風雨亂作，不得一遊平山堂，爲之悵悵。垂晚過關。

初七日，早過邵伯鎮，日中泊露筋廟前，頃之起順風，夜泊高郵城下。

初八日，大逆風，微雨，至界首停橈片時，夜泊寶應城南。

初九日，雨霽，縴行八十餘里，至淮安府城軍餉關口。

初十日，朝觀龍舟，垂晚解維，至淮關。

十一日，早順風行十餘里，大雨，泊清江閘。

十二日，雨，舟不能行。

十三日，過清江、福興、通濟三閘，至天妃閘口。水勢洶湧，舟人莫敢前行，因停泊閘下，作詩云：『淮水并黃勢不敵，怒走清江亂噴激。江頭鎖鑰重重封，淮水愈怒流洶洶。驚湍奔雷響霹靂，急溜滾雪翻鴻濛。蛟龍夜吼深淵裏，行舟到此誰敢艤。鳴鉦擊鼓相叫號，健卒如雲挽不起。我昔南歸幾度過，摇櫓一擲舟如梭。而今欲上不得上，空立船頭喚奈何。』

十四日，與同舟諸人登岸，看余舟過閘，以挽索不力，幾覆舟。出淮口，泊風神廟前。

十五日，大風雨，不能渡河。時淮水甚弱，黃水倒灌者數里，直過惠濟廟前，恐秋信一發，似有可慮。垂晚，雨霽天晴，而風亦止，即命移舟禦黃壩下，明月東昇，琉璃萬頃，帆檣燈火，隱約遥天，真絶景也。又見壩上燈火往來不絶，問之土人，知河道總督蘭公第錫將來〔二〕。

十六日，早渡黃河，進中河口，泊楊家莊。飯罷而行，遥見飛蝗蔽天，連十餘里，向東北而去。

十七日，早過仲興鎮，夜泊宿遷縣境。

十八日，至宿遷東關。

十九日，坐雨守風。

二十日，以舟人與客争角被繫獄，因復僱小舟而行。

廿一日，早過皂河。

廿二日，過河成、河定、河清三閘，夜泊黃林莊聽雨。

廿三日，風雨不止，停泊一日。

廿四日，晨復換舟，過臺莊鎮，拜嶧縣尉鈕雲門，不值。夜泊丁廟閘。

廿五日，晨過萬年閘，晚泊韓莊閘口。

廿六日，早過閘，望見微山湖，荷花盛開，紅白相間，連數十里。晚過夏鎮停舟。

廿七日，晚泊南陽。

廿八日，下午抵濟寧州南門外。

廿九日，朝進城，至運河廳署，謁黄小松司馬，暢談移時，即出示漢石經殘碑，尚書、論語百餘字，又舊搨漢涼州刺史魏元丕、幽州刺史朱龜、廬江太守范式三碑，洵爲海内希有。又成陽靈臺及小黄門譙敏諸碑，係宋元人重摹，不足重也。燈時返舟。

三十日，携行李至署中，小松更出所藏金石書畫圖籍示余，約二千餘種，琳琅甲乙，插架紛披，使人應接不暇。居有頃，州人李東琪鐵橋來談，亦好古士也。各乘肩輿，至州學觀漢碑。碑在戟門内兩側，忠惠父魯峻、北海相景君、尉氏令鄭季宣三碑西向立，執金吾丞武榮、郎中鄭固、廬江太守范式三碑東向立，其范式碑額已斷，不能與本碑連屬，則北向而立也。又進明倫堂，觀鄭固碑下截殘字，及孔子見老子畫像、膠東令王君廟門碑，皆嵌置壁間。又地下横一小碣，上有『朱君長』三隸字，的爲漢刻無疑。此小松新於兩城山所得也。

六月初一日，洪洞李克正梅邨、南正炎復堂來會，日暮而去。

初二日，朝觀王孟端墨竹及鮮于伯機書宋廣平梅花賦真蹟。

初三日，天氣甚熱，揮汗作書數十幅，并爲小松作漢武梁祠堂畫像後記。

初四日，又至州學，摩挲漢碑之下，以漆書題名碑側。

初五日，早有客以扇頭及條幅索余書畫者，俱盡興了之。

初六日，早先使閽人僱車，而余同小松登太白酒樓，拜李供奉遺像。又出城遊南池，因杜少陵集有與任城許主簿遊南池詩而得名也，故中亦有工部像。憑闌坐話者久之。又南行三里許，至浣筆泉，清水一池，花木盈砌，亭臺宛轉，饒有幽情，爲巡漕御史和公琳新構。是日炎蒸更甚，恐有暴雨，即與小松一飯而别，從城北門登車。行二十餘里入滋陽縣境，晚宿高吴橋。

初七日，四更起行，日中至崓城屯，日光昏昏，四山迷離。出雲行十餘里，至汶河，水不盈尺，引車而渡。頃之大雨，雨霽復行，遥見泰山，已隱隱車前矣。晚宿下莊。

初八日，天明，望見泰山漸近，行廿餘里，忽隱不見，乃知爲白雲所封，出而復没者數四。又行廿餘里，入山，山路皆石子，車輪作雷聲，恐有覆車之患，余同僕人皆下車。過六七山坡，見一老翁，年六十餘，騎驢而前，轉瞬間此翁與驢俱墮，余車愴悴難挽，竟從人驢上過。余望見大驚，以爲必死，而竟獲無恙，真天幸也。行不一二里，風雨亂作，避邨店中，雨止再行，宿墊德墩。

初九日，午間至崮山，小憩行宫前，見東北角黑雲模糊，雷聲殷殷不絶，急命車行。行未十里，大雨轟然而來，山水奔騰，四下車路竟如黄河。幸余騾馬强壯，不至隨水冲決，而四山瀑布洶洶，望去皆如白練，可畏也。雨止復行，宿開山。聞是日覆車甚多，人馬死者無數。

初十日，巳刻進濟南府城西門，停車濼源書院，投柬拜山長周山茨先生，即留宿院中。

十一日，朝乘肩輿至貢院拜翁覃溪閣學，時方草奏，未暇見客，因徘徊大明湖邊，湖光浩渺，山色遥連，鼓枻其中，荷香撲鼻，洵歷下勝地也。記曾南豐有大名湖詩云：『一川風露荷花晚，六月蓬瀛几簟凉。』斯適當其時。返而出城西門，觀趵突泉，三窟突起，聲如殷雷。相傳此泉自王屋山來，爲濼水之源也。縱觀壁間詩刻，其東壁上有先高叔祖十峰先生長七古一首，惜無筆硯，未曾録之。回坐石闌上試茶片時，忽閣學公使來請會，因又至貢院中，得觀元四家天冠山墨蹟及宋搨化度寺碑，并新得山左諸碑數十種，蒙留晚飯而别。

十二日，朝余方登車，閣學公來送，時監院趙廣文擢彤亦將進京引見〔二〕，遂結伴而行。行十三日，午中過禹城縣城，起大東北風，雨亦隨至。急行三十餘里，往來車馬驚惶，與趙廣文車相失。至平原縣之二十里鋪投宿。

十四日，朝進平原縣城東門，出北門，行八十里，至德州城南關。

十五日，朝渡運河，行十餘里，過劉朱廟，即山東、直隸分界處也。又四十里至景州。又二十餘里至漫河而宿。

十六日,朝經阜城縣城東,過富莊驛,出交河縣境,晚宿獻縣南關。

十七日,五更過獻縣城,行四十里,過河間府城,晚宿新莊驛。

十八日,朝行二十五里,過任邱縣城西,三十五里,過鄭州,十五里,過趙北口,十二里,連橋,又十五里,宿雄縣南關。自濟南至此六百餘里,皆爲春時雨澤愆期,豆麥大半旱死,見饑民乞食道旁,甚可憫也。

十九日,四更起行,從間道將至固安,行二三里,迷失道,乃俾土人導前,途中水潦甚多,難於行車。夕宿渠溝。

二十日,午中進固安城,停車北門外寓店。

廿一日,雨。

廿二日,下午復僱轎車而行,行四里許,渡永定河,水波甚惡,幾不得渡,即桑乾河之下流也。行三十餘里,微雨,投宿郙莊。

廿三日,午刻過海子城,至南西門,即右安門也。關吏誅求,甚於盜賊,行車進城者無不忍氣吞聲,而莫可如何也。垂晚始得進城,寓前門外粉坊琉璃街。

廿四日,拜客一日。

廿五日,散步正陽門外,從琉璃廠出虎坊橋以歸。

廿六日,下午潘畏堂員外來〔三〕。

廿七日，司馬達甫中翰、翁宜泉、余秋室兩翰林俱來〔四〕。

廿八日，往訪同邑蔣仲和書畫舫〔五〕，坐談半日而歸。知孫淵如員外、馮魚山太史同來寓中，不值去〔六〕。

廿九日，朝褚筠心學士、洪稚存編修來〔七〕。

三十日，雨窗無事，翻閲亂書。

七月初一日，淵如來談。

初二日，晨乘車拜客，進崇文門，至東四牌樓，出正陽門而返。

初三日，朝病發，失血盃餘，疲乏之至。

初四日，家黼堂太史來〔八〕，辭謝而去。

初五日，病少減，移寓達甫舍人家，故爲謝金圃侍郎宅，法源寺之東壁也。道路喧傳，飛蝗遍野，民間耕作已食十之三四矣。

初六日至十二日，俱静坐一室，日誦黄庭數遍而已。

十三日，扶病入城，向國子監投文。晚宿東四牌樓奇麗川中丞家〔九〕，與静山姪剪燈坐談，二鼓而睡。

十四日，早病又發，急乘車出前門，車從石道上行，目眩更甚，不知車之至寓也。

十五日至八月初一日，静坐半月，偶作詩云：『三十無成志欲灰，况逢卧病滯京隈。半生落魄憑誰説，百种傷心有夢回。梧葉驚風催節轉，槐花雜雨打窗來。』〔一〇〕忘去二句。

八月初二日，王述菴司寇見招〔一一〕，辭之不得，命强乘，安車而行。進正陽門，經江米巷，即前明之上林苑監也。上中玉河橋，沿河北行，經詹事府前，轉東過堂子并昭忠祠，又三里許，至勾闌胡同，殿撰汪如洋、翰林嚴福俱在坐〔一二〕。

初三日，馮道長培、葉舍人繼雯來。

初十日，山陰董小池洵、如皋陳肖生嵩同來〔一三〕，縱談而去。

十二日，阮雲臺宫詹、家排山太史來〔一四〕。

十四日，孫淵如員外來，遂同車往陶然亭尋遼壽昌二年石幢，復回車至歸義寺及城西諸佛寺，又同至琉璃廠淵如寓中晚飯，踏月而歸。

二十日，江秋史德量來〔一五〕，坐談金石文字，三鼓而别。

廿四日，滄州張桂巖賜寧來京〔一六〕，相訂遊圓明園。

九月初二日，車駕自熱河回駐圓明園。

初三日，同桂巖乘車出西便門，上石道，北行三里許，過月壇，即西郊也。又二里許，過西直門，上高梁橋，緑楊夾道，黄葉翻風，梵宇行宫，隱約林際。時日將午，見王公以下車馬數百騎蹀躞而來，蓋退朝也。行十餘里，至海淀，經暢春園東二里許，過恩佑寺，至含暉園，折而西行半里許，至前湖，遂與桂巖登湖南酒樓，指點西山一帶，恍惚在圖畫中。即從中堤步行至宫門，時中堂以下皆從閣中出，將登車矣。過宮門數十步，又上車，過萬壽山，隨徑路上文昌閣，觀昆明湖，一水琉璃，四山蒼翠，樓臺湧現，金碧交輝，真仙境也。循堤而行，至廓如亭，亭左有白石梁一道，長數十丈，跨於湖中，有官守之，不得上。回觀銅牛及昆侖石，俱有今上御製詩銘。閒行四顧良久而反。余時病體未脱，一聽車聲轔轔，猶覺怦然心動，因上馬騎而歸。

初五日，天津牛次原孝廉適來，復拉桂巖同遊，仍出西便門，由高梁橋、倚虹堂側西行，即長河也。河水清澈見底，朱闌曲檻，環繞堤邊，三人連袂而行。行里許，過白石橋，又里許，至極樂禪林。寺僧愛種花果，而秋菊尤多，引泉叠石，別有境界。其東舊爲雨花亭，今名國花堂，爲輔國公所題。西爲通霞觀，有老柏長松，蒼然可愛。又西行至大正覺寺，内有石臺，高五丈餘，上列五塔，前明成化年間造，可以蝸旋而登。金光耀目，五色紛披，殆非人世所有。又行二里許，至廣源閘，其西數十步爲萬壽寺，亦明時建，殿宇亭臺，極其華麗，左右鐘鼓樓，前臨大道，一大崇林也〔一七〕。進謁方丈，其長老名蓮筏，俗姓王，吾吴洞庭人，白鬚飄然，頗知文墨，即與坐話烹茶，而主客僧名統濟者甚慧，與桂巖、次原對談者久之。余獨遍觀今上宸翰及諸皇子詩，忽聞擊板傳齋之聲，而日將晚矣。即命車行，回過廣源閘，南行半里許，入昌運宫，内有碑記，是正德六年司禮監張永所建，其大學士李東陽及副使劉效祖二碑石俱亡矣。中有古柏、白皮松、大槐數十株，大者過五抱。查慎行昌運宫詩云：『老鸛巢古枝，虚堂交冷翠。』蓋紀寔也。時夕陽已落，秋風欲起，即登車進城，猶與張、牛二君及達甫中翰挑燈暢飲〔一八〕，三鼓而罷。

初八日，進正陽門，上棋盤街，左右繞以石闌，即所謂天街，玩月處也。望大清門，三闕巍峨，即下車從左街行，過禮、户、工、兵四部衙門，進東長安門，門南即千步廊，兩廊各百有十間，其正中爲天安門，五闕，上覆重樓九間，是爲皇城正門。前環金水河，跨白石梁七道，爲外金水橋，前後俱立華表各二。門内東西兩廡各二十六間，東廡正中爲太廟街門，西廡正中爲社稷街門，而正中南向者爲端門。門内東西兩廡各五間，其北東有廟右門，西有社左門。迤北兩廡各四十二間，爲部院府寺監朝房。又北，東出者爲闕左門，西出者爲闕右門，門北東西兩廡各三間，爲王公朝集之所。正中南向者爲午門，即紫禁城之正門也。上覆重樓九間，門前左設嘉量，右設日圭。左右各一闕，西向者爲左掖，東向者爲右掖，上覆鐘鼓明廊，翼以兩觀，傑閣四聳，與中相輔，俗稱爲『五鳳樓』。門内東西兩廡各二十間，皆崇基。東廡之中爲協和門，西廡之中爲熙和門，兩廡之北正中者爲太和門，門九間三闕，前後陛各三出，左右陛各一出，前列銅獅二座，環以金水河，上跨五石梁，即爲内金水橋也。左右各一門，皆南向，左曰昭德門，右曰貞度門。門之内，東西兩廡各三十二間，東廡中爲體仁閣，西廡中爲弘義閣，兩閣東西相向。其兩廡爲内府銀、皮、緞、衣、瓷、茶六庫〔一九〕。東廡之北爲左翼門，西廡之北爲右翼門，各五間，今呼爲阿思哈門。正中南向者爲太和殿，殿基高二丈餘，殿高十一丈餘，廣十有一間，縱五間〔二〇〕，上爲重檐，脊四垂，有御題額曰『建極綏猷』四字。殿前丹陛環以白石闌，陛五出，各三層，陛間共列銅鼎十八，銅龜、銅鶴各二，日圭、嘉量各一。丹墀内爲文武官員行禮位，範銅爲山形，鐫正從一品至九品，東西各二行，行十有八，列於御道之旁。太和殿之後爲中和殿，縱横各三間，方檐圓頂，御題額曰『允執厥中』。南北陛各三出，東西陛各一出。中和殿之後爲保和殿，殿九間，重檐垂脊，御題額曰『皇建有極』。殿前陛各三出，與太和殿丹陛相屬，殿後陛三成，三出，北向，左右各一門。又迤北十餘武，崇基列陛，其北東爲景運門，西爲隆宗門，正中南向者爲乾清門。自乾清門以内，非内廷官者不得入矣。

文華殿在協和門東南向，與内閣後門相對，崇階九級，前門三間。後爲主敬殿，每歲二月，上御經筵於此。文華殿之東爲傳心殿，殿前爲景行門，殿中供皇師、帝師、先聖、先師之位。院東有井泉亭，泉甚清洌而味甘。文華殿後爲文淵閣，凡三重，上下各六楹，層階兩折而上，前甃方池，跨以石梁，引玉河水注之，貯四庫全書于内，有御製碑記。若上駟院、御茶膳房，又在其後也。傳心殿之東爲三座門，又東爲國史館，其對面即鑾駕内庫及户部内庫，俱在内閣之東。面城東向又爲東華門。

武英殿在熙和門西，南向，崇階九級，環繞御河，跨石橋三道，前門三間，内殿宇前後二重，皆貯書板于内。殿之北爲浴德堂，即修書處。殿之西爲尚衣監，内殿宇二層，今爲清字經館。又西爲器皿庫，庫西爲咸安宫，宫西爲教習八旗大臣子弟肄業處。如御書處、内務府，俱在其北也。有河流自西北而東南，爲内金水橋之經流，俗名筩子河。河之東爲三通、方略二館及造辦處。武英殿之南爲南薰殿，藏歷代帝后圖象，自太皡、伏羲而下爲軸者六十有八，爲册者七，爲卷者三，先聖先賢圖册五，又有明諸帝玉册亦附焉。殿之稍北即爲西華門。

景運門之東爲肅誠門，中南向者爲奉先殿，前後殿各七楹，中奉列聖神龕。殿東夾道即蒼震門前直街也。街東爲寧壽宮，宮門六，正中曰皇極門，東出曰斂禧門，西出曰錫慶門，又西向爲履順門、蹈和門，東向曰保泰門。皇極門之内爲寧壽門，門内爲皇極殿，殿後爲寧壽宮，宮後亘以長街，東即保泰門，西即蹈和門，正中爲養心門，内爲養性殿，其西宇額曰香雪堂，兩廡嵌敬勝齋石刻。殿後爲樂善堂，西爲三友軒，堂後爲頤和軒，兩廡亦嵌敬勝齋石刻。其東暖閣曰隨安室，西暖閣曰如亭，後厦曰導和養素軒，後爲景祺閣，閣前有湖石甚奇峭，上刊『文峰』二字，又石洞口有『雲竇』二字〔二一〕，上有亭曰翠環亭。保泰門北有重樓三重，上額曰『暢音閣』，中額曰『導和怡泰』，下額曰『壺天宣豫』。其北與暢音閣相對者曰閲是樓，前後殿宇共四所，前殿額曰『尋沿書屋』，後殿之東曰景福宮，宮後爲梵華樓，稍西爲佛日樓。蹈和門内曰衍祺門，内東宇曰抑齋，東南隅曰擷芳亭，北曰距亭。抑齋之後曰古華軒，軒西爲禊賞亭，刊御臨董其昌蘭亭記。亭北爲旭暉亭，後爲遂初堂，堂後叠石屏。其西爲延趣樓，東向，樓外爲聳秀亭，亭北爲萃賞樓，西爲雲光樓，樓内額曰養和精舍，萃賞樓後圓亭曰碧螺，其北爲符望閣，閣後爲倦勤齋，齋西廊外爲竹香館，其門曰『映寒碧』。符望閣之西門外爲玉粹軒，東向，其南曰得閒室，北爲浄塵心室。景福宮之後爲兆祥所，今爲諸皇子所居，其西爲花園，又西爲神武門。

隆宗門之西有冰窨四座，又西爲慈寧宮，東爲永康左門，西爲永康右門，正中南向者爲慈寧門，內爲正殿，有御書額曰『寶籙駢禧』。殿前東廡曰徽音左門，後殿供佛像於上。慈寧左殿宇二層，東曰慈祥門，與啓祥門相對。慈寧門之東爲長信門。慈寧宮花園前御宇爲咸若館，館之左爲寶相樓，右吉雲樓〔二二〕。自寶相樓南爲含清閣，吉雲樓南爲延壽堂，堂前有池，池上爲臨溪亭，後爲慈蔭樓。慈寧宮之西爲康壽宮，有額曰『慈壽凝禧』，宮後爲壽安宮，東西爲長街，街西爲長庫門，正中南向爲壽安門，內爲春禧殿，殿後爲壽安宮，正殿額曰『長樂春暉』。其東西暖閣皆御書扁額也。殿前延樓左右相屬，中有崇臺三層，爲演戲臺，殿後庭中疊石爲山，東曰福宜齋，西曰萱壽堂。慈寧宮之東北即啓祥門夾道，其北南向者爲凝華門，內爲雨華閣，俱供佛像。西爲梵宗樓。雨華閣後爲昭福門，內爲寶華殿，殿後爲香雲亭。其北爲中正殿。壽安宮之北爲英華門，內爲英華殿，有菩提樹一棵，又名畢鉢羅，相傳爲明神宗母李太后所植也。殿西有城隍廟，東爲祀馬神之所，其路西連房爲酒醋房，又東爲神武門，出門爲北池子，過橋爲北上門，達景山，是爲皇城後門也。

初九日，同金陵胡兆祥鹽使出西便門，十餘里，過南淀廠，又十餘里，過玉泉山莊。是日聖駕幸香山登高，車馬往來如織，乃取逕路上紅石山，過青龍橋，三里許，過大有莊，一里許，過虎圈。未至門，圈中有聲，嗚嗚如哭，蓋熊啼也。圈形如城堞，高二丈餘。因拾級而登，見三虎。貔貅，作欲搏人狀。以肉投之，參起丈餘，一口而盡。旁有小童以石子擊之，一虎怒張口，聲如洪鐘，觀者莫不戰慄。遂出門，從圓明園大道而歸。

十六日，朝與桂巖進前門，過江米巷，入太醫院衙門，門西向，在闕東。大堂之左爲先醫廟，南向，内供三皇神象，左右兩廡列勾芒、風后諸位，廟内有針灸經石刻。廟外北向者爲藥王廟，廟中有銅人象，在藥王神象之前，古色蒼然，瑩潤射目，虚中注水，關竅畢達，相傳作于宋天聖年間，元明時屢修之。有吏目二人，告余甚詳，坐談良久而出。過欽天監、鴻臚寺及五部衙門，至東長安便門前，又轉東行，過鑾駕庫，謁翰林院，院門北向，第三重爲登瀛門，堂五楹，西爲讀講廳，東爲編檢廳，左廊圍門内爲狀元廳，右廊圍門内南向者爲昌黎祠，北向者爲土穀祠，中堂有聖祖御書額，兩旁又有『整齊嚴肅，中正和平』八大字，傳爲明時嚴嵩所書。堂之後爲穿堂，堂東爲典簿廳，堂西爲待詔廳。典簿廳前有古槐一株，數百年物也。穿堂之後爲後堂，南向，中設寶座圍屏，上臨幸時所御。後堂西屋爲藏書庫，堂前有亭，曰敬一亭，亭内有碑記，明大學士張璁撰。其東偏有井，曰劉文安井，西偏爲柯亭。自劉井而東爲清秘堂，堂前爲瀛洲亭，亭下有方池，即所謂鳳皇池也。池南爲寶善亭，亭後爲成樂軒，藏古今圖書集成於内，軒窓虚豁，旁臨玉河，環蔭喬木，爲院中静觀之所。自柯亭而西爲先師祠，祠南爲西齋房，又南爲原心亭，亦有聖祖御書題額，又今上御題『稽古論思』『集賢清秘』二額。遊覽已畢，即出院門，與諸貢士坐談烹茶而出。擬欲至城東遊觀象臺，以日暮不果。

廿二日，飯罷，同胡鹽使步行進順承門，至象所。象凡三十有六，中有一象甚馴，象奴命之摇頭頓足，坐卧起立，無不如意。相傳明嘉靖中西域所進，每一象日食米三斗，稻柴百二十斤。

時日將晚，觀群象出房飲水，或先或後，或左或右，鳴者跳者，俯者仰者，一奇觀也。

十月十四日，進城，至東四牌樓，謁奇麗川中丞，遂與吳門尤明經維熊〔二三〕、家靜山姪挑鐙夜話，三鼓而罷。

十五日，早拉靜山同行，詣國學，觀石鼓。復西行，至國子監，從左便門而入。時國子監祭酒及司業以下偕諸生亦絡繹而來，即與靜山上彝倫堂，遍觀御製說經之文。堂之東廊爲繩愆廳，其南爲率性、誠心、崇志三堂，西廊爲典簿廳，其南爲修道、正義、廣業三堂，堂内盡立石經，軿轤相接。周易五碑已刻完，尚書只有二碑，餘皆未刻成也。彝倫堂前正中者爲辟雍宮，宮四面出向，周以環池，有橋四道，通於宮前。其南有牌坊一座，上題『環橋教澤』四字。其兩旁又有碑亭二，一刻今上御製國學新建辟雍詩，一刻御製三老五更說。又其前即國子監之正門也，門前卧碑數十塊，石工正當磨琢，飛灰滿地如雪。遂僱車至景山館學教處，是日爲肄業生課文，即與諸先生從景山下宛轉而行。其東南角有枯槐一株，厥形如龍，上生兩幹，相傳爲明思陵自經處。時日將就晚，林木生風，遂別諸先生，下北上門，過橋，進神武門，由東夾道穿朝而行，出東長安門，抵寓已點燈矣。

十七日，朝奇中丞有書來，相約南歸。遂束裝拜別達甫中翰，垂晚出廣寧門。二十里，至蘆溝橋，月正東出，煙塵迷離。又十里，至長新店，而中丞已先睡，不能見矣。與尤二娱明經同寓，同邑孫平叔亦在座〔二四〕，因置酒暢談，三鼓而睡。睡未半刻，聞僕夫催行上道，即扶夢登車。行三十里，過良鄉縣城，又三十里至竇店，天始明。

十八日，酉刻至涿州，見中丞，坐談同飦。

十九日，辰刻過新城縣城中，夕宿雄縣南關，即六月間所宿之店也。

二十日，過任邱縣城，宿河間府之二十里鋪。

廿一日，四更過河間府城中，辰刻過商家林，日中過獻縣城，宿富莊驛。

廿二日，五更過阜城縣城，經漫河，未刻過景州城中，宿劉朱廟。

廿三日，四更過運河，抵德州，至曲陸店，宿平原縣之二十里鋪。

廿四日，五更過禹城橋，經禹城縣西，宿晏城。晚飯時中丞笑謂余曰：『昨夜夢到仙山，見王母飄然而來，衆仙人華妝奏樂。旁有一老翁，鬚眉皆白，似相識者。』與二娱且飲且笑。余即席口占曰：『中丞風骨有仙氣，曾賦梅花作長句。中丞有梅花詩凡九首示余。奉詔南行齊魯間，恍惚夢與神仙遇。蓬萊宫闕祥雲間，王母車駕翻空來。華妝玉女奏天樂，歡呼排列金銀臺。群仙如麻不暇接，惟有東方若相識。誰道仙家不老春，須髩皤然亦如雪。崑崙滄海何處尋，兩袖翼翼清風生。下看岱宗小於芥，一聲鶴唳東山明。我聞此語重咨嗟，舉杯對酌流紅霞。他年倘許來入夢，願向公門掃落花。』賦成，即命之曰夢遊仙歌。

廿五日，四更過齊河縣境，日晡時至杜家廟，即長清境也。又行十餘里，進泰山道，車聲轟然如雷。又十餘里，過崮山行宫前，寒巖孤峙，草木蕭然，較夏間遇雨時又是一番境界矣。行至張夏，投宿真武廟前。日未落，散步廟下，見有元至正十六年監察御史郭嘉撰碑，乃知此山爲通明山也。又廟前荒地見有反卧碑五通，無從辨其時代，想元明時所立耳。

廿六日，朝過長城鋪，行九十里，至泰安府城南，即命縣役一人隨行，進泰安門。半里許，至遥參亭，即岱廟之前門也。廟五門三闕，東西角樓五層，如天子宫室之制。進廟則古柏參天，石碑林立，東西有穹碑二座，一爲宋宣和間立，一爲大中祥符間立，其餘題名碑刻，居半是有明以來告祭碑文。又北行，上丹陛九級，登峻極殿，瞻拜之餘，縱觀兩壁畫像者久之。回出殿門，從西廡迤邐而行，有大石側立，石無一字，相傳爲秦始皇所立石。峻極殿正中又有名『扶桑石』者，其餘怪石甚多，不能遍觀。又行出二門，轉西，進延禧門，有唐槐一株。槐之北，朱門一座，四壁有宋元明人題名石刻，即爲皇上行宫。槐之南爲右闕門，因攬衣而上，樓中藏今上宸翰石刻數十碑。北望三峯巖巖，所謂南天門、日觀峯者俱在指顧間矣。惜時已暮，不獲一登，殊惘惘也。

廿七日，三更時，中丞接奉廷寄，有機密事宜，遂命車兼程而行。四更時過小汶河，天明至崔家庄，日中過新泰、蒙陰二縣，夜宿翟家庄。

廿八日，四更至鰲陽，巳刻過公家城，酉刻至杜莊，又急行四十五里，至青陀寺，即沂州府之蘭山縣境也。

廿九日，行四十餘里，至泮城，又四十餘里，渡沂水，進沂州城北門，出東南門，又四十餘里,渡河,宿李家莊。

三十日,天明過郯城縣城,午中過紅花鋪驛,即江南邳州境也。

十一月初一日,天明過順河集,即宿遷境,五十里至仰花集,又五十里宿仲興集,遇竇東皋先生〔二五〕,坐談片時,而中丞已先行至王家營矣。

初二日,四更起,行七十里至王家營,即下車渡黄河,遥見南河旌旗飄颻,標兵千餘人皆來迎接。抵岸行三里許,至清江浦張家馬頭,遂登舟。與二娱飯畢,解維行里許,忽起西北風,張帆順流而行,至高郵州,聽城樓纔三鼓耳。

初三日,舟中作書數十幅,垂暮過揚州府城,宿郵閘。

初四日,清晨渡江,得句云:『西風白浪連天湧,曉日青山對我來。』頃刻間風浪大作,舟人驚駭,幸對江有紅船數十來援,余同行八十餘舟皆無恙也。

初五日,朝過雲陽驛,大雨,逆風,日暮而抵常州,西北風漸急,雨亦隨止。行十餘里,風益急。夜半過無錫城,天明而至金閶,停舟胥門馬頭,别二娱,送中丞回轅,即乘小舟歸。計自京彰義門起行,到家凡十九日。

校　注

〔一〕蘭第錫,字寵章,號素亭,吉州人,乾隆十五年舉人,乾隆五十四年任江南河道總督。

〔二〕趙擢彤，字遴可，號睦堂，乾隆副貢，萊陽人，官知縣。

〔三〕潘奕藻，字思質，奕雋弟，吴縣人，乾隆四十九年進士，官刑部郎中。

〔四〕司馬亶，字達甫，江寧人，乾隆四十八年副貢。履園叢話卷二十二夢幻有『司馬達甫』一條。翁樹培，字宜泉，號申之，大興人，翁方綱次子，乾隆五十二年進士。履園叢話卷六耆舊有『宜泉太史』一條。余集，字蓉裳，號秋室，仁和人，乾隆三十一年進士。履園叢話卷六耆舊有『秋室學士』一條。

〔五〕蔣和，字仲和、仲叔，號醉峰，金壇人，蔣衡孫，任四庫全書篆隷校對。

〔六〕孫星衍，字淵如，陽湖人，乾隆五十二年進士。馮敏昌，字伯子，號漁山，欽州人，乾隆四十三年進士。

〔七〕褚廷璋，字左峨，號筠心，長洲人，乾隆二十八年進士，官侍讀學士。洪亮吉，字稚存。

〔八〕錢樾，字黻堂。

〔九〕奇豐額，字麗川，滿洲人，乾隆三十四年進士。

〔一〇〕梅花溪詩草卷一録此詩，尾聯爲『昨宵幸得平安信，差勝庸醫藥一杯』。

〔一一〕王昶，號述庵。

〔一二〕汪如洋，字潤民，號雲壑，秀水人，乾隆四十五年狀元。嚴福，字景仁，吴縣人，乾隆四十年進士。

〔一三〕董洵，字企泉，號小池，山陰人，精篆刻。陳嵩，字肖生，如皋人，精繪事。

〔一四〕阮元，號雲臺。

〔一五〕江德量，字成嘉、秋史，儀徵人，乾隆四十五年進士。

〔一六〕張賜寧，字坤一，號桂巖，滄州人，精繪事。履園叢話卷十一畫學有其小傳。

〔一七〕崇，疑當作『叢』。

〔一八〕『翰』字原脱，據前文補。

〔一九〕兩，原作『西』，據吴長元宸垣識略卷二改。

〔二〇〕間，原作『門』，據吴長元宸垣識略卷二改。

〔二一〕竇，原作『寶』，據吴長元宸垣識略改。

〔二二〕吉，原作『結』，據吴長元宸垣識略卷二改。

〔二三〕尤維熊，字祖望，號二娱，长洲人，乾隆五十四年拔贡。

〔二四〕孫爾準，字平叔，金匱人，嘉慶十年進士，官閩浙總督。

〔二五〕竇光鼐，字元調，號東皋先生，諸城人，乾隆七年進士，官左都御史。

遊閩日記

乾隆五十九年五月，泳自梁溪至杭監修先武肅王表忠觀，以八月廿四日告成，至十一月將謁福建按察使家玉溪先生〔一〕，以作善後歲修之舉，適山陰胡湘之鈞自京來杭，將欲之任建安，遂同結伴。其記室朱君茉圃，是余十年舊交也。因於初四日束裝，與茉圃乘小舟出鳳山門，至江干。晚潮正上，急登舟，趂潮而行，瞬息數十里，更餘至義橋。是夜天氣甚蒸，黑雲四塞，命僕人挑燈上岸，宿韓子清家。五更時微雨。

初五日，朝胡湘之自山陰里第來會，遂共登舟。

初六日，五更解維，天氣薰蒸如故，風雨飄然大作。行七十里，泊富陽縣城，仰見春江第一樓，而不得登也。

初七日，雨霽，江水甚急，小泊溪口，飯罷過回龍殿，宿溜江灘，距桐廬縣城十里。

初八日，清晨解維，將泊桐廬城，忽起大西北風，不能抵岸。泊上杭埠，與湘之、茉圃登岸，從荒村竹樹間取逕而行，至挹清亭，入慶雲禪院以歸。頃之，風漸緩，復移舟抵桐廬城。

初九日，轉東北風，張帆過溜水潭，進七里瀧，逆流洶湧，怪石嵯岈，黄葉青山，四圍環繞，是時風甚急，大小舟不能抵岸。過嚴子陵釣臺，燈時泊嚴州府城。

初十日,朝風稍緩,縴行九十里,泊汝埠。

十一日,晨小泊蘭溪縣城,同湘之登岸,日午始行,行□□餘里,宿鸕鷀灘。

十二日,朝大霧迷離,水天莫辨,但聞水碓砰訇有聲,日漸午,起西北風,行五十里,過湖鎮。燈時至龍游縣城外四里驛前。時月色正上,乃與二君登岸踏月,裴回令公廟前,立談良久,而始返舟。

十三日,五更解維,遇大西北風,或張帆,或縴行,上灘甚利。午飯後抵衢州府城大西門外,遂登岸,乘肩輿拜衢鎮中營都閫蘇從阿,不值。又往侯孔明經繼泮,字魯瞻。坐談茶話。即謁五經博士孔廣杓〔二〕,瞻拜大成殿,進後樓,樓上供奉孔子並亓官氏二木像,長衹一尺餘,相傳爲端木子手刻,自宋南渡時携此。余細審之,古致歷落,絶無宋人雕鐫工巧之習,其爲唐時所製無疑也。瞻顧良久,始出城,日已夕矣。

十四日,朝換小舟,俗名蘆鳥船,以大舟之不能上灘也。時東風甚急,挂帆刺篙而行。行五十餘里,至唐村,日已西下,烏雲半天,遂停舟。灘聲潺潺,月明如晝,與二君並坐船尾,掬水弄月,暢談半夜而睡。睡有頃,忽聞篷背雨聲颯颯,既又西風譁然,天明漸止。舟人遂刺篙,行五里許,風雨又來,泊鷄頭山下,三人惟擁衾悶坐,命酒對酌,以待日暮而已。

十五日,守風半日,命移舟,勉强行數里。日已黑,泊大溪灘浮橋,看四野漸有霽色,而西風亦止。

十六日，朝日光曈曈射目，急命舟人刺篙，遥見群山崯岈，蒼翠滿目，灘流沄沄，不絶於耳。八十餘里過雙塔山，又十餘里過江山縣，灘邊奇石玲瓏，宛若太湖、靈璧，亦不暇應接也。垂晚至清河鎮，寓陳錫周秀才家。

十七日辰，打疊行裝，將欲過嶺，脚夫三十餘人，喧譁雜遝而至。與二君早飯罷，坐青竹兜，横卧而行。十五里過花園岡，青山屏立在望，又十里，至石門。又十里，至長山頭，仰見江郎山，三峯崚嶒，矗立雲表，真奇觀也。遂從竹兜中口占一律云：『三峯矗立勢崔嵬，雲樹蒼茫入望來。直上定窮千里目，排空誰遣五丁開。花園崗斷寒煙塞，楓嶺營高白日頹。欲宿山家燒晚飯，竹兜横坐首重回。』又行十里，至楓樹嶺，又十里，宿峽口鎮，余與茱圃二輿先至，時斜陽初下，散步村落間，入古虹寺，觀如來卧像，適湘之亦來，連袂行吟而返。

十八日，晨行十里，至埂頭塘，又十里，過窑嶺，又十里，上僊霞嶺，過北關，山路曲蟠難上，與二君皆下輿徒步，至關帝廟小坐啜茗，下觀松杉交翠，竹柏干雲，令人不忍遽去。又拾級而上，回顧衆山排峙，俯聽幽澗琮琤，迨非人境所有。又十里度羊牯嶺，又五里過小竿塘，又十里至廿八都投宿。是日度嶺時逢吴門李十二景。燈下作度嶺詩云：『仙霞高不極，曲折度層巖。徑險疑無路，山深欲隔凡。流雲穿洞壑，急雨響松杉。爲遇南來客，家書寄一緘。』

十九日早，行十里至溪口，四山雲起迷漫，但聞灘聲轟然，與松風相應答。度一二小嶺，有大山劃然中開，溪流漂疾，轎馬往來，俱從溪上行，宛若蜀中之棧道。下瞰深溪不測，大石側立中流，行人莫不心悸，惟恐失勢，一落千丈。又行十餘里，過大竿嶺，即浙閩分界處。又十餘里，上五顯嶺，夾路皆青琅玕，群松掀髯，嘯唬作波濤聲。仰見佛殿巍峨，高出雲際，余獨步行先登，恍惚在趙伯駒仙山樓閣中也。小憩僧廊者久之，輿夫催人上道，即登輿行。偶見茶圃袖中携有陸放翁入蜀記，隨借觀之。是日所過廟灣、九牧諸處，其道里不復記憶，至漁梁時尚早也。

二十日，行四十五里，抵浦城縣城，寓廖廷魁家。

二十一日，巳刻僱小舟從西門外順流而行，灘水甚急，惡石嵯岈，舟從石上行，砰砰有聲，寔險道也。垂晚泊觀前，是時寒雲陰陰，四山欲黑，同二君閒行，過浮橋上第一洞天，欲遊小武當山，路甚滑難行，僅登數十級而止。二更時微雨。

二十二日，曉大雨。雨止，解纜行六十里，泊九關。

二十三日，行六十里，至回龍，换清流船。余獨登岸散步，從金沙庵東行半里許，過葉氏書樓，謁圓通寺，見籬落間梅花盛開，蜂蝶喑喑滿樹，恍似江南二月初也。飯畢，放舟行十餘里，泊清灘，已抵甌寧縣境。

二十四日，清晨開舟，行三里許，至七里灘。灘聲洶洶，怪石齒齒，鄰舟十餘皆住，不敢前。乃集數十人，更相持纜，依次而下。二君畏險，登岸步行五六里，至三官堂登舟。一瞬間又過大、小須彌二灘，其險不如七里，而水溜過之。夕泊牛頭灘，登岸，見山谷中夏蘭甚多，栽種滿地。

二十五日，行四十餘里，泊建安縣境，鐙前對酌歌呼，至二更餘。

二十六日，朝大霧，舟不得行。日卓午始解維，順流行六十里，至建寧府城臨江門外。

二十七日，朝胡君登岸參謁建寧太守，余與茱圃過浮橋，從城西驛前步行里許，遊放生池。

二十八日，余進城，晤建安縣令王畹馨紹蘭〔三〕，暢談竟日。

二十九日，解維行六十里，泊孟洲。是日爲長至日，白雲四塞，有雨意。

十二月初一日，行三十里，過黯淡灘，又十餘里，至延平府城延福門外，遂入城，望東行，上石磴數十級，至南平縣署前，折而西行，返舟。隨筆書五言詩一首：『暝投浦城郭，且登清流舟。四山鬱嵯峨，對此生百憂。初疑陸地行，忽至溜水頭。急湍響霹靂，篙刺交戈矛。飛舠疾如箭，一往不可收。崩崖利如刀，森列爲我仇。白雪飜迴波，青虬吼靈湫。奔騰勢初平，怪石當中流。任獨恐顛覆，欲避難自由。榜人跪焚香，行子驚未休。我聞呂梁壑，水湧高層樓。又聞蜀江深，險亦如此否。雙劍已成龍，一水名空留。回頭碧峰遠，思逐群飛鷗。』

初二日，晨西風甚緊，順流行二百里，至水口驛，又作一律云：『扁舟泊水口，古驛暮雲多。山禿留紅樹，灘平漾碧波。寒風喧岸竹，人語入煙蘿。指點榕城路，揚帆發棹歌。』

初三日，順風行百餘里，泊竹崎關。

初四日，晨抵福州，泊洪山橋，即乘肩輿進城西門，寓北門横街晉禄館。

初五日,進臬署,謁見家玉溪先生,蒙留午飯。晤見故南平縣令汪筠莊焕及其長君元度〔四〕。

初六日,早饭,余將遊九仙、烏石二山,尋唐宋諸刻。從藩署前望南行里許,過獅子樓,即唐末王審知所築還珠門也。又里許,過保泰橋,折而東行,見定光塔巍然聳立。進頭門,上大殿,荒癈已甚。後爲華封堂,宋史浩題。堂後即定光塔,竹木叢生,塔門封鎖,不得一登,爲之悵惘。出殿門,又東行數十步,過大士寺、道賢祠、玉皇殿諸處,返而西行,仰看大石縱横,叠如樓閣,乃攀躋而上,見摩崖古刻甚多,不能遍觀。其可辨者,小華峰之側有熙寧元年光禄卿直昭文館知軍州程師孟及沈紳、劉彝等七人題名,又廓然臺後有紹興壬子程晉道題名,平遠臺左方有紹興二年鄭滋德篆書及淳熙丙申陳休𠅘八分書二題名而已。其郡志所稱野意亭、丹井、醉石、杏壇諸勝,俱無從識認。遂下山,從閩縣前步至縣學明倫堂上,見驛馬數十匹。蹀躞滿堂,兩側名宦、鄉賢二祠,亦爲群馬所據。堂之正中有卧碑三通,皆是明世宗肅皇帝御書程子四箴、范氏心箴及敬一亭銘,俱墮馬矢中,此有司者之責也。徘徊歎息,循故路而返。

初七日,携行李至臬署,案頭筆墨紛如,爲之酬應者數日。

廿九日,天氣暴熱,日下午,雷聲漸高,黄昏時大雨如注,直至天明。

乙卯元旦,辰刻雷雨更甚,霹靂數聲,莫不驚駭,署内燈彩、錦褥皆漏濕。是日日有食之,聽堂上鉦鼓聲鼕鼕不絕,與雷雨相應。

初三日，天始霽，乘肩輿至藩署，即國初耿精忠府第舊基也。堂前兩堦榕樹盤踞，大者過十餘抱，枝幹掀天，亦奇觀也。時方伯伊公正當設樂大宴賓僚〔五〕，余竟未投刺，僅晤西席錢唐趙叶亭昆仲。回輿拜學使趙鹿泉先生〔六〕。

初四日，趙學使來。

初五日，臬署演戲設宴，賓客雜坐，歡叙竟日。

初六日，家玉溪兩少君衣冠出拜，命余權攝館課，是不免爲越俎之誚也。

二月初一日，辭謝家玉溪廉訪，携行李出臬署，寓北門後街汪筠莊明府行館，其館主人爲吴歷山，豪邁不群，所居玉簟樓甚雅，遠山摇翠，緑樹拂雲，真絶景也。玉簟樓北爲墻觀察羹寓齋，齋前荔枝、蒲萄、橘柚諸樹隔墻掩映，羅列尤多。與筠莊令子衡憑樓坐話至三更餘。

初二日，朝聽樓外竹木吟風，屐齒丁丁有聲，始知夜雨盈堦，殊不覺也。

初三日，風雨終朝。

初四日，天始晴，明府出示所藏書畫墨蹟凡若干種，且告余曰：『此十年宦囊也。』其最妙者，如温日觀葡萄卷、蘇文忠四十二章經小楷二種，可稱神品。其餘如沈石田、文待詔、祝京兆、唐解元諸卷册，一時不能盡記。蘇文忠經卷作于元符三年十一月十九日，後有三元人題，其第一題爲守山住持悟静書〔七〕，云：『師祖普濟奉敕旨建佛迹院道場，演説經典。至理宗皇帝寶慶二年歲次丙戌中元日，奉皇太后懿旨，差官秦琛賚水陸醮九壇、蘇軾四十二章經一卷，着本山住持永遠守護，吉祥如意者。』連款凡九行，不題年月。其『理宗皇帝』及『皇太后』俱擡寫，則知爲宋末人無疑。後二題，一爲元貞元年佛弟子哼存素，一爲至順二年太原王元吉也〔八〕。按東坡先生以紹聖元年甲戌謫惠州，至元符三年庚辰八月末有移永州之命，紀年録云是年十二月十九日書南華重辨長老逸事，適其時也。

初五日，同□□聯袂行二里許，出湯門，至都統教場，觀温泉。泉凡三穴，其二穴在小溪中，一穴在溪上，居民來汲者絡繹不絶，遂同澡浴彈冠，極其快樂。回，進城，訪瑯琊郡王王審知廟，廟門内有唐天佑四年所立德政碑，龜趺螭首，高二丈許，石質堅厚，字刻如新。其開寶七年先四世伯祖富水侯昱所撰重修碑記遍，尋不得，適有王姓者來，立談片時，爲瑯琊王之後，因知此碑在廟後門土穀祠内，遂同往觀，巍然露立，東向，下半有斷痕，恐不能久耳。出祠西行，過慶成寺，至獅子樓，從福州府署前以歸。

初六日，朝遊烏石山，觀李少温『般若臺』三字摩崖，崖石宋元人題名不暇細讀。下山坡，進石塔寺，登堅牢塔，觀僞閩王延曦宫嬪眷屬題名，凡七級，其第五級有造塔記，爲林同穎撰文，史所稱永隆紀年俱經劃去，微露筆尖。第七級有僞閩諸臣官銜姓名，此國初朱錫鬯、吴志伊輩所未見者，可補五代史注及十國春秋之闕也。爲口占七律云：『瑯琊建國太匆匆，兩世兵戈一霎中。負海自居天子坐，因山猶築梵王宫。至今殘石留名姓，細辨題年記永隆。極目孤城思往事，塔鈴無語怨東風。』按林氏石塔碑刻記載有唐□□碑，在塔西南數步僧寮複壁中，以迫於行色，不獲尋訪，急歸寓，日已西斜，遂命僕人收拾行李，别筠莊喬梓，乘肩輿出西門，行八里許，至洪山橋登舟。

初七日，午解維，東南風甚急，挂帆而行五十里，至竹崎關，時尚早，又命舟行二十里，宿白沙。

初八日，風略緩，日中過閩清縣城，行七十里，泊小葉，仰見月色甚明，獨坐船尾，聽鄰舟笛聲宛轉，不覺爲之黯然而神傷也。

初九日，無風，蕩槳行四十餘里，東風又急，宿水口驛，夜半微雨。

初十日，巳刻解維上灘，同行者有四舟，互相把縴，行三十餘里，泊古田縣境。

十一日，灘水更急，行二十里。

十二日，行二十餘里，泊清風嶺下，黄昏時月色糢糊，夜半急雨片時，旋止。

十三日，行二十餘里，泊葫蘆山。是夜月色甚佳，余登岸坐崖石上，命童子携茶具從石罅中煮茗。時鄰舟有伶人費姓唱邯鄲夢掃花一曲，余以短笛和之，頃之月黑，忽起大東風，天明始絶。

十四日，行十餘里，泊吉溪。

十五日，行十餘里，泊八仙灘，距延平不過一二里之遥。雙塔在望，以水流甚急，竟不能到，殊悶悶也。

十六日，巳刻抵延平城，登岸進城，散步久之。是日天氣暴熱如四五月，行人汗下如雨。四更時大雨，灘聲轟然，令人驚覺不寐。

十七日，起東北風，午中益急，人又莫不縮頸戰慄，路途寒暖不時蓋如此。余啓篋著羊裘，戴風巾，出東門，行里許，上明翠閣，過景雲樓，登眺鳳冠巖諸勝，松杉怒號，桃李無色。坐與山僧茶話久之，遂索筆硯作建河歸棹詩，書於樓之西壁，其一云：『建河天下險，對景倍增愁。衆水趨崩壑，群山夾亂流。身居煙靄國，命繫木蘭舟。最怕前灘急，停橈更縮留。』其二云：『落日張湖坂，奔流勢漸平。忽鳴巫峽雨，更激海濤聲。對飯誰能食，推篷暗自驚。鄉關望不到，惟有暮雲征。』其三云：『夜泊延平驛，津頭月一彎。悲風號獨樹，野火燒空山。干莫何時出，斗牛不可攀。我來憑吊古，歎息水潺潺。』其四云：『爲愛滄洲趣，頗忘塵世氛。臨流弄碧水，坐嘯落紅曛。春至樹初暗，沙平鷗自群。回看九折坂，已隔萬重雲。』〔九〕

十八日，朝解纜行十餘里，至黯淡灘，又作歌云：『我過黯淡灘，慄慄心膽寒。狂流噴激走白雪，挽舟不動登天難。群峰鬱蒼蒼，惡石立齒齒。白日欲落西風喧，舟師相對色如死。安得神禹驅山鞭，盡把亂石東海填。樂浪島夷入中國，樓船盜賊殲窮邊。不使行人歷奇險，平水往來無拘牽。驚悸不能止，嗟吁發浩歌。既怪治水鑿不到，又傷人世多風波。從今歸卧滄江上，試看風波奈我何。』四舟以次上灘，至日暮始得過，真險絶也。是夜泊牛尾灘。

十九日，早大雷雨，行二十餘里，宿大黄驛。

二十日，宿太平。

廿一日，行三十里，宿□□，抵建安縣境。

廿二日，行四十里，至建寧府城，以雨至，不能上灘，泊放生池。

廿三日，午中移舟半里許，泊通江橋，登岸，進威武門，謁建安令王畹馨，不值。垂晚，畹馨至舟前答拜，遂同至城西驛行館暢談，讀畹馨近著，命僕導燈而返。黄昏時大雷雨，竟夜不止。

廿四日，雷雨終日。

廿五日，水雲漸開，收拾行李，將從陸路度嶺。畹馨明府遣役僱夫來，遂同僕人俱乘肩輿而行。行十餘里，過大洲渡，雷雨又至，從泥濘中行三十里，至葉坊塘，遇建寧太守自浦城回郡，相晤行館中，並晤書記錢唐羅因之。時雲氣又黑，急行五里許，至後沙鋪，大雨已至，遂投宿山店。有豫章人號洞明山人者在坐，自言能數術。余因問明日晴雨何如，占得明夷之復卦，曰：『日入地中，是明而見傷之象，恐明日仍欲雨耳。』遂極論比年江浙諸處七省水災皆由淫雨所致。雨者，陰象也。陰氣過盛，故日月並蝕，主下有謀上之象。且年荒穀貴，盜賊横行，不出一年，當有兵起。其言喋喋，令人寒心。余駁之曰：『然則堯有九年之水，湯有七年之旱，是何陰陽不調也？』其人勃然作色，託睡去。

廿六日，朝雷雨不止，愁坐久之，無可奈何，只得命輿人冒雨而行。行半里許，渡河，從荒岡竹樹間取路。行二里許，山益高，逕益阼〔一〇〕，看絶壁，下臨奔流，荆棘横生，西風撲面，惟恐失足以墮不測也。行二十餘里，至飯墩，有居民數十家，田園繡錯，花竹翳如，恍別有一天地。又行二十餘里，宿九匡。

廿七日，雨霽，西風甚急，輿人凍僵不前。行四五里，上黄童嶺，左右崇山，草木茂密，此地向多虎患，過者不敢單行。近爲縣官出示除道燒山，成康衢矣。又行三里許，有溪澗甚深，板橋斷絶，輿人涉水而渡，幾覆水中。又四十里，至水吉，爲甌寧縣之巨鎮。鎮多周姓者，有濂溪先生祠。又五里，至老佛莊，又五里，至龔墩，又十里，至迴龍。

廿八日，早行四十里，至蔣家口，又十里，至塔嶺，爲甌寧、浦城分界處。又三十里，至石阪，則爲浦城縣之巨鎮也。

廿九日，朝行二十里，至太湖嶺，又二十五里，至西陽嶺，蒼松夾道，亂石排衙，是浦城西要道。又三十里，抵浦城縣城。日光尚早，乃散步進大西門，至真文忠公德秀牌坊。過坊數十武，即浦城縣署前，相傳即爲西山先生故第。門前石獅二座，尚是舊物。燈時出城返寓，床頭水碓聲甚急，終夜幾不得寐。

三十日，五更大雨，辰刻晴霽如故。行三十里至揖仙橋，又十五里至漁梁投宿。余獨行邨落間，從西乾寺南行，路旁新柳初舒，千條嫩緑，隨風摇曳，旋見少女五六人，從桃林中笑語連臂而來，宛如一幅春遊圖，恐唐解元不能傳之也。

閏二月初一日，朝行五里，上嶺亭，又十里，過吴墩，又十里，五顯嶺，遇一偉丈夫，肩一囊，囊中夾一刀，向酒家索飲甚急，自言今日已行二百里，猶欲到衢州公幹。酒家持酒出，一飲而盡，轉瞬已下山，人不見矣，行人無不矚目之。又行二十里，過大竿嶺，即閩浙分界處。又二十里，至廿八都，遇毘陵家懷屺弟，遂與同寓，挑鐙夜話至二更餘。

初二日，朝西風甚緊，行十餘里，至小竿嶺，又五六里，度羊牯嶺，又五六里，度仙霞嶺，小坐片時，見婦女燒香，連翩而至。過嶺四五里，爲保安橋，又五里，出窑嶺，又十五里，至峽口投宿，同懷屺步至古虹寺，煎茶坐談，移時而返。

初三日，朝行十里許，過楓樹岡，又五里許，過江郎街，即見江郎山巍然在望矣。又五里爲長山頭，又十五里，過昭明橋，又十五里，至清河鎮，仍至陳錫周家，即命僱蘆烏船，垂晚登舟，行十餘里，泊獅石山下。

初四日，朝眠未起，已過縣前烏墨、大溪諸灘，適遇順風，加之溜水，行百餘里，抵衢州府城，新月一勾，尚在天也。

初五日，又僱换江山船，午後始得行，行二十里許，至樟樹灘前，日已夕矣，遂命舟停泊，與懷屺登岸，即聞異香撲鼻。行數十武，至樟樹將軍廟，廟後有大樟樹一枝，本大可七八圍，枝幹拂雲，根蟠屈曲。相傳明太祖曾過此樹下，封爲將軍。盤桓顧眂者久之。

初六日，早行二十里，至陽邨，西南風甚急，張帆順流五十里，過龍游縣，又行五十里，至羅埠，忽轉大北風，急爲泊定。五更時風始絶。俗所謂『春期暴』者是也。

初七日,早行二十里,過鸕鷀灘,又十五里至蘭溪縣城,登岸買金華棗、火腿之屬,即解維。行四十餘里,至三河鋪,又起順風,行三十餘里,過桐溪埠,又十餘里,過富春驛,又十里,過烏石灘,將下七里瀧矣。日光漸没,新月西沉。又行五十里,過釣臺,真所謂『羞見先生面,黄昏過釣臺』也。又行四十餘里,過桐江驛,遇閩浙總督伍公舟〔一一〕,兩岸燈光萬千。

初八日,午中過富陽城,城門鼓吹喧闐,兵衛甚盛,知是賀蘭國貢使過境。

初九日,清晨抵六和塔前,余與懷屺登塔,觀宋人書四十二章經石刻,命僕人僱夫發行李先行,遂乘輿進山行,遊虎跑泉,至浄慈寺,與雪亭上人茶話,買小舟泛湖中,至表忠觀。

校注

〔一〕錢受椿,常熟人,乾隆五十七年福建按察使。

〔二〕孔廣杓,字衡觀,號太占,衢州孔氏南宗族人,嘉慶元年襲封翰林院五經博士。

〔三〕王紹蘭,字畹馨,號南陔,蕭山人,乾隆五十八年進士,官至福建巡撫。清史稿卷三五九有傳。

〔四〕汪焕,字雲章、筠莊,宜興人,乾隆三十四年進士。

〔五〕伊轍布,蒙古人,時福建布政使。

〔六〕趙佑,字啓人,號鹿泉,仁和人,乾隆十七年進士,官至都察院左都御史。清儒學案卷七八有傳。

〔七〕悟,原作『晤』,據墨緣堂藏真摹刻此帖改。

〔八〕『元』字原脱,據墨緣堂藏真摹刻此帖補。

〔九〕第四首梅花溪詩草續草不載。

〔一〇〕阼，當作『窄』。

〔一一〕伍拉納，滿洲人，時任閩浙總督。清史稿卷三三九有傳。